脱グローバリズムの世界像

同時代史を読み解く

進藤榮一

日本経済評論社

目次

I　全球《グローバリゼーション》化を考える

南の世界から　3
もうひとつの安全保障　12
周縁からの離脱　25

II　アジアと第三世界——非極から離脱する——

北の世界像を問う　43
1　アジア共同体への問い（二〇〇一年一一月三日）　47
2　「香港返還」の行方（一九九七年六月三〇日）　48
3　第三世界政策の見直し（一九九七年四月二八日）　51
4　帝国は暴力的に衰退する（一九九〇年五月）　54
5　東アジアにも冷戦終結の波（一九九〇年六月一一日）　57
6　地揺れする中東（一九九〇年一〇月二二日）　59

7 中東危機に対処する途（一九九〇年八月二七日） 61
8 台湾海峡に新しい波（一九九〇年一二月二四日） 63
9 メキシコ 地殻変動の波（一九九一年五月六日） 65
10 裏庭と国家安全保障（一九九一年六月） 67
11 メキシコの光と翳り（一九九一年七月二日） 70
12 北の世界像の奇妙さ（一九九一年七月三日） 73
13 旅行案内書にない現実（一九九一年七月） 76
14 懐しのアスタマニャーナ（一九九一年八月） 79
15 マキャベリ対ランボー（一九九三年一〇月一一日） 81
16 朝鮮政策の不在（一九九四年五月二三日） 83
17 ハイチ軍事介入を考える（一九九四年九月一九日） 86
18 中台危機を読む（一九九六年三月一八日） 88
19 アジア危機の底流をえぐる（一九九七年一一月二四日） 90
20 近くて遠い国から（一九九八年八月一七日） 92
21 北朝鮮〝脅威〟論を嗤う（一九九九年二月八日） 95
22 雁は飛んでいるか（一九九九年一一月二三日） 98
23 動き始めた朝鮮半島（二〇〇〇年七月三一日） 101

24 体制維持へ「奇手外交」（二〇〇二年九月一六日） 103

Ⅲ ロシアからヨーロッパへ——豊かさとは何か——

デモクラシーを模索する 107

1 欧州 社会主義の再生（一九九八年三月三〇日） 111
2 ベルリンを訪ねて（一九八八年七月四日） 113
3 黄昏のロンドンから（一九八八年九月二六日） 115
4 モスクワの旅から（一九八九年一月九日） 118
5 中ソ首脳会談に思う（一九八九年五月一五日） 120
6 「壁」崩す市民社会の成熟（一九八九年一一月二〇日） 122
7 しなやかでしたたかなリトアニア（一九九〇年四月一四日） 124
8 リトアニア民族主義の行方（一九九〇年四月二三日） 127
9 シチェルビツキーの死（一九九〇年四月） 129
10 ドクトル・ジバゴの世界（一九九一年一一月） 132
11 「ソ連」をめぐる二つの世界像（一九九一年一〇月一二日） 135
12 厳冬からの再生（一九九二年一月一・二日） 138
13 内外価格差 カナダで実感（一九九三年八月三〇日） 142

14 カナダで考えたこと（一九九三年九月一六・一七日） 144
15 混迷する年の瀬に（一九九三年一二月二〇日） 147
16 ブレジンスキーを読む（一九九八年二月八日） 149
17 コソボの悲劇に想う（一九九九年五月二四日） 151
18 〝高福祉・高負担〟論の落とし穴（一九九九年八月三〇日） 153
19 再生するロンドン（二〇〇二年七月一日） 156
20 英国から見た日米同盟（二〇〇二年一〇月一四日） 158

Ⅳ 帝国の影――日米関係を問う――

冷戦後世界のゆくえ 163
1 変わる米国と日米関係（一九九三年五月一七日） 167
2 日米摩擦と内なる貧困（一九八九年一〇月二日） 169
3 再び安保について（一九九〇年八月） 171
4 変質するサミット（一九九一年七月二二日） 174
5 アメリカ外交の悲劇（一九九一年九月） 175
6 日米摩擦の現実（一九九二年三月二日） 178
7 新しい風 米大統領選挙（一九九二年八月一〇日） 180

8 米の「日本脅威論」は過去（一九九二年一一月九日） 182
9 米国税制改革の教訓（一九九三年一〇月二三日） 184
10 冷戦後世界第二幕の外交（一九九四年二月一四日） 187
11 アメリカニズムの終焉（一九九四年一一月二一日） 189
12 アメリカの影（一九九五年三月二七日） 191
13 米国の手のひらで踊る孫悟空（一九九六年五月一三日） 194
14 活気を取り戻した米国（一九九六年七月二二日） 197
15 海外シンクタンク事情（一九九七年二月一七日） 199
16 なぜ打ち出せぬ基地縮小策（一九九八年二月七日） 202
17 NPT体制にひそむ疑問（一九九八年六月八日） 204
18 アジアとの共生の道を閉ざすな（一九九九年三月六日） 206
19 ブッシュ米新政権とアジア外交（二〇〇一年三月一四日） 208
20 一国覇権主義の危うさ（二〇〇一年八月二七日） 212

V いま外交とは——目前の構想力を持て——

多角的安保の道 217

1 いま外交とは何か（一九九八年一月八日） 221

I

グローバリゼーション
全球化を考える

南の世界から

『非極の世界像』のあとで

あの時の衝撃を、私はけっして忘れないだろう。常識が非常識に変わり、非常識が常識に変わる。その衝撃を語ることから本書を始めたいと思う。

そこから、私たちがいま生きている時代、同時代をどう読み解くのか、その読み解き方を明らかにしてみたいと思う。

遠い、北国の少年の日、はるか残雪に光る青い山脈をあかず眺めながら、「山には木がない、木に触れることなどできない」と思っていた。それなのに、京洛の地に出てそこで東山が間近に迫って「山に木がある」ことを知った。それから二十数年後、その衝撃を語りながら『非極の世界像』を上梓したように、いままた冷戦終結後の旅の途次で受けた衝撃を語って、グローバリズムの吹き荒れる二一世紀世界の同時代の読み解き方を明らかにしてみたいと思う。いま世界はどう動き、どこに行こうとしているのか。その中で日本はなぜ低迷し、その低迷からどう離脱できるのか。

かつて世界を、ワシントンやモスクワのような中心からでなく、アジアやラテンアメリカのような周縁から見直し、極からでなく非極からとらえ直すことによって世界には、「一枚の地図」の下に何枚もの地図があることを説いて、米ソ冷戦の終焉を私は、早くから予測していた。その時と同じように、いままた一四年の歳月を経てこの間、私が旅の途上で受けた衝撃を語ることによって、もうひとつの世界像——脱グローバリズムの世界像——を指し示してみたいと思う。いったいグローバリゼーションとは何であり、それが生むグローバリズムの負荷を、どう解きほどいていくべきなのか。そしてそれが、いままた登場し始めたアメリカ一極覇権主義の台頭と、どうつながり、その中で私たちはどう生きていくべきなのか。

メキシコの衝撃

「メキシコに行くのですって。シエスタでもしに?」——一九九一年二月、ベルリンの壁崩壊直後、まだ湾岸でスカッドミサイルが次々に空を焦がしていたころ成田を出る私に、知人たちは一様にそんな反応を繰り返していたものだ。なぜワシントンやモスクワ、ロンドンでなくそんな遠い南半球まで(実はメキシコは南半球でなく北半球に位置しているのだが)行くのか、国際政治の本舞台でなく裏舞台に、この激動の最中に行くのか問い返してきたものだ。

しかしいま思えば、あの時のメキシコ暮らしの衝撃の中で私は、同時代を読み解く鍵を、ひとつひとつ手に入れていたのである。

そこではすべてが逆転していた。約束時間きっかり《ウン・プンクト》に来るのが悪徳で、三〇分以上遅れるのが美徳だった。一〇人に九人はひげを生やすのが普通で、ひげのないのが変人であった。そして金持ちと貧乏人の暮らしには天文学的ともいえる差があり、二〇〇〇坪は当たり前の金持ちの邸宅の門には、ひとりでなく二人の歩哨が立ってひとりがもうひとりを見張る役目を兼ねている。それなのに、地下鉄の駅から地上まで延々続く側道沿いのビニールの上には、子供連れの貧民たち――多くは女たち――が座って、早朝から深更まで小物を売っている。

なぜこんなにも格差があるのか。激しいカルチャーショックに襲われながら、もっとわからなかったのが、あの国の文化と歴史の底で幾重にも重なり合う深さであったろう。

一四世紀アステカ文明の前、中世にはトルテカと、紀元前来のマヤの二つの文明が花開き、テオティワカン王国下でピラミッドが建設され、それが古代オルメカ文明とつながっていた。

いったい、この歴史と文化の深層はどこから来て、いまどこになぜ消えていったのか。紫色の花咲くハカランダの大木に覆われたアパルトマンで旅行案内書をくくりながら、なおもわからなかったのは、独立後の国の歴史の複雑さだった。

そもそも一六世紀初頭にスペインに征服された後、三世紀へた一八二一年に独立をかちとりながら、なぜ一八六四年、ヴェルサイユ宮殿を模してつくられた豪奢なチャペルテペック城の初代城主が、遠くオーストリア・ハプスブルグ家のマクシミリアン公なのか。そしてその前の二度にわたる戦争で国土の半分以上を略取した資本主義アメリカが、最大の脅威――「北方からの脅威」――で、なぜ共産主義ソ連や「ならず者国家」キューバがけっして脅威でありえないのか。そこではなぜ、軍隊らしきものがなく、軍事費がGNPの〇・二八％でしかないのに、街中至るところ、銀行やスーパーマーケットの入り口に、銃をもった兵士が立っているのか。

高度二五〇〇メートルの蒼穹下でマルガリータを飲み、トルティーヤをほうばりながら私は、「第三世界とは何であるのか」考え続けていた。そのことを考えながら、冷戦後今日に至る同時代史を読み解く鍵を、ひとつひとつ手に入れていた。

南から見た世界

第一に、冷戦の終結を単にソ連共産主義の終焉としてでなく、ひとつの帝国――とひいては近代――の終焉としてとらえる見方である。

あのころ私は、一方でペレストロイカの展開を息をこらして追いかけながら、他方で一冊の本――国際関係のスタンダード・テクスト――の執筆にとりかかっていた。そしてペレストロイカの進展が、ソ連共産主義の終焉を引き出していくことを「非極」の視座から十分予見できていたのに、本のほうは、執筆を中断せざるをえなくなっていた。

正確にいえばテクスト自体、ある大学での八八年夏の集中講義のテープを基に八割方出来上がっていたと思っていた。それなのに、ひとつにはソ連邦の解体によって、ユーラシアの地図が次々に塗り替えられ、国名ばかりでなく都市の名前すら変わり続けていた。

その上、完成間近かと思っていたテクストの冒頭に当たる「国際社会の誕生」を私は、歴史家E・H・カーの古典的名著『危機の二十年』で手に入れた常識に従って、一九世紀後半、交通通信革命下の一九世紀グローバリゼーションに求め、そこからテクストを書き起こしていた。それなのに、メキシコで知った現実がその常識を覆した。「国際社会の誕生」は、一九世紀グローバリゼーションでなく、それ以前、一五世紀末以来の「大航海時代」に求めなければだめだ、近代五〇〇年の歴史を抜きに、国際関係のダイナミクスを解くことはできない――。

そんな思いが、メキシコの明け暮れの中で徐々に強まっていた。少なくとも今日のラテンアメリカ――と第三世界――を理解するためには、五〇〇年前のスペイン人たちの侵攻に立ち戻って、英仏抗争をへてアメリカに引き継がれた欧米の〝帝国支配の構造〟を解き明かさないかぎり、あの国になお根強く残る巨大な格差の構造は理解できないだろう。

「天国に最も近いために、天国に最も遠い国」と、自国のアイデンティティを自嘲気味に語るメキシコ人たちとともに私もまた、天国ならぬ「帝国」を、下つまり「南の世界」から見直していた。そしてカリブの紺碧の海から見上げた時見えてくるのは、醜猥な帝国の黒い影であった。その影に覆われた、テロと累積債務に苦悩する「南の世界」の現実であった。

帝国は黄昏れているか

そのことは、元々アメリカ屋を自称していた私に、当のアメリカ自体の相対化を求めながら、アメリカと帝国がつくる影を凝視する眼を、私の中に求めさせた。

その眼が、一方で近代五〇〇年の歴史の中に国際関係を位置づける見方を促した。他方で、その帝国の興亡の歴史に、ソ連邦の解体を重ね合わさせた。そして軍事に偏重して版図を拡張し続ける大米帝国もまた、黄昏の時を刻み続けているのではあるまいかという、もうひとつの世界像を引き出していた。その世界像を、軍事社会から「ポスト軍事社会」（マーチン・ショー）に向かう二一世紀〝脱近代〟の到来の中で位置づけようとしていた。

スタンダード・テクストの完成は、メキシコ暮らしから八年以上もの歳月を待たなくてはならなかったけれども、帰国二年後、九三年夏のカナダで、現代日本と比較政治を講義しながら今度は、北の隣人からアメリカを〝相対化〟する機会に恵まれた。その時の講義を軸に、クリントン登場前後から定点観察していた現地調査を基に、九四年暮れに、アメリカ論を新書で上梓した。

幸い、刊行月に新刊ベストセラー第十位にすべりこんで、新書部門で一位にランクされた。これまで何冊も本を出してきたけれども、初めてのことだ。多分に、本のタイトルを、元々の私の原案「アメリカン・ルネサンス」から、安江良介『世界』元編集長の助言を入れ、「黄昏の帝国」へと変えて、もっと大振りの歴史像の中に組み入れ書き直したことが、担当の目利きの編集者の数々の助言とともに幸いしたのだろう。

しかし、皮肉にもその後、レーガノミクスで打ちひしがれたアメリカ経済が、当初のタイトル原案に寄り添うかのように、クリントン政権下で見事な復権を果たし、パクス・アメリカーナ・パートⅡの世紀が幕開けするかの勢いを見せるに至った。そのため、つい先ごろ――九〇年代破竹の経済に翳りが差し始める――まで、私は弁明に苦慮したものだ。アメリカ帝国は、いっこうに黄昏れていないではないかと、皮肉られ続けていたのである。

ただ、その皮肉に私はこう答えていた。「いや、朝焼けと違って黄昏の時間は、想像するより長いのですよ」。その時私は、太陽が夕空を茜色に染めながら二時間以上もかけてゆっくりと太平洋に沈んでいく、バンクーバー近郊・バーナビー山頂の四階の研究室で見ていた夏の黄昏を、ローマ帝国のそれと重ねながら想起していたのかもしれない。

その意味で、エンロン破綻とITバブル崩壊でほころびを見せたアメリカの現在が、改めて帝国の黄昏の時を進めているといえるはずだ。そしてそれが、9・11の隠された意味ではなかったろうか。たとえ、ネグリとハートが、冷戦後の米欧先進国支配の国際システムを、国境の壁を越えた新しい「帝国」システムと読み替えること(1)に応分の正当性があるにせよである。

アメリカン・サーカス

もっとも、私がその本の中で強調したかったのは、単にレーガノミクスの自由放任型資本主義もしくはネオ・リベラリズムや、軍拡主義を批判して、クリントン中道リベラル――もしくは〝ネオ・ニユーディール〟——路線下でのアメリカの復権を指し示すことだけではなかった。同時に、アメリカ民主主義にひそむ〝金権政治化〟の現実と、小選挙区制下〝二大政党〟制度にひそむ〝政治不全化〟の現実を、読者に伝えることにあった。ちょうど日本で、小選挙区制導入による政治改革論議の宴たけなわのころである。

「あら、『アメリカ政治のサーカス』とすべきよ」——現地調査の足をワシントンからボストンまで延ばして、(いまや日本で有名人になってしまった) ダワー氏夫妻とホテルで会った時、私が「アメリカン・ルネサンス」を執筆中だといったのに応えて、夫人が即座に切り返してきた光景が、「まったくだ!」というジョンの言葉とともに、いま懐かしく想い出される。ふたりは、一〇年越しの大作となる『敗北を抱きしめて』の執筆構想を語っていた。

ジョンの言葉は、デモクラシーにしろコーポレイト・ガバナンスにしろ、アメリカ帰りの知識人たちがアメリカかぶれになって、特殊アメリカ的なアメリカン・スタンダードを、政治、経済から外交まで、グローバル・スタンダードと呼び替えて「この国のかたち」を作り変えている昨今の風潮への痛烈な皮肉になっているはずだ。

「サーカスのような政治」の実態は、単にクリントン・セックス・スキャンダルやフロリダ州投票用紙フィアスコに止まらない。金や太鼓で派手な選挙運動を一年以上も繰り広げながら投票率が五十数%にしかならない大統領選挙の奇矯さや、ひとりの知事の選出に両党合わせて四〇億ドル(邦貨で約五〇〇〇億円)も浪費した九四年カリフォルニア州知事選挙の異様さに表象されているはずだ。

そのアメリカン・サーカスが、政治システムに止まらず、社会経済システムをも彩っている。それが、国民ひとり平均二丁のガンを持つ銃社会の異常さと、三七〇〇万人が医療保険さえ受けられない〝前福祉〟国家の冷酷さに象徴されていた。すべての解を市場に求める「特殊アメリカ的なアメリカ経済学固有の考え」(OECD調査団報告書)の反映であったといってよい。(2)

その時改めて、もっと遠い——いまやはるか彼方に行ってしまったかのような——ヨーロッパが、私の脳裡に師表として浮上していた。

私自身の旅の記録に即していえば、『アメリカ・黄昏の帝国』を出したあと、ヨーロッパを訪ねる機会が増え始めた。ひとつには、ジョンズホプキンズ大学での留学時代のアメリカ人ルームメイトが同級生と結婚し、コペンハーゲンで教えていたためであった。しかし何より、九〇年代中葉を境に、社民主義がヨーロッパのそこかしこで見事な再生を示し始めた動向に刺激されたためであった。

税のフラット化や人頭税、民営化や規制緩和を謳ったサッチャリズムが半ば破綻し、レーガノミクスと前後して退場し、アンソニー・ギデンズらの「第三の道」が新しい社民主義として立ちあらわれていた。社民主義は、学生時代の恩師・猪木正道先生に教わって以来、私のささやかな知的アンガジュマンの対象であり続けていたのである。

九七年と九八年春の短い調査旅行のあと、九九年夏、デンマーク科学アカデミーの招請で初めてかの地に定住した。その定住体験が、冷戦終結以前の『非極の世界像』で見ることのできなかった先進国像を手にさせ、その一端を本書の中で明らかにさせている。

もうひとつの安全保障

いた。

安全保障論の非常識

メキシコでの衝撃に話を戻すなら、そこで私は第二に、安全保障論の常識の問い直しを求められていた。

そもそも安全保障を、国家安全保障であれ国際安全保障であれ「邪悪な国家」からの軍事攻撃に対処することだととらえる私たちの常識が、あの国では通用しなかった。

帝国の秩序の中に組み入れられたメキシコにとって、北方からの軍事侵攻などもはや考えられる脅威ではありえなかった（何しろ、帝国はあまりに強く巨大すぎた）。そして「ならず者国家」キューバは、その巨人にいじめられる同じラテンの隣朋にほかならなかった。

そこでは、国家と市民を脅かす脅威は、ペソの切下げやハイパー・インフレに襲われることだった。手持ちのおカネが紙くず同然になってしまうことである。だから安全保障とは、その脅威に対処して、財政をいかに効率的かつ市民生活の真の必要に応えて切り盛りしていくことができるかどうかになる。それが「南の世界」の常識であった。であるなら軍隊とはいったい何であるのか。

貧富の差の激しいあの国で軍隊は、現存秩序——たとえば当時のメキシコＰＲＩ（制度革命党）一党体制——を維持し、格差が生む矛盾の爆発に対処するための、権力のセイフティ・ヴァルブもしくは暴力装置として、まごうことなく機能していた。

もしそうであるなら、貧富の差のもっと激しい——公正さと正義をもっと欠いた——国際社会にあって、豊かな先進国の軍隊もしくは軍事力は、現存秩序——すなわち極秩序——を維持・強化し、下からの反乱を監視・鎮圧するための、セイフティ・ヴァルブもしくは暴力装置として機能していくのではあるまいか。

あのころ冷戦終結前から私は、国際正義論——国際関係における公正さと倫理の問題——に心惹かれ、関心を強めていた。八九年に、チャールズ・ベイツの『国際秩序と正義』を、元ゼミ生の松岡完君（現筑波大教授）の助力を得て翻訳出版し、ロールズ流の正義論を、国境の壁を越えて、南北関係の中に位置づけ直そうとしていた。その関心が、貧富の格差の激しいメキシコで深められ、強められていたのである。

ボーダレス・ワールドの陥穽

もっとも、冷戦終結後のグローバル化の中で、先進国と途上国の差は、拡大でなくむしろ縮小していると、反論できるかもしれない。そこから、グローバル化とグローバリズムに対する積極的な論理と評価を引き出すことができるかもしれない。

ベルリンの壁崩壊前後から流布し始めた「ボーダレス世界」への楽観主義といってよい。

確かにナンシー・バードソルが行ったように、中国やアセアン、ラテン・アメリカ諸国などの中進国もしくは中進国〝候補〟をも、途上国のカテゴリーに入れるなら、そして途上国内の国内格差をビリアードの球の中に包み隠して数量処理を進めるなら、六〇年代から九〇年代後半にかけて南北間の格差は、むしろ縮小しているという結論を導き出すこともできるだろう(3)。

しかしその論理には、次のような三重の陥穽があることを、私たちは知っておいてよい。

第一に、メキシコを含め(GDP一人当たり一五〇〇ドル以上のODA対象外の)それら中進国はむしろ、第三のカテゴリーとして処理されるべきものであったこと。第二に、それら中進国を含め、国内格差を取り出した時、グローバル下で進む格差は、単に南北間や南南間の格差としてばかりでなく、「南の世界」内のひとつひとつのビリアードの球の中の国内格差として現出し、その格差を深化させていたこと。

しかも第三に、冷戦終結後のグローバル化の中で、旧ソ連東欧圏——いわゆる第二世界——の国々にあってもまたいくつかの例外を除いて、第三世界化が進行していたこと。そしてまたその第三世界化が、国内でも貧困を増大させ矛盾を深化させていた。

いったい冷戦後の、格差を広げるボーダレスな世界——つまりはグローバル化——が、富と平和をよりつくり出していくのか、いかないのか。冷戦後のグローバル化の中で、地域紛争の波は収束していくのか、それとも拡延していくのか。

メキシコでも、メキシコから帰ってからも、私はその冷戦後世界の行く末に関してあるジレンマの中で揺れ動いていた。

一方で相互依存の深化が、平和と富をつくり出していくとする古典的な国際政治学の常識に従う限り、冷戦後世界は、諸国家間の相互依存をいっそう強め、豊かで民主的で平和な世界を創出させていくことになる。他方で相互依存の深化が、南北間と南南間の格差を軸に、貧困と紛争を逆に潜在させつくり出していくとするなら、冷戦後世界は、これまでよりも紛争が頻発する、もっと暗く陰惨な世界に突入していくことになる。いったい、相互依存のつくるグローバル化は、いずれの世界に揺れていくのか。

メキシコからロシアへ

そのジレンマを解くために私は、二つの事態の推移を追いかけ続けた。

ひとつは、米メキシコ間の自由貿易協定の成立を待って締結されたＮＡＦＴＡ（北米自由貿易協定）が、どんな近未来をつくり上げていくのか、その事態の推移。相互依存の深化のつくる、地域統合の近未来である。

いまひとつは、メキシコから西へ五千マイル以上離れた、壁崩壊後の旧ソ連東欧圏の民主化が、どんな近未来をつくりあげていくのか、その事態の推移。いわゆる体制転換のつくる近未来である。

旅行家でもジャーナリストでもない私にとって、現地を頻繁に訪れることなどとうていできなかった。それに、このころから私の関心は、少しずつアジアに移り始めていた。ただそれでも、友人や研究仲間を通じて、私のところに、メキシコやロシアに関するさまざまな情報が入ってきていた。

「友人が三人組の若者に襲われ、車で夜の町を引きまわされ、現金支払機からカードで現金を引き出させられ続けた。NAFTA以後メキシコは危くなったよ」――同僚のメキシコシティーでの受難話を語ってくれた、パラグアイ生まれの二世の親友――米州開発銀行エコノミスト氏――の忠告が、九四年六月にモスクワ大学客員教授生活から戻った碩学・中西治教授の言葉と重なり合った。

「空港からホテルまでのタクシーは、東京から予約しておかなければだめですよ。運転手がいつ強盗に早変わりするかわかりませんから。キャンパスの中でさえ安全じゃないのですよ」。

そんな忠告が私の足を、かつて異文化体験を堪能したメキシコからも、ペレストロイカに心躍らせたモスクワからも、遠のかせていた。

それでも、マキラドーラのティファナに、九七年三月サンディアゴ側から、メキシコシティーに九九年三月、東欧には九八年三月と〇二年九月に、各々数日間の滞在の機会を手に入れていた。そしてそこで、友人たちの忠告があながち誇張ではない現実を思い知らされたものだ。

夜のメキシコシティーは、午後のティファナと同じようにもはや安全な所ではなかった。シティーで、よく研究室に行く前、喫茶店で原稿書きしていた五つ星ホテル、カミノ・レアルの各フロアには、夜中でも警察が巡回していた。先ごろ訪れた東欧についていえば、八九年ビロード革命に燃えた静謐なプラハ・ヴァーツラフ広場で、マックハンバーガーの看板がやたらに目立って、ごみや紙くずが散らばりホームレスさえ出現していた。

いったいその間、メキシコやロシア東欧で、何が起きていたというのだろうか。

反乱と貧困と

まずメキシコの場合。九四年一月一日、NAFTA発効の日に、南部最貧州チアパスで、先住民を中心とするサパティスタ民族解放軍（EZLN）の反乱が勃発した。それが、九六年二月ケレロ州での革命人民軍（FPR）、同年一一月の人民反乱革命軍（ERIP）の左翼ゲリラの旗上げにつながった。

それ以前、九二年七月米墨自由貿易協定の仮調印後、貿易・投資の自由化が進められ、メキシコの食料・雑貨市場の四〇％は、ウォルマートやシアーズなどアメリカ小売業によって制せられ、現地小規模店は軒並み閉店に追い込まれた。そして土地保有制度の民営化や農産物価格保持制度の廃止は、土着農業を収縮・廃業に追いやっていた。

九四年一二月、NAFTA発効一年後、セディジョ大統領就任三週間後に通貨ペソの切下げが発表され、緊縮財政下でハイパー・インフレに突入した。九五年末までに、一〇〇万人の新規失業が発生し、企業・銀行の倒産が続出した。NAFTAに体現されたネオリベラル政策の事実上の破綻があらわになった。それが、サリナスが指名した大統領後継予定者コロシオをはじめとする政府要人のあい次ぐ暗殺と、九七年七月総選挙による議会でのＰＲＩ一党体制の崩壊につながった。

しかも、一方で貿易と投資の自由化を、他方で「小さな政府」と規制緩和とを、各々軸としたネオリベラル政策は、とりわけ冷戦後、米系資本とＩＭＦの主導下に、単にメキシコに止まることなく、ペルー、ボリビア、ブラジル、アルゼンチンへ広がりを見せ、さらに旧ソ連東欧圏をも襲い始めていた。そのネオリベラル政策が、時にメキシコの場合のように、地域統合を介在させながら、失業と貧困と犯罪を拡延させ、反乱を醸成させていた。

であるなら、いったい反乱の本質とは何であり、脅威や安全保障とは何であるのか。貧困がテロや反乱を生み、ペソの下落やハイパー・インフレが脅威をつくる。その脅威から、普通の市民のいのちと暮らしを守ることこそが、安全保障の要諦ではあるまいか。

疑いもなくそれは、「邪悪な国家」からの軍事侵攻に対処することを要諦とする古典的安全保障論の、常識ではなく非常識である。しかしその非常識が「南の世界」の常識であった。

それが、メキシコの衝撃の中で手にした常識の転換だった。その転換は、かつて八〇年代に、紛争を反乱からとらえ、飢餓を軍事化からとらえ直した私自身の現代紛争論の系譜につながっていた。にもかかわらずそれが、グローバル化自体のとらえ直しを求めて、スタンダード・テクストの書き直しを、さらに求めさせていたのである。

体制転換と民主化

常識の転換は、ロシアの場合にもいえた。ネオリベラル政策を標榜するガイダールが、エリツィン政権下で副首相に任命され、九二年一月二日、交易物資の九割に当たる価格統制がいっせいに撤廃された。ハーバードの経済学者ジェフェリー・サックスの指導下に進められたショック療法のはじまりである。体制移行のハードランディング方式である。

その日、たまたまリトアニアのビリニュスから戻った私は、粉雪の降るマロース（厳冬）のモスクワ・クレムリン近くで、行列の消えて寒々としたがらがらの商店の棚を、複雑な思いで見ていたことを、いま想い出す。

それから半年後、九二年七月、民営化がいっせいに開始された。その規模は、九四年三月まで、ロシアの主要工場・企業の四分の三に及び、急速な民営化と価格自由化がハイパー・インフレに火をつけた。ここでもまたIMF主導下に均衡予算至上主義が打ち出されて緊縮財政がとられ、失業率が急増した。消費者物価は、九一年末から九六年末まで五年間で一七〇〇倍になり、全人口の三分の一、四五〇〇万人は、貧困線以下に落ち込んだ。壁崩壊前の二〇〇万人からである。そしてその陰で、自由化によって利権と財を手にした約一五〇〇万人の旧共産党員を中心に特権層が、地下経済を仕切るマフィアらとともに、ニューリッチに成り上って、貧富の差が、天文学的に開き続けた。時に略奪的資本主義と呼ばれる。

拡大する格差は、社会の荒廃を生み、殺人件数を激増させ、たとえば九四年、ロシア史上最多の三万人に達した。平均寿命は、それに反比例するかのように下がり続け、九三年に、エジプト、インド並みの五九歳に下がった。出生率は、八五年比でほぼ半減した。

このころ、サックスが所長をつとめるハーバードの開発問題研究所が、ロシア政府を還流して巨額の資金を〝寄付金〟として贈賄されていたことが明るみにされた。知が権力に利益を見出し、権力が知に支えられる〝近代知〟の構造を垣間見せていたのである。その構造のことを、のち九九年夏のコペンハーゲンで、ポストモダンの国際関係論を――ミシェル・フーコーの『権力／知』を国際関係に応用した新しい国際関係学の流れを――若い研究者たちに教わりながら想起していたものである。

カリャーギナとの対話

その少し前、私はモスクワで、女流エコノミストのタチャーナ・カリャーギナと会った。彼女との一問一答がいまよみがえってくる。

「彼らは、今日のソ連経済の構造を無視しています。構造を分析しないで、ただ理論を単純に政策に適用しているだけなのです。しかもその理論を調べてみますと、どうやらアメリカ経済を衰退させた理論［フリードマンらの市場万能主義の理論］だというではありませんか。彼らは、野心に駆られて動きまわっている……」。

九二年六月下旬、都心のオスタンキノ・テレビ塔前で流血の惨事があった直後のことだ。彼女は、ガイダールらのネオリベラル政策への憤りの感情をあらわにし、すり切れたソファーのそばのむく犬を見やりながら喋り続けた。

「巨大な中央集権システムと軍産複合体が残っているところで、価格の自由化と民営化を進めても十分機能しません。……それは、社会的弱者を直撃して国民経済を混乱させ、不正義を増幅させていくだけです。いま政府がなすべきことは、経済改革をスローダウンさせることです」。

その時、彼女を引き合わせてくれたのが、当時モスクワ大使館勤務の（のちにムネオハウス事件で起訴されることになる）佐藤優氏であった。氏のかたわらで私は、彼女と一問一答を繰り返していた。

——いったい西側に何が期待できるのでしょうか。

「何もしないことです。逆にアメリカは、エリツィンに代わる第三の人間を見出すかもしれません。われわれはいま、超大国から途上国へと転落させられている。だが、たとえどうあれ、アメリカは結局敗れることになりましょう。これ以上われわれを追いつめれば、第二、第三の冷戦が始まるかもしれません。……私には、スーパーエトノス——新しいスラブ・ロシア帝国の復権——の未来が、混乱の先に見えてくるのです(4)」。

あれから一〇年——。エリツィンに代わってプーチンが登場したけれども、第二、第三の冷戦は起こっていない。ロシアは超大国の座を降りたあと、先進国首脳会議G8の一員に加えられたけれども、いま国民一人当たりGDP一六六〇ドル、メキシコの三分の一以下、エジプト並みの途上国へと転落したままだ。そして新しいスラブ民族主義の台頭の中で、プーチンの〝強い外交〟に国民の圧倒的支持が集まって、チェチェン独立運動への武力弾圧を強めさせている。

九四年——メキシコ・チアパスで先住民が反乱を起こしてから一年後の一二月——ロシア・チェチ

ェン共和国のイスラム系民族の反乱と独立運動を弾圧するためにロシア軍はチェチェンに軍事進攻し、その五年後の九九年、ＩＭＦ危機の真中《さなか》に第二次進攻に繰り出していた。

いったいロシアにとって、民主化とは何であり体制転換とは何だったのか。いまロシアはどんなふうに変わっているのか。

「いまロシアは、ワイルド・ウェストなのですよ」——昨夏ロンドンで、体制転換論の権威マーゴット・ライト女史（ロンドン大学教授）は、笑いながらそう私の問いに答えた。悪漢やインディアンの出てくるアメリカ西部のロシア版で、それでもずい分ましになったというのである。その軽やかな言葉が、一〇年前のカリャーギナ女史の吐き出すような重いロシア語と重なり合って、いまも空しく耳に響いてくる。

いったいロシアにとって、一〇年間の体制転換による民主化とは何であったのか。メキシコにとって、国境の壁を低くした地域統合とは何であったのか。

グローバル化の衝撃

いやそもそも、モノやカネ、ヒトや情報が、国境を越えて自由に往き来できるグローバル化とは何であるのか。相互浸透の深化したグローバル化の中で、脅威とは何であり、安全保障とは何なのか。

国境を越えた、貿易や投資、人間の自由な移動、つまりはグローバル化が、〝持てる側〟の論理と利益と力を軸に推し進められるかぎり、それは、〝持てる側〟による〝持たざる側〟への価値剝奪を引き出していかざるをえまい。〝持てる側〟が覇権国家であろうと多国籍企業であろうと、その現実に変わりない。またグローバル化が、地域統合の形をとろうと体制転換の形をとろうと、富める強者が、貧しい弱者を価値剥奪していく現実に、変わりはない。

実際、統合にしろ転換にしろ、〝持たざる側〟に、市民社会とその装置が応分の形で息づいている場合には、それが、統合や転換からくる衝撃波に耐えるショック・アブソーバーとして機能していくはずだ。しかし、たとえばメキシコやロシアのように、市民社会自体がなお十分に息づいていない場合には、いやたとえ息づいていてもその装置が十分つくられるに至っていない場合には、統合や転換は、それぞれの社会で貧富の格差を拡大させて、〝国民国家〟に深刻な亀裂を走らせ深めていかざるをえまい。

その時もはや安全保障とは、外敵に対処するための軍事的なそれでなくなるだろう。軍事力による国家安全保障でなく、内なる社会の安定と安全をつくりあげることを本義とする、もうひとつの安全保障に通底していた。それが、冷戦終結後の途上国世界で求められる安全保障――人間のいのちと暮らしの確保を目的とする「人間の安全保障」――の考え方に、つなげられていく。

国際関係理論史の中でとらえ直した時それは、冷戦終結後、北欧やカナダで広まり始めていた新しい安全保障論――時に「社会的安全保障《ソサイエタル・セキュリティ》」論と呼ばれるもの――と、接点を持つ。その接点を私はのちに、九九年夏のコペンハーゲン暮らしの中で見ることになった。

実際、あの国では社会的安全保障が、二重の意味を持っていた。ひとつは、近代の歴史の中で培った、手厚いセイフティネットによる社会福祉／社会保障としての意味。二つは、グローバル化と統合の波の中で、国民国家としての一体性を維持・確保していくためのいわばアイデンティティとしての安全保障の意味である。

国境の壁が低くなって、グローバル化と統合が、たとえばEUの形で進展すればするほど、逆に歴史と文化の一体性を確保し、〝国民国家〟の伝統を守り育てていくことが、社会の維持発展に不可欠な作業とならざるをえなくなるという論理だ。

小国デンマークが、EUに加盟しながらも二〇〇〇年九月の国民投票で、ユーロ（共通通貨）採択を見送ったのも、高福祉政策の後退を懸念し、アイデンティティの安全保障を確保するための不可欠の作業過程であったのかもしれない。

その時私はコペンハーゲンで、祭日でもないのに、赤地に白十字の可愛らしい国旗が、よくテーブルの上や窓先を飾っている隠された意味が、見えてきたように思えた。市民が、王宮の芝生で自由にフリスビーを楽しみ、国民が、香港育ちの中国系イギリス人と第二王子が結婚するのに何の違和感も見せない、開かれた文化を手にしているのにである。

それが、脱近代に向かう、もうひとつの国のありように通底していた。そのありようが一方で、贈与比率の高く有償性の低い多額のODA（政府開発援助）を、早くから貧しい途上諸国に拠出し、他方で、大きな軍隊を持たず、北欧近隣四カ国でつくる平和維持部隊を、カナダとともに、五〇年代末から途上国の紛争地帯に送り込んでいた、もうひとつの国際貢献のありようを示していた。

周縁からの離脱

雁は飛んでいるか

メキシコでの明け暮れに話を戻すなら、そこで私は、ラテン・アメリカの民俗文化に魅せられながらも、妙にアジアのことが気にかかっていた。

ひとつにそれは、当時アジア中進国論が、儒教資本主義論の形をとって、日本の学界やメディアをにぎわしていたためであったろう。その背後には「躍進するアジア」と「停滞するラテン・アメリカ」の対比的な現実があった。その違いの源泉が、儒教とカトリシズムに求められていた。宗教による国際関係読み解きの――冷戦後はやり始める読み解きの――嚆矢である。

かつてマックス・ウェーバーが、プロテスタンティズムに近代資本主義勃興の起源を見出したように、儒教が、アジア資本主義の源泉とされ始めていた。そしてカトリシズムが、中世ヨーロッパの発展の足枷となったように、いまそれが、ラテン・アメリカの発展を阻む隠された元凶とされていた。

その儒教資本主義論とともに、開発経済学者の多くはそれ以前から、いわゆる雁行モデルによってアジアの経済発展を説明しようとしていた。秋の夕日を背に雁が次々と飛び立っていくように、アジアの工業化は、〝アズ・ナンバーワン〟日本を先頭に、まずＮＩＥＳ諸国家に、次いでアセアン諸国をへて、中国、ベトナム、ミャンマーなどへと玉突き状に「構造連鎖」していくとする見方である。時にそれが、韓国〝財閥《チェボル》〟礼賛論――韓国発展の原因をチェボルに求める発展論――とペアになって論ぜられていた。

儒教資本主義にしろ雁行モデルにしろ、いったいそれはどこまで、アジアとラテン・アメリカの発展――と不発展――の現実を説明できるのか。なぜラテン・アメリカが「失われた一二年」の低迷を続けるのに、アジア四匹の龍が飛び跳ねているのか。そしてなぜ、先頭の雁・日本がバブル崩壊で失速し始めているのに、いまなお雁行モデルなのか。そもそも、アジアであれラテン・アメリカであれ、何が周縁からの離脱を可能にしているのか。

わずか三カ月あまりのメキシコ滞在で、その解など手に入れようもなかった。ただ、シティーの日常の中で、少なくとも次のような確信だけは手にしていた。すなわち、おおむね階層が下に行けば行くほど、勤勉で、しかもカトリシズムの信仰心に厚いという現実である。それが、メキシコで手にした第三の、小さな衝撃であった。

貧しさが勤勉を生む現実である。その現実が、いつのまにか、貧しかった敗戦直後の北国の少年の日の記憶と重なった。

このころから、私の関心はアジアに向かい始めていた。ちょうど、研究室に出入りするアジアからの留学生が増え始めたころと時期を同じくする。そして私もまた、アジアへ旅することが多くなった。

中国との出会い

九〇年一〇月、はじめて中国入りする機会が訪れた。天安門事件後の冷却化した日中関係がほころびを見せ始めたころ――メキシコ行きの数カ月前のこと――だ。

「五億四千万トンの思想」――それが、その時の国際会議の報告書巻頭を飾った五頁大の単独インタビューの小見出しのキャプションだった。

「中国側は毎年、農産物や資源など六億トンを日本に輸出しているのに、日本側の対中輸出総量は、電化製品など六千万トンしかない」――日中経済通商関係の不均等性をつくこの手の議論が、会議後のパーティー会場の席で繰り返された。そのことを私は、「かつて踏み台にしてきた」中国市場の歴史像と重ねながら、紹介し語った。「グローバル・ジャスティスを！」が、この私とのインタビュー記事全体の見出しとなっていた。

いま思えば、青臭い中国論だったかもしれない。ただ、「グローバル・ジャスティス」がいま、IMF主導下のグローバリズムへの批判運動を展開するスーザン・ジョージたちの国際市民運動の合い言葉になっていることに、二一世紀世界に向けた知の新たな広がりを見る思いがする。

そのころ、日中間の平均給与の差は、八〇対一を越えていた。早朝八時前から北京の大通りは、通勤途上の自転車の波で埋まっていた。一〇億の民衆の熱気が地底から湧き上がってくるようだった。共産主義経済体制から資本主義経済体制への微妙な移行期だった。

あれから十有余年——訪問の度に、この国のおびただしい変貌を、往時と比較しながら定点観測できる。

その後、九八年八月に北京を、九九年一〇月には北京から上海、深圳、広東を、それぞれ一週間内外の日程で訪れた。その二度の訪中を、北朝鮮訪問と組み合わせた。

そのためかえって、中国のおびただしい変貌ぶりを、知ることができたように思う。逆に、北朝鮮ウォッチャーに多分見えなかったもうひとつの北朝鮮像が、私の中に浮き彫りにされてきたように思う。

冷戦終結後、グローバル化の中で、後楯・ソ連も、顧客先・社会主義世界市場もともに失い「冷戦の孤児」となった北朝鮮の悲惨さの根源的理由が、そこに見えていた。北朝鮮の惨状が、中国の変貌とあまりにも苛烈な対照をなしていた。その中国の変貌が、ポスト・ペレストロイカの醜悪なソ連の現実と、あまりにも鮮やかな対照をなしていた。

少なくとも鄧小平指導下に中国は、政治体制としての共産党一党支配のアイデンティティを堅持しながら、グローバル化の波を巧みに制御し、経済の「現代化」つまりは資本主義化を進めた。体制のアイデンティティを維持強化しながら、「社会的安全保障」を強め、体制転換の軟着陸をはかる。体制移行のソフトランディング方式である。

ソ連共産党は終焉したのに、中国共産党一党支配は逆に活性化し、終焉することなく続いている。にもかかわらずその国で市民社会が胎動し、中国を内から変え、〝周縁からの離脱〟を可能にし始めている。日中間の平均給与格差はいま一〇対一以下に縮まり、自転車に代わってクルマが、北京の大通りを埋めつくしている。

ソ連型共産主義でもない、日本モデルの移殖伝播でもない、儒教資本主義モデルや雁行モデルとは異質なところで〝巨大な龍〟中国が動き始める近未来を、私もまたこの前後から予感し始めていた。しかしその予感が確信に至るには、なおいくつかの旅をへなくてはならなかった。

もうひとつの第三世界

私の脳裡には、いまでもあのピョンヤンでの衝撃的な風景が鮮明に浮かび上がってくる。

エアフライトの電光板には一週数便しか飛んでいない、閑散としたピョンヤン空港。昨夏訪れたアフリカの最貧国ルワンダのキガリ空港よりも粗末な建物。

その飛行場から市内に入る道すがら、人々は時に重いリュックのようなものを背負い、ただひたすらに歩き続けている。バスもクルマも、いや自転車すら走っていない。

それなのに、二日目の朝一番で求められ訪ねた錦《クム》繡《ス》山《サン》宮殿の絢爛豪華さ。エアシャワーで長大な建物の入場口をくぐったあと、五〇メートル以上も延々と続くエスカレーター通路で、丘の中腹部に辿り着く。妙なる調べが流れる中、うす暗い大広間の真中、金日成の遺体が、大きなケースに収められ赤い光線でライトアップされている。参観人は拝礼し、そのまわりを順繰りに進んでいく。

そして市内に戻る。社会科学院副院長との会談。その席で私は切り出した。「なぜあなた方は、軍備や錦繡山宮殿にあんなぜいたくなカネをかけるのか。宮殿がつくられたのは、水害に見舞われていた最中なのに、なぜ庶民向けの民生や農業に、もっと多くの予算をまわさないのか」。

この私の発言に、北朝鮮側はいきり立った。「これまで招待した外国人士の中で、まったく前例を見ない非礼な言辞だ」――。招待とはいえ、旅費と滞在費はこちらが負担していたのだが、彼らは、発言の即時撤回を私に求めた。国外退去すらされかねない激しい勢いだった。

私は執拗に要求を拒んだが、同席した元社会党国際部長・安井栄二氏のとりなしで、発言を撤回した。あの時撤回していなければ、国外退去すら不可能だったかもしれない。そしてそのあと見た、西海地方の水害地の眼を覆うばかりの惨状。三年続きの水害のあとも生々しく、修復いまだならず、まるで海のようだ。人々がほとんど素手で石や砂を集め堤防づくりに精を出している。

若い兵士たちが土木作業に従事している。この国では、一二〇万の兵士の半分が土木作業を兼務していることを、のちに知った。彼らの背丈は、日本の小学生くらいしかない。私たちのクルマがアパート群の裏に間違って入った時飛び出してきた裸足のやせた子供たち――。

私の側につきっきりのエリート党員氏は、いつも手に、くたびれた表紙の「主体性《チュチェ》思想」の本を持っていた。飢えた子供たちの情景が、貧しかった私の少年時代を想い出させた。

「私も敗戦直後の子供のころ、一日二食でしたよ」。その言葉に、氏は怒ったように答え返してきた。

「いや、自分は一食だった」。

「どこに住んでいたのですか」私はたずねた。「ほら穴の中だ。母親と八人兄弟といっしょで、白頭《ペクト》山《サン》の山の中だよ」。

その時私は確信した。この体制はけっして崩壊することがないだろう。ジリ貧もドカ貧もありえまい。異常気象下で一日一食になって、亡命者の群れを出し続けても、民衆に住む家を与え、生きる食糧を手にさせた体制が、正当性を失うことはないだろう。――その日の旅日記に、私はそう記していた。(7) 権力者が豪奢な宮殿を建てる例は、市民社会の未熟な国ではけっして珍しくない。その少し前、パキスタンが財政難打開のため国際競売にかけていたイスラマバードの大統領宮殿には、百十余りのバスルームがついていたことを、その時私は想起していた。あれから四年。いまその正当性はどこに行っているのか。

ピョンヤンでの衝撃は、再び私に、安全保障――と脅威――の意味を問い直させていた。いったい、安全保障とは何であるのか。飢えたこの国が、なぜ、どんな形で周辺諸国に軍事脅威を与えることになるというのか。〝北朝鮮脅威〟論の虚構が、かつての〝ソ連脅威〟論――やメキシコにとっての〝キューバ脅威〟論――の虚構よりもっと生々しい形で浮上してこざるをえなかった。

動き始める朝鮮半島

翌九九年秋、私は、二度目の訪朝をした。あの時の党員氏が、私の肩を抱いて迎えてくれた。ピョンヤンは、確実に活気を取り戻し始めていた。混合経済化へ向けて臆病な、しかし慎重なかじ取りを始めていた。

そして二〇〇〇年六月、金大中が、金正日と歴史的な首脳会談を行なった。「隠遁所から出てきた」総書記と大統領との邂逅が、冷戦で凍てついた半島を動かし始めた。

その北朝鮮体験が、韓国訪問と重なって私を、朝鮮問題へと関与させ始めた。

それ以前、九二年五月に大邱で開かれたアジアの軍縮と経済協力の国際会議に、西川潤(早大)教授と出席していたけれども、ソウルを訪問することになったのは、翌九三年一二月のことだ。最初の訪韓が、ちょうど朴正煕暗殺の二週間前、七九年九月だったから、かれこれ一四年ぶりのことになる。久しぶりのソウルに降り立って、冷たい乾いた北国の寒風に、いいようのない郷愁を感じ、街中をコートひとつで歩きまわった。

会議では旧知のブルース・カミングス(シカゴ大)教授らと会った。そこで、新しい金大中と、新しい韓国を見た。一四年の歳月は、貧しい南の隣邦・韓国が、六〇年代の北朝鮮との経済格差を逆転させて、軍政と従属経済から離脱するに十分な年月であった。その離脱を、冷戦終結が早めていた。九〇年九月と九一年八月に韓国は、各々ソ連、中国と国交を回復・正常化していた。グローバル化の波が、東アジアの岸辺をも洗い始めていたのである。

当時、金大中は新しい財団――アジア太平洋平和民主主義財団――をつくり、その創立大会に私は招待されたのだが、大会は事実上、次の九七年大統領戦に備えた同氏の政界復帰宣言の場であった。

七三年東京での拉致事件後と八〇年光州事件後との二度にわたる死地をくぐり抜けて生還した金大中は、七一年朴正熙に惜敗したように前年の大統領戦でも金泳三に惜敗し、政界引退を表明していたのに、三たび挑戦し始めたのである。「大統領病患者になってしまった」——氏は会場外でそう揶揄されていた。

大会で金大中は、南北朝鮮の統一とアジアの民主化推進を高らかに謳い上げた。一方で、氏が財閥系右派と政治提携したらしいとうわさされていた。他方で、博士号をアメリカで取得して帰った若者たちが、裏方として私たち海外代表団の面倒を見て下さった。理想主義と現実主義との見事な混淆と、権力への飽くない執念とに、淡い羨望を感じた。そこに、内側から韓国を動かし始めた、市民社会の胎動を見た。いやその時羨望の念で見ていたのは、権力とは何であるのか、もうひとつのパワーのありようをめぐる、もっと根源的な問い直しの胎動であったのだろう。その問い直しが、のちジェンダー論に見る、新しい権力論の眼差しにつなげられることになった。支配し殺す能力でなく、共生し育てる能力にパワーの本義を見る新しい権力論への眼差しである。

その金大中財団や院生、交換教授たちとのつながりを通じて、以後ほぼ毎年のように訪韓することになった。そのたびに市民社会の成熟と、それをつくる市民的諸活力こそが、途上国の「周縁からの離陸」の主要因だとの想いを強めていた。併せてその市民的諸活力の欠落を私は、主体性体制下の北朝鮮社会に見ていた。

アジア総合安保への途

そこから私たちは、次のような論理と予測を、引き出すことができるだろう。市民社会の欠落した北朝鮮で、体制転換を急激に推し進めるなら、九〇年代ソ連――や壁崩壊後の統一ドイツ――よりもっと急速に国内格差を拡大させ、アイデンティティの喪失を進め、大量の失業者群をあふれさせ、いまよりもっと多くの難民と飢えをつくり出していくだろう。

それが、対北朝鮮政策のリアリズムと、以下のように結びあう。だから、民主化は安易に進められるべきでない。進めなくてならないのは、ゆるやかな体制移行でしかあるまい。アイデンティティとセイフティネットとを、可能なかぎり維持確保させながら、いわゆる協調安全保障の仕組みを半島につくり、それを周辺に広げていくことだ。その構想が、金大中の太陽政策――やかつてのブラント西独首相の東方政策――と通底していた。

ゼロサム・ゲームのクラウゼヴィッツ的世界像から、公共空間と連携の可能性を説くハンナ・アーレント流の、ウィンウィン・ゲームの世界像への転換である。

民主化であれ市場化であれ、覇権国家の価値観――アメリカン・スタンダード――を、グローバル・スタンダードに代えてそれを、国境を越えて広め極大化しようとする、グローバリズムの世界像ではない。「異形の他者」を排除、せん滅し「市場と民主主義」を広めるグローバリズムではない。自らの中に他者性を見出し、他者と連携し共生できる「共通公共空間」を、アジアにもつくり上げていくことだ。

このころから私は、アジア総合安全保障構想を、プロジェクトの共通テーマにし始めていた。それが、ヨーロッパ共同体ならぬアジア共同体の途の模索につなげられた。

たまさか設立されたばかりの学内の先端学際領域（TARA）センターで、私たちのプロジェクトが、厳正な学外審査制をへて採択された。九五年度からのべ六年間、新しい共同研究に取りかかった。第一期のテーマを「科学技術と公共政策」のあり方にすえた。徐々に重点を、アジアの中での日本の生き方に移し、日本の再生プログラムを模索し始めた。その模索を、第二期のテーマ「アジア総合安全保障の構築」へつなげた。(8)

九七年七月に始まるアジア経済危機が、私たちの共同研究の決定的な転機となった。

アジア危機の中で

その年一月、二週間の日程で、旧正月を前に賑わう香港を皮切りに、東南アジア諸国――インドネシア、シンガポール、マレーシア、タイ――を駆け足でまわった。行く先々で、醜猥な近代と帝国の爪跡を見た。それとともに、日本を盟主とする雁行モデルが、儒教資本主義論とともに、すでに破綻している現実を垣間見た。

南太平洋からそのモデルを見直した時、モデルは、大東亜共栄圏の戦後バルブ版のように見えていた。たとえ対外直接投資と技術移転が、アジアＮＩＥＳをつくりアセアン経済に活況を呈させていたとしても、それが、市民社会の活性化を伴わないかぎり、もうひとつの従属化の途に至らざるをえないだろう。そのことを、私たちのプロジェクトの海外研究員ミッチェル・バーナードがラヴェンヒル教授（オーストラリア国立大）とともに立件し、それを、インドネシアからの留学生イーザ・ユスロン君が、思想的淵源にまで立ち入って論証し始めていた。

そしてそれから五カ月後の五月、台湾政府の招請で訪台した。招請者は、李登輝・国民党政府だったが、野党・民進党と私たちとの九〇年代初頭以来の交流が――立法院に数議席しかなかった当時からの交流が――〝もうひとつの台湾〟への期待をふくらませていた。内なる市民社会の胎動が、下からの民主化を進めていた。膨大な中小企業群が、国境の壁を越えた華人ネットワークと連携し、経済発展を押し上げていた。

韓国〝財閥〟礼賛論とは異質な、下からのアジア再生プログラムのシナリオである。そのシナリオが、動き始めた朝鮮半島と連動しながら「もうひとつのアジア」を構築するプロジェクトの内実をつくり始めていた。

かつてメキシコで衝撃を受けたように、ジャカルタやバンコクで、未知の世界に接し、一群の衝撃を受けていた。それらの都市や地域を、グローバリズムが残忍な爪を立て始めていた。

バンコクの新市街から旧市街までわずか五キロの道に二時間かかるクルマ渋滞の異様さ。空港から市内まで続く建設中の高層ビル群の賑わいの空虚さ――。半年後そのタイで始まる通貨危機を予兆させるに十分なバブル景気の過熱ぶりだった。

そしていま、バブル崩壊後の日本で、長期不況脱出策として始められた、汐留などの超高層ビルの建設ラッシュ――。その光景が、いつのまにか私の中で、バンコクのかつての高層ビル群と重なり合ってくる。なぜ私たちは、いわゆる二〇〇三年問題を――またぞろ束の間のミニ・バブルとその崩壊を――あえて自らつくり出していくのか。

いったい私たちは、アジア危機から何を学んだというのか。なぜ、ネオ・リベラル流のレーガン・サッチャリズムが破綻したというのに、その〝過去への逆走〟（バック・ツゥー・ザ・フューチャー）を続けるのか。パクス・アメリカーナのグローバリズムの爪が、民草のいのちと暮らしを切り裂き続けているのに、なぜそのグローバリズムに自ら加担し、それを推し進めようとし続けるのか。

9・11から

おそらく、それらさまざまなものの延長上に、9・11テロがあるのだろう。

私自身の仕事についていえば、先のプロジェクトを進めながら、戦後五〇年を期して、ほぼ四年がかりで戦後史にかかり切って、九九年二冊の本を上梓した。併せて「アジア危機を読み解く」ための共同成果を刊行した(8)。

そのころから、中断していたスタンダード・テクストの執筆に再び取りかかり始めた。時代の転換の謎《エニグマ》を解くために、ポストモダンからジェンダーに至る新たな理論領域を渉猟し、私たちのあるべき国際政策論の展開につなげた。

紛争を〝抑圧されし者〟の反乱ととらえ、公正さを国際関係の中に組み込む――その中心課題を軸に、歴史から理論をへて政策論に至るテクストをようやく書き上げていた。

二〇〇一年九月一一日朝——テクスト最終稿を編集部に送り終えバンクーバー経由でワシントン・ダレス空港に降り立った。私が、テロ事件を知ったのは、その空港ロビーのテレビでである。

いくつものことが、いま私の脳裡に去来する。かつて一〇年間の新聞等に載せたコラム群を集成して『非極の世界像』を上梓してから十有余年、再びコラム群を集成しながら、少なくともいままで、私の言論の大筋にぶれがなく、9・11と「第二の敗戦」に至る状況を予見できていることに、ある安らぎを覚える。ポストスクリプトでも触れるようにその予見は、アフガン内戦の勃発から日本政治の失敗にまで及ぶ。

旅の途上で見たさまざまな光景を軸に、非極の視座から同時代を読み解くのを勧めた旧著がそうであったように、いままた旅の途上の光景を軸に、国境を越えた市民と民衆の目線からグローバリズムの脱却を説いた以下のコラムが、同時代を読み解く手がかりになることを期待し、まずは「全球化を考える」筆をおきたいと思う。

グローバリゼーションを中国語で全球化と呼ぶ。あえてその中国語を第Ⅰ部の表題に掲げたのは、アメリカ流グローバリズムを脱却することにこそ、私たちの二一世紀世界が始まるというメッセージを、その中に込めている。そのメッセージが、以下五部にわたるコラムとポストスクリプトの中で示されていくだろう。そこに、私たちが9・11の衝撃から真に生き残ることのできる「脱グローバリズムの世界像」が、見えてくるだろう。

註

(1) 邦訳は『帝国』以文社、二〇〇三年。

(2) 拙著『アメリカ・黄昏の帝国』岩波新書、一九九四年、一一二頁。

(3) N. Birdsall, "Why Inequality matters," *Ethics and International Relations*, vol. 15, No. 2, 2001.

(4) 拙著『ポスト・ペレストロイカの世界像』筑摩書房、二〇〇一年。二〇八〜二一二頁。

(5) ちなみに、ODAの対GNP比(一九九七年)は、デンマークが〇・九七%、日本は〇・二二%。

(6) 拙共編『動き始めた朝鮮半島』日本評論社、二〇〇〇年、二四〜二五頁。

(7) E. Shindo ed., *Constructing Cooperative Security in East Asia*, Tsukuba Univ. 2001.

(8) 拙編『アジア経済危機を読み解く』日本経済評論社、および『敗戦の逆説』ちくま新書、『戦後の原像』岩波書店、各一九九九年。

Ⅱ

アジアと第三世界

〈非極から離脱する〉

崩壊したWTCの煙におおわれたロウアー・マンハッタン。
海かもめが飛んでいる（9月12日撮影）=ロイター・サン提供

年	月	動　き
1988 (昭63)	5 9	ソ連、アフガニスタンから撤退開始 メキシコ大統領にサリナス就任
1989 (平1)	6	中国政府、民主化要求運動を武力制圧（天安門事件）
1990 (平2)	2 8	ニカラグアで大統領選実施、チャモロが就任 イラク軍がクウェート侵攻。 9　韓国と北朝鮮の首脳会談開催。
1991 (平3)	1 9	米軍など多国籍軍が対イラク空爆開始、湾岸戦争 国連が韓国と北朝鮮の同時加盟を承認。 12　ソマリア内戦に突入(～93年1月)
1992 (平4)	3 5 8	国連カンボジア暫定統治機構（UNTOC）が正式発足 フィリピン大統領選でラモス当選。スーダン内戦激化（～98年5月） 中韓外相が国交樹立の共同声明。 12　韓国大統領戦で金泳三が当選
1993 (平5)	2 9	北朝鮮、NPT（核不拡散条約）脱退表明 イスラエルとPLO、パレスチナ暫定自治宣言（オスロ合意）
1994 (平6)	1 7 12	NAFTA（北米自由貿易協定）発足。 4　ルワンダ内戦本格化（～12月） 北朝鮮の金日成主席死去。 10　北朝鮮、米朝会談でNPT復帰に合意 メキシコ大統領にセディジョ就任。メキシコ通貨当局、ペソの切下げ
1995 (平7)	3 11	日米韓三国がKEDO設立協定に調印。北朝鮮は12月に調印 ラビン・イスラエル首相暗殺
1996 (平8)	3 9 12	台湾初の総統直接選挙で李登輝当選。中国、台湾沖でミサイル演習 タリバンがアフガニスタンの首都カブールを制圧 グアテマラで和平協定調印。武装ゲリラペルー日本大使公邸を占拠
1997 (平9)	2 7 10	北朝鮮の黄長燁労働党書記、韓国に亡命。鄧小平が死去 香港、中国に返還される。タイ通貨バーツが暴落 金正日書記が朝鮮労働党総書記に就任。 12　韓国大統領戦で金大中が当選
1998 (平10)	5 8	インド核実験。インドネシアのスハルト大統領辞任。パキスタン初の核実験 北朝鮮がテポドン発射実験。 12　ベネズエラ大統領にチャベス就任
1999 (平11)	6 7	黄海で北朝鮮と韓国が銃撃戦 李登輝台湾総統が「中台二国論」
2000 (平12)	3 6	台湾総統選挙で民進党・陳水扁が当選 金大中大統領、金正日総書記と会談。 7　メキシコ大統領にフォックス就任
2001 (平13)	10 12	米·英軍アフガニスタン空爆開始 中国、WTO加盟。アルゼンチン、経済危機。ベネズエラで大規模ゼネスト
2002 (平14)	1 9	台湾、WTO加盟。東京でアフガニスタン復興支援国際会議 小泉首相訪朝、「日朝平壌宣言」に署名。 12　韓国16代大統領に盧武鉉当選

Postscript

北の世界像を問う

アクセルとブレーキを同時に踏む——クルマは軌道から左右にはずれ、横ぶれが続く。それも雪道の上だから振幅はいっそう激しい。いわゆるスキッドオフである。今日の国際社会で頻発する紛争は、たとえていえば、グローバリズムのスキッドオフもしくは自己逸脱運動ととらえることができるだろう。

一方で、モノとカネ、ヒトと情報とテクノロジーが、国境を越えて動き、その動きが加速され続ける。ＩＴ革命もしくはメカトロニクス革命が、一五世紀末の大航海時代とも一九世紀末の通信交通革命の時代とも、比較にならぬ速度と規模で、地球の一体化すなわち「全球化」を促していく。地球はひとつの村になる。

他方で、先端技術を手にした北の先進国と、手にできない南の途上国との差が、巨大な貧富の差となって拡大し続ける。北と南の国境の壁が限りなく低くなっていくのに、格差は、国の内と外で二重に広がっていく。

しかも、市場化と民主化の合い言葉の下に、覇権国家が全球化の速度を早め、規模を広げればそれだけ、さまざまな矛盾と不満が、地球村の底辺と周縁部に累積されていく。

共同体がずたずたに引き裂かれる。国家すら破綻の淵に追いやられていく。

その時、民衆はどんな行動をとり始めるのだろうか。難民キャンプに生まれ、貧困と飢餓の中で生きる若者たちは、どんな行動に出ていくだろうか。それも、全球化の中で、豊かな先進国の暮らしぶりと、富がつくる収奪の構造とを、多少なりとも知った人間にとって、覇権国家のつくる全球化の村は、どんなふうに見えてくるのだろうか。

紛争とは反乱である――。この現代の戦争もしくは紛争の構造を理解しないかぎり、二一世紀初頭の世界に広がるテロリズムの構造もとらえることができないだろう。

かつてそれは、民族解放闘争として現出した。マンデラにしろホーチミンや安重根にしろ、民族解放闘争はつねに、テロリストたちの苦悩と憤怒の中から生まれてきた。

そしていま、民族解放後の途上国社会は、その多くが二重の重圧下におかれているために、その重圧から自らを解き放つこと以外にない窮境下へ追い込まれている。第一に、解放後、支配と収奪の翼を広げる帝国の、第二にその帝国の庇護下で富を独占し続ける権力層の、それぞれの重圧である。

グローバリズムがそれを加速させる。そしてその重圧があまりにも強く、それを緩和する仕組みがあまりにも弱いために、再びテロリストたちの苦悩と憤怒の過程が始まる。

その時改めて、9・11以後の世界における反テロ戦争と北の世界像の問い直しが求められていく。

かつてイラン・ホメイニ革命のあとサダムを育てながら、イラン・イラク戦争後サダムの放逐に向かう。かつてソ連崩壊のためにアルガイダを育てながら、九八年以後アルカイダ放逐に向かう。それを、帝国の世界像の問い直しといいかえてもよい。

反テロ〝文明〟戦争——と〝民主主義平和〟論——という名のグローバリズムの暴虐が、テロなきあとのテロを増殖させる。アフガンとアルカイダ、もしくはタリバン台頭の遠因となる七九年一二月のソ連のアフガン侵攻についていえば、私にも小さな想い出がある。

いまや、リチャード・クーリーの『非聖戦』で明らかにされて以来、次の事実が専門家たちの間で広く知られている。すなわち、ソ連侵攻が始まる半年前、七九年六月に、ブレジンスキー（当時大統領特別補佐官）と米ＣＩＡがアフガン国内の〝反ソ派〟支援に乗り出し、ソ連をアフガン内戦の泥沼に引きずり込む隠密作戦を進めていた事実、その〝反ソ派〟支援の延長上に、ビンラディンらアルカイダの、国境を越えた反ソ・イスラム原理主義運動の出発点があった事実である。

〝反ソ派〟イスラム原理主義運動へのてこ入れはしかし、現実にはそれ以前、すでに七八年当時から進められていた——そのいまだ知られざる歴史的事実を、当時、たまたま中東旅行中の菊地三郎氏（アジア・アフリカ語学院長）が乗った飛行機がカンダハール近郊で不時着した時遭遇した奇妙な体験——同乗のアメリカ人研究者に引率されて砂漠の中の知られざる米軍基地で一昼夜を過した体験——を通して語ってくれたものだ。*

その事実はそのまま、現代の紛争を、国家対国家の紛争としてでなく、一国内内戦として位置づける私の現代紛争論の理論枠組みに正確に符合した。しかも内戦は、下からの反乱によって惹起され、時に外からの介入を要請していく。

アクセルとブレーキを同時に踏む。グローバリズムを推し進めれば進めるほど、内と外の貧富の差が拡大し、矛盾が深化し、下からの反乱を引き出していく。世界同時多発テロはその意味で、アメリカ流グローバリズムの当然の帰結だったといわねばなるまい。

それゆえにこそ、テロの源泉を「悪の枢軸」に求めてそれを、トマホークやバンカーバスターでたたき、TMD（戦略ミサイル防衛網）を共同開発することの、壮大な幻想が見えてくるはずだ。それを、グローバリズムの軍事的局面といいかえてもよい。

いったい私たちは、そのグローバリズムの暴虐をどう乗り越えることができるのだろうか。そしてその暴虐が、興隆し続けるアジアとアジア共同体への要請と、どこでどうつながっているのだろうか。「北の世界像」を衝く以下のコラムで、それを読み解いていこう。

＊その時のエピソードを私は『非極の世界像』八六〜八七頁に収録し、七九年アフガン紛争の勃発を、単純に〝ソ連脅威〟論と結びつけることの陥穽を、併せて指摘した。

コラム

1　アジア共同体への問い

▼『信濃毎日新聞』二〇〇一年一二月三日

　びろう樹の茂る晩秋の台北に着く。「アジア共同体の可能性」を探る、沖縄での国際会議に先立つ三日間。昨冬以来の訪台だ。

　アジア経済危機の打撃を免れたこの国にもしのび寄るIT（情報技術）不況の影に、総選挙の熱気が覆いかぶさる。闇《やみ》市もどきの活気と人いきれ。

　夜、民進党国際部を取りしきる三人の若手軍団と歓談。いずれも日本留学組。二人は女性。うち一人は米国帰り。台湾民主化を支える若い力を感じる。民主化の現在をアピールする国際選挙視察団にぜひ参加してほしいと懇請される。

　「途上国の選挙監視団じゃないのですよ」。笑いながら念を押す声に、民主化への自信を垣間見る。そして一様に熱い独立論。冷戦を知らない世代。彼我の、日台間の、この若者の活気の違いはどこからくるのか。

　翌日、台湾政治大学を訪問。国民党独裁下の党機関が、いまや国際関係研究のメッカと化している。研究所長らと長い昼食。大陸との頻繁な交流を知る。再び日台間の違いを議論。

　台湾の強さが、多民族・多文化社会に隠されていると、彼らは説く。それが幾重にも広がる華人（チャイナ）サークルと重なり、海に開かれた島国の強靭《きょうじん》さをつくり上げている。

　かつて、昇る太陽・日本を〝ひよわな花〟と形容したブレジンスキー元米国大統領補佐官の卓越した先見をゆくりなくも想起する。私たちの国の再生は、その内なる単一民族・単一文化の〝ひよわさ〟を克服することなしにありえないだろう。

ここ台湾では、独立論と大陸統一論とがいつも熾《し》烈《れつ》な火花を散らしている。

午後会った台湾有数の三人の知識人、エコノミストと戦略研究家と政治史家は、それぞれに独立論の非現実性を説く。

その条理が、その夜、台湾料理をはさんで熱弁をふるう米国帰りの若い平和研究者の独立論の情念と真っ向からぶつかる。

しかも前者の独立論批判が、李登輝・元国民党主席の〝変節〟と、日本の保守タカ派との連携にひそむ危うさとへの批判と重なる。

後者の独立論が、かつて大陸から来た外省人による本省人への弾圧と差別の記憶と重なり合う。

その条理と情念のはざまを越えるかのように、現実は台湾と大陸との経済相互依存度を深化させ続ける。

いまや大陸への対外直接投資は、契約高で前年比五三％増、直接投資総額の六割近く。輸出総額で大陸貿易は、対米貿易をしのぎ、国民総生産高の過半を稼ぎ出し始めている。

その新しい現実を前にした時改めて、なぜかくも〝国家主権〟や民族自決主義を神聖化し続けるのかの重い問いに直面するだろう。そしてその問いの先に、アジア共同体の途《みち》を探る私たちの課題の意味も見えてくるはずだ。

おそらくその問いを解くことなしに、日本の再生もまたありえない——その想《おも》いを、空路わずか四十数分の沖縄への機中で私は強めていた。

▼『信濃毎日新聞』一九九七年六月三〇日

2　「香港返還」の行方

一枚のセピア色の写真がある。数隻のジャンク船が、入り江に浮かんでいる。小高い丘に続く平坦地には、まばらな人家しか見えない。

一九世紀初頭――大英帝国統治下に組み入れられる半世紀前――の辺境の地〝香りの港〟の往時を、そのセピア色の写真が伝えている。人口わずか五〇〇〇人の集落でしかない。

その珠江デルタの入り江に突き出た一漁村が、いまや世界最大の金融センターに変貌《へんぼう》している。その変貌を、往時だれが想像できただろう。

夕方成田を発《た》った飛行機は、夜中の一一時をまわるころ、右上空から急降下し始める。

漆黒の闇《やみ》の中から、突然、数十本、数百本の高層ビルの光がまばゆく眼に飛び込んでくる。

およそ半年前――中国旧暦の正月を目前ににぎわう香港を、はじめて私は訪れた。そしてその地を皮切りに、シンガポール、ジャカルタをへて、東南アジア六カ国を急ぎ足で回った。

「アジア太平洋の時代」の到来を前に、私もまた遅ればせながら、その時代の底流をつかむべく、アジアへの〝旅〟を始めたのである。そしてその旅の行く先々で、〝成長のアジア〟を支える〝市民的諸力〟の躍動ぶりをまのあたりにせざるをえなかったのである。

その躍動が、香港に象徴されていた。

面積でわずか東京都の半分ほどの大きさしかないこの〝都市国家〟――香港島と対岸の九竜半島〝新界〟地区からなる狭小なミニステート――に、いま六〇〇万人がひしめき合っている。

その香港が、すでに一人当たり国民総生産高で英国をしのぎ、一五〇年に及ぶ英国の統治下から離脱して、中国に返還される。アヘン戦争で手にした大英帝国のアジア最後の植民地である。

その意味でも香港返還は、国際政治の地軸が、ヨーロッパ大西洋から、アジア太平洋へと移動し続ける二一世紀の時代の到来を象徴している。

ただその時代の変貌の激しさゆえに、人々はその変貌が突きつける〝歴史の難問〟への解を探しあぐねている。いったい「共産主義体制」下の中国で、香港の「資本主義体制」が、どこまで生きのびることができるのか——いわゆる「一国二制度」の現実の可能性についてである。

周知のように「一国二制度」の合意案は、一九八四年、英国が香港返還に合意した時、故・鄧小平によって打ち出されたものだ。しかし多くの人々がいま、異なった政治経済体制が一国の統治下で〝共生〟できる現実の可能性に、疑問を持ち始めている。

しかもその疑問は、三重の不均衡によって倍加されている。

第一に、人口一二億の中国と、面積にして一万分の一の香港との巨大な不均衡。第二に、その香港の富が、国民総生産高一人当たり、中国の逆に四〇倍以上もある不均衡。そして第三に、その中国が三〇〇万の人民軍と核ミサイルを含む最先端兵器で重武装されているのに、香港がまったくの〝無防備〟である不均衡。

いったい、かつて鄧小平が約束したように、返還後五〇年間香港は、外交と国防を除いて高度な自治を維持し、現在の資本主義的自由主義制度を、真に維持できるのだろうか。

その三重の不均衡に眼を向けたとき、返還に伴う人々の疑問もしくは恐怖が、〝超大国〟中国の台頭の近未来と結び合っていることに気づくはずだ。「中国脅威」論が「一国二制度」への疑問をそそり、香港返還が「中国脅威」論をあおり立てる構図だと言いかえてもよい。

「あなたは（中国と香港の）再統一が香港にとって良くなると思いますか」—イエス六三％、ノー一〇％、わからない二七％。「再統一後のあなたと家族の生活は良くなると思いますか」—イエス二九％、ノー一八％。

タイム誌が先ごろ香港市民に対して行なった世論調査は、香港市民たちの意外な冷静さを指し示している。

市民たちの三分の二が、中国との統合を歓迎している——少なくとも受容している——現実を、私たちはもっと直視してよい。

「今後五年以内に天安門事件のような衝突が香港で起きると思いますか」―イエス八％、ノー八一％。「返還後深刻な問題が生じた時、あなたは香港を去りますか」―イエス二五％、ノー七〇％。

これら一連の数字の中に、五〇年、いや一五〇年以上もの、政治的動乱の中をくぐり抜けてきた香港市民――中国民衆――の〝したたかでしなやかな〟姿を垣間見ることができるだろう。

その〝したたかでしなやかな〟庶民感覚と、それがつくる市民社会の成熟こそが、今後も香港とアジアの成長をさらに生み続けていくはずである。

その成長を、旅の先々で眼にした。一枚のセピア色の写真の向こうに、いま二一世紀が展開しようとしている。

そしてビジネスと市民たちの諸活動の躍動する「アジアの時代」が到来しようとしている。

▼『信濃毎日新聞』一九九七年四月二八日

3　第三世界政策の見直し

ジャスミンの花咲くジャカルタを先ごろ訪れた。はじめての東南アジア旅行の途次だ。

全インドネシア人口一億九〇〇〇万の約二〇分の一を吸収する、世界有数の巨大都市だ。途中立ち寄った香港やクアラルンプールと同じように、街は建設ラッシュでごったがえしている。

第三世界の他の都市の場合と同じように、私にとってジャカルタの旅は、過去への旅でもまたあった。いや、二一世紀に向かって沸き立つアジアの未来を見る眼が、いつのまにか、歴史の遠い過去に向かわざるをえなかったのである。

早朝、ホテルで荷解きをするのもそこそこに、どの旅行者もやるように市内の歴史民族博物館に案内されたのだが、私の驚きはそこから始まった。

インドネシアの歴史が、その歴史博物館にない。あるのはほとんど、紀元前から紀元七、八世紀の、豊穣《ほうじょう》な「海洋文化」の栄えた当時のカヌーや漁民たちの遺物ばかりだ。一六世紀以降、近代の歴史がないのである。

　なぜ、古代があって近代がないのだろうか。

　一五九六年、最初のオランダ艦隊がジャカルタに上陸。東インド会社を設立し、沿岸に交易所を建設。インドネシア植民地の歴史は、その時に始まる。

　長い封建中世をあとに世界は当時、一六世紀のスペイン・ポルトガルの時代から、一七世紀の通商国家オランダの時代に入っていたのである。

　そのころオランダは日本の平戸まで足を延ばし、商館を開いている。ジャカルタの商館はしかし、オランダによるインドネシア占領下で要塞《ようさい》に改築される。城壁と水路がめぐらされ、堅固な城がつくられ、運河と掘割が構築された。その時、ジャカルタの名前は、オランダの古名バタビアと改称される。

　そのバタビアの商館跡の残る旧市街コタ地区を訪ねる。

　そこにもインドネシア人の近代はない。あるのは古代と、徹底した収奪の植民地政策を貫徹したオランダの〝つわものどもの跡〟だけだ。それがスハルト二七年の強権体制と結び合う。

　近くのチャイナタウンはスラムと隣り合っている。大人も子供も裸足《はだし》だ。道端のドブ水を、ほうきのようなもので、終日はき続けている。物乞《ご》いが絶えない。

　香港でもシンガポールでも、クアラルンプールやバンコクでも、私は、興隆するアジアの躍動の現実に圧倒され続けた。貧困のアジアが、豊かなアジアへと変貌《へんぼう》し続けている。大英帝国の最後の残り、香港の中国返還がそれを象徴している。二一世紀「アジア太平洋の時代」が目前に来ている。グローバリゼーションと第三次産業革命の波が、その到来を演出している。

　しかし、同じグローバリゼーションの陰で私たちは、何百万、何千万の裸足の民衆がうごめいている現実を見落としてはなるまい。そしてその裸足の民衆の現在が、四世紀にのぼる近代と「大西洋の時代」の〝破壊と収奪〟の長い過去の残影であることを、正視しておいてよい。

ジャカルタは、私の心の中でいつのまにか、ペルーのリマと重なり合っていた。

カンツゥータの紅い花咲くリマの街にも、裸足の民衆がうごめいている。

六百数十万の人口の六〇%がスラムに住んでいる。全人口の二割近くが、食べるものも住むところもない絶対貧困層に位置づけられ、その数が、フジモリ政権下の民営化・新自由主義政策下のこの二年で四〇%もの増加を見せている。

その貧困と苦渋の現在が、一六世紀以来のスペイン植民地化に始まる欧米支配の長い過去を引きずっていることを、私たちは知っておいてよい。

スペイン人ピサロに滅ぼされたインカ帝国・国王の末裔《まつえい》トゥパク・アマルが、異民族支配に抗し反乱の火の手を挙げたのが一七九〇年——反乱は、ボリビアからアルゼンチンに広がり、十数万の死者を出して鎮圧された。

そのアマルの亡霊が、冷戦後のペルーを徘徊《はいかい》している。いまだ四〇家族が、国富の大半を支配しているペルーをである。*

ペルーとインドネシアは、日本のODA（政府開発援助）予算の重点拠出国である。世界最大規模に達した日本のODA予算のムダが指摘される中で、なぜこの二国で、スラムが広がり、暴動やテロがなおも絶えないのか。

リマとジャカルタ——二つの都市の明日への展望を切り開くのはハードな危機管理でない。それは私たちが、グローバリゼーションに向けて、民衆の側に立って過去をいかに解きほぐすことができるかにかかっている。

第三世界政策のあり方の問い直しだと言ってもよい。その問い直しが、大使公邸の武力解放を冷ややかに見る現地住民の声に凝縮されている。

＊一九九六年一二月、ＭＲＴＡ（トゥパク・アマル革命運動）のゲリラが日本大使公邸を占拠、一〇〇日間にわたり立てこもる。

▼『世界』一九九〇年五月

4　帝国は暴力的に衰退する

ビオレタ・チャモロ女史が勝利した。ニカラグア革命を生み落としたサンディニスタ党のオルテガ政権は、これによって一〇年の短い幕を閉じることになる。

昨年三月以来エルサルバドル、ホンジュラス、コスタリカに続いて、中米にまた親米政権が誕生し、この地域での左派政権はキューバ一国を残すだけとなった。

〝共産主義の終焉〟の波が、寒い東欧から灼熱のカリブ海にまで及び始めたのだろうか。〝歴史の終焉〟がこの地にも及び〝共産主義の終焉〟を介在させて〝地域紛争の終焉〟の波が加速され、西半球にもまた紛争のない「退屈な時代」（Ｆ・フクヤマ）が訪れ始めると言うのだろうか。

しかし、チャモロ女史の勝利の背後にあるものを検証するなら、事態はそれほど楽観できるものでない現実が見えてくるだろう。そもそもチャモロ勝利の背後に、米国の強大な支援があったことを見落とすべきではないし、その意味でそれは、米国の勝利と呼んでおかしくないものがあったろう。

ニカラグア革命以来米国は、反革命武装集団コントラに対して、膨大な武器・金品を供与し、一方で内戦を激化させながら、他方で徹底した経済制裁でオルテガ政権に圧力をかけ、同国経済を破産寸前まで追いつめていた。

革命後の困難な状況下になおあった八四年一〇月、

革命政権は大統領選挙を実施し国民の三分の二の支持を受けていたにもかかわらず、レーガン政権は、コントラへの軍事支援と反オルテガ経済制裁とによって、革命政権の〝政治的資源〟を掘り崩し続けてきた。

一人当たり国民総生産はかくして、この一〇年間に三分の一も減少し、年率一七〇〇％のインフレに悩まされながら、四人に一人の失業と実質賃金九割低下という悲惨な準飢餓状況が生み出されるに至っていた。〝社会主義経済のモノ不足〟がここでは、米国の覇権主義外交によってつくられた現実が見えてこよう。

ニカラグア国民はだから、出口のない経済再建への期待を、チャモロを支持し続ける米国ブッシュ政権に託そうとしていたのだと言えるだろう。ぎりぎりまで追いつめられた弱小民族の、したたかな選択であったと、言いかえてもよい。

だが、勝利したとはいえ、新政権の前途には、幾多の苦難が待ちかまえている。与党に転ずることになる国民野党連合（ＵＮＯ）は、一四の党派からなる雑居集団だ。政権内権力闘争がいつ吹き出さぬともかぎらない。

逆に政権の座をおりたサンディニスタ党は、敗北したとはいえ、なお四〇％の支持率を誇っている。その上、軍がサンディニスタ民族解放戦線（ＦＳＬＮ）と一体化し、「政権を譲っても軍がなくならなぬかぎり権力を引き渡したことにならない」という、奇妙な二重権力状況が、今後も続く事態が十分予想されよう。ＵＮＯの公約通り、コントラと軍との同時解体が実現されないかぎり、コントラとＦＳＬＮとの武装闘争が、攻守所を変えて展開し、結局は米国の直接軍事介入を呼ぶ可能性すらありうる。

選挙の結果が出た日の午後、大統領府前のオロフ・パルメ会議場で開かれたＦＳＬＮの緊急集会で、花火が打ち上げられ、サンディニスタ旗がはためき、拍手が打ち鳴らされて、まるで勝利集会でもあるかのような様相すら呈していたのも、あながち陽気なラテン民族のさがのせいだけではなかったろう。

当面する経済苦境の打開を、チャモロ政権と、何よりブッシュ政権の手にゆだね、自らは六年後の大統領選に向けて力の回復に備えるサンディニスタたちの、企図せざるひそやかなシナリオが、その陽気さの陰に隠されていたのかもしれない。

それにしてもオルテガ政権下での、負債よりもむしろプラスの成果こそが、もっと評価されてしかるべきではあるまいか。

ソモサ一族が米系食糧多国籍企業と共に農地を囲い込み、非識字者が国民の大半を占めていたかつてのニカラグアと違っていまや、土地は農民に解放され、識字率は着実に向上し、社会福祉の基礎がようやくつくられるに至っている。しかもソ連とキューバの支援を受けていたにもかかわらず、キューバ型一党独裁体制はとらず、複数政党制と混合経済と非同盟主義を守り、米国・民主党との提携すら画している。

銃口から生まれた政権が、中米五カ国首脳のグアテマラ合意を受容し、二〇〇〇人に及ぶ国際監視団下での選挙実施に踏み切り、投票で敗退するという〝歴史の皮肉〟こそ、サンディニスタ政権下でのプラスの成果の定着を、逆証するものであったはずだ。

もし、米国が、「死に体」同然となっていたコントラを支援せず経済封鎖も行わず、逆にサンディニスタ政権への認知と経済支援に乗り出していたなら、そしてそれに（日本を含めた）西側諸国が協力していたなら、オルテガ政権はこれほどの経済危機に見舞われることなく、自立化への条件をもっと容易に手にしていたにちがいない。

「衰退する帝国は暴力的に衰退する」——ソ連のアフガン侵攻直後にブレジンスキーが語ったこの言葉は、彼の含意と裏腹に、ソ連でなくむしろ米国の現在を言い当てているようにすら思えてくる。マルタ会談後のパナマ・ノリエガ放逐劇にしろ、エルサルバドル・クリスティアニ政権への軍事援助にしろ、ニカラグア・コントラへの援助継続の決定にしろ、それらはいまや中米カリブ海域に閉じ込められてしまった米帝国の覇権を、辺境から掘り崩していく〝覇権の終わり〟への道程を記し続けるものではないだろうか。

チャモロ勝利はその意味で、帝国の拡延でなく崩壊を――それも平和的なそれでなく暴力的な崩壊を――促し続けるはずである。

▼『共同通信配信記事』一九九〇年六月一二日

5　東アジアにも冷戦終結の波

冷戦の〝終わりの始まり〟が、東アジアにも及び始めている。

四日間に及ぶ米ソ首脳会談の後を受けて矢継ぎ早に行われた、韓ソ間と米韓間との朝鮮半島をめぐる二つの首脳会談は、北朝鮮から避け難い反発を招き続けているものの、ベルリンの壁の崩壊が推し進めた〝冷戦の終結〟がいまや、単に欧州ばかりでなく、東アジアにもまた及び始めたことを、明らかにしている。

世界は激しく転回し続けている。その転回する歴史の舞台が、ゴルバチョフとブッシュを中心に、ワシントンで行われた首脳会談とその一連の合意によって用意されて進められたことは、疑うべくもない。

昨年一二月初旬、地中海のマルタで米ソ両首脳が〝冷戦の終結〟を宣言した時、多くの人々はなお、その宣言が具体的にどんな相貌《そうぼう》をとっていくのか、戸惑いの色を隠さなかった。

いわく、冷戦は欧州で終結を見始めるかもしれないが、東アジアではなお残り続けるだろう。いわく、いやその欧州も冷戦の終結すら、いつ〝もと来た道〟へ逆戻りしないという保証はないだろう。

そこでは、ソ連ゴルバチョフ体制が抱えている民族問題と経済危機という双子の時限爆弾が指摘され、その爆弾が遅かれ早かれ爆発した時、ゴルビーは、かつてのフルシチョフと同じような命運を辿らざるをえまいと指摘された。保守派が台頭し、軍部タカ派が軍縮と内外の緊張緩和政策を拒否し、マルタ以前の〝もと来た道〟へとソ連は逆戻りし始める危険がある。そうささやかれていた。

いやよしんば、戦略核五〇%削減に向けた合意が米ソ間でできたにしても、米国は海と空の新鋭戦略核を軸に、事実上の軍拡を続けるだろう。量の軍拡でなく質の軍拡だ。他方ソ連は、欧州で削減した兵器を、東アジアへと移動させ、事実上の軍拡をそこでまた維持するはずだ。軍縮の名を借りた〝軍備移動〟だ。

しかし、今次のワシントン軍縮交渉の成果と、その周辺の一連の動きは、冷戦の終結と、したがって軍縮への道が、もはや欧州にとどまることができず、まして〝逆戻り〟のできる道でない現実を、明らかにしたといわざるをえまい。

そもそも射程が六〇〇〇キロを超える戦略核の削減は、射程の短い中距離核や戦術核の削減と違って、それ自体グローバルな意味を持っている。それは、軍備移動の形態を借りた軍拡と本質的になじまない兵器なのである。

確かに、海と空の新鋭戦略核について、なおも質と量の軍拡の余地は残された。しかし、外交に過度の完全さは求めることのできる類のものでないことを、もっと知るべきだ。

私たちが注目すべきはむしろ第一に、米ソ双方の核体系の主軸たる戦略核が（兵器の種類によっては）五〇%まで削減することの合意ができた重たい意味であり、地下核実験規制や化学兵器廃棄に関する（数年前までなら考えることすらできなかった）一連の合意の持つ意味だろう。

第二に、軍拡経済の重みから民生経済を解放し、経済的相互依存の網の目を強め、そのためにもソ連の緊張緩和政策と民主化路線を後戻りさせないことについて、米ソ双方が持つ共通の利益の重みである。

その文脈で言えば、ゴルバチョフは、経済危機と民族問題という双子の時限爆弾からくる内政の弱みを逆用して米国の支援を手にし、軍縮への譲歩を巧みに引き出すことに成功したと評価できるだろう。

そして第三に、最後まで取り残されたと考えられていた朝鮮半島すら、デタントと軍縮の波に洗わざるをえない事態の急転回である。

　韓ソ間の国交回復と経済相互協力の動きは今後、強まりこそすれ弱まることはあるまい。そしてそれが、おそらくは南北クロス承認への道を曲折を経ながらも引き出し、グローバルな軍縮状況をさらに推し進めていくだろう。

　ワルシャワ条約機構が解体し、NATO（北大西洋条約機構）が統一ドイツとソ連を含めた全欧集団安保体制へと変化していく日も遠くないかもしれない。

　そのグローバルな軍縮の高まりの中で、わが国の外国と防衛のあり方が問い直されるはずだ。それは、自前の軍縮と東アジアの多角的安全保障体制の構築へ向けた道であろう。

▼『信濃毎日新聞』一九九〇年一〇月二三日

6　地揺れする中東

　サウジアラビアの王様ファハドは、ブルネイのサルタン（首長）に次ぐ、世界第二の金持ちだ。サルタンの資産が二五〇億ドルであるのに対して、ファハド王のそれは一八〇億ドルに達する。

　そして今日知られているだけでも世界中に一二の王宮を持っている。

　リヤドにある二五億ドルの価値はあるアル・ヤママ宮殿群から、スペインのマルベラ山中にある（大きさだけでもホワイトハウスの四倍はある）「山小屋」に至る。

　王はまた、数機のジェット機と数隻の豪華なヨットを持っている。そのすべてに金のバスルームがついており、すべてがスティンガー対空ミサイルをつけた爆撃機でエスコートされている。

　米系メジャー四社――ソーカル（今日のシェブロン）、テキサコ、エクソン、モービル――は、その王様の国サウジアラビアの石油生産の実に七〇％に当たる原油の買い付け・販売を行なっている。わずか四社が、一国でこれほど特殊権益を持っていることは、尋常のことでない。

米国の軍事援助総額の五〇％以上が、中東三カ国——エジプト、イスラエル、それに王様の国サウジアラビア——に集中している。そして同時に米国の武器輸出の六割内外——七〇年代後半には五一％、八〇年代前半には五四％——が、上記三カ国によって占められている。そして米国の武器輸出の八割が、それら中東諸国を含むいわゆる第三世界地域の国々によって占められている。

サウジアラビアの産業を支える労働者の多くは、いわゆる外国人労働者によって占められている。その数、七七万人、全労働者の四二・三％を占める。ちなみに、一国の労働者の中に占める外国人労働者の比率は、クウェートで六八・八％、カタールで八一・二％、アラブ首長国連邦の場合は実に八四・八％にまで及んでいる。

湾岸諸国の外国人労働者の主軸のひとつをなすのは、パレスチナ人だ。一九八一年段階でも、サウジアラビアに一三万七〇〇〇、バーレーンには約一〇万、クウェートには三〇万弱のパレスチナ人が住んでいる。クウェートの場合、その数は全人口の六分の一以上に達する。ちなみに、ＰＬＯ（パレスチナ解放機構）のアラファト議長は、そのクウェートで生まれ育っている。

そしてそのパレスチナ人たちは、第二次大戦後まもなく、（米国の主導によってかつての流浪の民ユダヤ人たちの聖なるシオンの地に）ユダヤ人たちの国家イスラエルがつくられたため、故郷のパレスチナを追われ、いまや「現代の流浪の民」として中東の各地に流れ住んでいる。

古い秩序が、音をたてて崩壊し始めている。

それは、ひとりソ連や東欧の一角ばかりでなく、東アジアから中東にも及び、冷戦後のポスト・ヤルタの新しい秩序の胎動が聞こえてくる。

「国家が戦争をつくり、戦争が国家をつくる」（ティリー）。イラクのサダム・フセインによるクウエート侵攻がつくりだした戦争は、否応なしに中東の古い国家秩序を崩壊させ続けるだろう。

チャウシェスクの悲劇は、ひとりルーマニアのみならず、王様の国サウジアラビアを含め、湾岸協力会議（GCC）加盟のクウェート、バーレーンなどの六カ国の王制もしくは首長制国家にも及び始めるだろう。

いったい私たちの中東貢献策は、それら中東の地殻変動を、どこまで読み込んだ上での「貢献策」であるのか。首相官邸のブッシュホンが、ブッシュホンと皮肉られるまでに至った哲学なき外交の貧困が、ここにもまた見え隠れしている。

▼『信濃毎日新聞』一九九〇年八月二七日

7　中東危機に対処する途

今次の中東危機は、これまでの数次にわたるどの中東危機とも中東戦争とも、異質なものであることを、私たちに指し示している。そしてその異質さが、実はこのところ進む、国際関係の構造変化の一端であることを、同時に示している。

第一に、かつてのイラン・イラク戦争とも、第四次中東戦争の時とも違って、もはや中東の危機が、米ソ間の〝超大国〟間の危機に連動しない構造が、改めて明らかになった。

これまでの危機は、中東以外のそれを含め、多かれ少なかれ、東西関係の一触即発の危機と連動し合っていた。米ソが、互いに互いを敵としてとらえ、自陣営の得分は、相手方陣営の損分として位置づけられるゼロサム関係（片方の得分と他方の損分を加えるとゼロになる敵味方関係）にあったことの、当然の帰結だと言ってもよいだろう。

しかしいまや、ポスト・ヤルタ体制下の世界で、米ソは互いに互いを潜在的（もしくは顕在的）友人ととらえ、相互に相互を必要とするノンゼロサムの関係へと、その機軸を変えている。

ペレストロイカの成功が、米国のソ連市場への参入を広げ、同時に米国の軍事力の削減を可能にし、併せて民生経済の競争力の活性化に寄与できるという、米国側の事情が一方にある。

他方に、米国からの経済支援と、同じように米国の軍縮が、ソ連の経済の立ち直りと、したがってペレストロイカの軟着陸を可能にするという、ソ連側の事情がある。

そうした状況下で、もはや中東のどの国も――いや第三世界のどの紛争当事国も――米ソの敵対関係を利用して、どちらか一方から軍事的支援を引き出すことは、もはや不可能な構造へと変わってしまったのである。

第二に、にもかかわらず、第三世界の紛争が今後もなお噴出し続けることは、何人も妨げることはできないだろう。

民族の対立はもとより、紛争の根源にある社会経済的条件が、内と外との社会の変動のなかで残り続けるかぎり、とりわけ、その社会変動の激しい第三世界にあって、紛争の火種は絶えることはあるまい。よしんば、第三世界の主要な紛争が、収束の方向に向かいつつあるのが、デタント下の世界の基本構造であるにしてもである。

にもかかわらずしかし、世界にはいまや秩序の担い手がいない。いや、たとえ今次の危機で米国が示したように、軍事突出型の危機管理策に出ても、ヒトとモノの相互浸透状況がこれほど深化した今日、けっして成功裏に所期の成果が期待できるものであるまい。

どうして数千人の〝人質〟を犠牲にして、フセイン政権を倒すなどという、愚策をとりえようか。

私たちにいま求められているのは、危機管理に対する発想の転換ではないのか。もはや、超大国の、ひとつもしくは二つの国によって危機が収束されることを期待すべきでないし、できもしない。

「米ソの時代」の終焉を見ている今日、超大国と軍事力主導とに代わる、もうひとつの危機収束方式を創り出すべきだ。そしてそれが、国連を軸とした、新たな多国間秩序維持の方式であることは、言うまでもあるまい。

その点では、遺憾ながらわが国は、なお旧型の軍事中心的な「超大国の時代」の発想に、とらわれ続けているように思えてならない。

国連軍の創設を含めた、わが国の側からする積極的な外交上、経済上の貢献の道が、まだまだあるはずだ。それを、野党を含め、もっと大胆な形で出すべきではなかろうか。

▼『信濃毎日新聞』一九九〇年一二月二四日

8 台湾海峡に新しい波

張俊宏氏の顔のどこにあの闘志が隠されているというのだろう。その顔のどこに、獄中八年の暗黒の日々の苦痛が刻印されているというのか。

かつて、国民党青年部のエリート党員として華々しい政治的生涯の端緒を切りながら、七〇年代中葉、米中関係正常化が始動する中で、反国民党民主陣営を組織化し、「台湾人のための台湾人による台湾人の政治」を標榜《ひょうぼう》して立ち上がった、激しい闘志を、氏の横顔から吸み取ることはあまりにも難しかった。

木枯らしの吹き始めた一二月の東京で開かれたシンポジウムに、張俊宏氏は、民進党書記長として、尤清台北県長（知事）らと共に列席した。そして変《へん》貌《ぼう》する台湾政治を冷徹に分析し、日本の支援、とりわけ道義的支援を訴えていた。

テーブルには、米国に亡命し、一昨年台北空港に下りたちながら官憲に袋だたきにあって米国に舞い戻った――そしてその後特赦によって帰国が許されたばかりの――民進党の超大物・許信良氏も駆けつけていた。

ちなみに張氏は、ハイデルベルク大学哲学博士号を持ち、ヨーロッパ近代とデモクラシーの価値が何であるかを熟知した知識人でもあったことを、私たちは想起しておいてもよい。

いま台湾が変わりはじめている。

ポスト冷戦の波は、単に朝鮮半島ばかりでなく東シナ海をへて、台湾海峡をも洗い始めている。

戦後四〇年以上にわたって台湾を支配し続けてきた外省人――国民党――専制政治が、終わりの始まりの時を数え始めている。

米ソのヘゲモニーの崩壊と、共産主義の終焉《しゅうえん》が、冷戦の秩序の上蓋《ふた》を取り払い、それが、台湾の国民党専制政治を支えてきた〝反共主義〟の意味を失わせ続けている。

一九八九年一二月二日――人びとの耳目がマルタと東欧にくぎづけになっていたその日――台湾戦後史上二度目の複数政党制下の選挙が行われていた。そこで民進党は、国民党のさまざまな選挙妨害と作票（すりかえ）を乗り越え、議席数を二一議席へと倍増させ、総得票率三〇%を手にしていた。

台湾が、アジアNIES（新興工業国・地域）の〝四匹の龍〟の一匹として、工業化と近代化に成功すればするほど、それを引き出し続ける「成熟過程の市民社会」が、ソ連や東欧の場合と同じように、そこでもまた強権的な専制政治体制を内側から崩壊させていくだろう。

その崩壊は、大陸からやってきた平均年齢八二歳余りの「万年議員」たちが議席の九割を占める、「一〇パーセント民主主義」の制度それ自体を突き崩していくだろう。

台湾の一人当たり外貨準備高はいまや世界第二位で、日本をしのぐ。またGNP一人当たり五〇六二ドル、中国の一〇倍近い〝経済発展〟をいまや手にしている。

台湾が、経済発展の歩みを強めれば強めるほど、台湾政治の民主化と民族主義の歩みは逆戻りのきかない動きとして浮上し、東アジアの冷戦構造を、いっそう崩壊させていくはずだ。

そこでもまた民主化と民族主義との波が、ボーダーレスなグローバル・エコノミーの中で、軌をいつにして高まり続ける。

「一国両制（一国家二制度）」方式の吸収合併型統一をあくまで望む北京政府と、対等合併型統一を望む台北政府とのあいだのへだたりが、今後、台湾海峡の緊張を微妙に強めていくだろう。

その緊張の陰で、しかし「もうひとつの台湾」が生まれ始めている現実を、私たちは見落とすべきでない。その現実がいま張俊宏氏らによって担われ始めている。

▼『信濃毎日新聞』一九九一年五月六日

9 メキシコ 地殻変動の波

某月某日

空路バンクーバーに入る。

途中ロサンゼルスとサンフランシスコ経由で来たのだが、両都市とも、空港が二年前と一変しているのに驚く。広大な空港ビルの通路に赤いじゅうたんが敷きつめられ、パティオの芝生を噴水がぬらし続けている。

実にゆったりした雰囲気だ。都心から電車が直接乗り入れるようになったとはいえ、なお混雑でひしめく成田の貧弱さを、ゆくりなくも思い出してしまう。

GNPの一〇%を公共投資に回すべきだと米国から圧力をかけられ続ける日本の社会資本の貧困を痛感する。併せて、湾岸戦争勝利で、少なくとも表面的には息をついだ米国の底力を改めて感じる。

帝国は一日にして成らず。この言葉に引きつけるなら、帝国はまた一日にして衰退せずと言うべきか。

それにしても、森と湖の街バンクーバーの、なんと静ひつな美しさよ。北欧を想起する。夜、当地のサイモン・フレーザー大学のクオ教授夫妻が、市内一高い建物の最上階にある展望レストランに招待して下さる。

某月某日

雪のピッツバーグをあとにワシントンに入る。国際シンポ準備のため、あわただしい三日間を過ごす。人々は湾岸戦争勝利で浮き足立っている。なにしろ第二次大戦以来はじめて手にした〝ストレート勝ち〟だから、無理もないことかもしれない。

地上戦突入から十数日にして得たこの勝利を、私たちはどう考えるべきか。手放しで喜べない何ものかが、深く心の底によどみ続ける。

米国はこれでベトナム・シンドローム（挫折症）を克服したかもしれない。だが一方、元駐サウジアラビア米国大使エイキンズが示唆したように、この勝利は、短い戦争の終わりではなく、長い戦争の一階梯《かいてい》ではないだろうか。

某月某日

いまメキシコシティー。当地のコレヒオ・メヒコ大学院大学で、院生の論文指導と日本外交に関する講義のため、単身三カ月の滞在予定で腰を落ちつけたところだ。米国を経てはるばる来たものである。

ご多分にもれずインフレで住居費は米国並み。それでも東京にくらべると数分の一。大使館が近くに点在する都心のアンスーレス地区に居を定める。紫色の花をつけたハカランダが街路を覆う。緑が実に多い。

某月某日

先輩諸氏の忠告に逆らって、思い切ってメトロとバスを使うことにした。内側から社会を見ることなしに、そして彼らと同じ目線で見ることなしに、その国の政治や社会を知ることができないはずだからだ。

なんのことはない。使い慣れれば、ニューヨークの地下鉄よりはるかに安全だ。電車の中に入れ替わり来る物売りに、民衆のしたたかな活力の一端を見る。地下街はまるで、敗戦直後の日本のやみ市の雑踏ぶりだ。

某月某日

一日一日が異文化体験学習である。もちろん「アスタ・マニャーナ」（「また明日」の意）に象徴される時間のルーズさには、手を焼かされることも少なくない。そしてそれが引き出す経済の停滞が、かつてラテンアメリカＮＩＣＳ（新興工業国家）の失敗を示すものとして、アジアＮＩＥＳと対照されていまだに日本では議論されている。

しかし躍動し始めた〃新しいメヒコ〃の現在は、地殻変動の波が、中米のこの地にまで及んでいることを指し示している。日本からの直接投資期待論の強さに、真の国際的貢献のありようを見る。

▼『世界』一九九一年六月

10　裏庭と国家安全保障

「〃アメリカの裏庭〃と題する小さな紹介記事を見た時、私は編集部に抗議の手紙を書こうと思いました。日本では、ラテン・アメリカを扱った記事が極端に少ないのよ。その少ない記事の中で、久し振りにお目にかかったというのに、こんな題をつけるのですから、これでは日本の知識人に〃世界〃がわかるわけありませんわ」。

中南米で数少ない、有数の日本研究者のこの嘆きにも似た言葉を、晩秋の日本で聞いた時、正直私には、その意味がわからなかった。

〃アメリカの裏庭〃という表現が、なぜそんなにもいけないのか。少なくともアメリカ――いや〃アメリカ合衆国〃史――をひもとくかぎり、ラテン・アメリカや、とりわけ中米地域を、〃アメリカの裏庭〃ととらえる見方は、むしろ研究者たちにとって、共通の常識と言ってよい。

中米は〝アメリカの裏庭〟だ。だからこそアメリカは、中米を、自国の勢力圏とし、介入と干渉を繰り返してきたのではないのか――。〝アメリカ合衆国〟の帝国主義的行動を説明するのに、中米を〝裏庭〟と見る見方は、まことに当を得ている。それなのになぜ、〝裏庭〟論に、それほどまで反発しなくてはならないのか。

だが今春、この地に足を踏み入れ実際に生活して二カ月、嘆きにも似た言葉の意味が、私にもようやくわかりかけてきた。日本の国土の約五倍、独、英、仏を併せたよりはるかに広大な土地と資源とに恵まれた地に腰を落ちつけ、機会あるごとに近隣地方に足を延ばしてみると、私たちが〝メヒコの国〟としてひと括りにし、あるいは挫折したラテン・アメリカNICS（新興工業国家）または〝テキーラと石油の国〟とひと括りにしてきたこの国が、なんと多様で錯綜した、豊かで古い歴史と文化を保持しているか、その豊饒な現実に圧倒されてしまう。

かつてのアステカ文明にしろ、ユカタン半島に花開いたマヤ文明にしろ、イギリスの植民者たちがメイフラワー号に乗り、ニューイングランドに上陸したはるか以前から、北米大陸に先駆けてこの地に華麗な文明がつくり上げられていたことを、それら先住民らの文明は指し示している。

コロンブスが、最初に辿りついて〝発見〟したのも、寒冷な北米大陸でなく温暖なカリブ海の島嶼だった。スペインの植民者コルテスらが、侵略と略奪の牙をまっ先に向けたのも、銀やマンゴーのとれる資源あふるる常春のメキシコの地であった。それなのになぜわれわれが〝裏庭〟で、彼らが〝玄関〟であると言うのか。

それは、絵画にしろ文学にしろ、中南米でこれほどすぐれた作品が輩出され続けているのに、北半球の人々が容易にそれを評価できない、北の世界像の狭隘さに示されていないだろうか。

「国家安全保障政策とは財政政策のことである。それは、よく訓練された軍隊、スカッドやパトリオット・ミサイル、核原子力潜水艦以上のものである。それは何よりも、国民に職を与え、インフレを抑制し、貿易収支のバランスをとることである。それらはことごとく、国家財政のコントロールに依拠する。かくて財政政策こそが、安全保障政策の核にすえられなくてはならない」。

単にメキシコだけでなく、中南米随一のエリート校とされる「エル・コレヒオ・ド・メヒコ」、通称メキシコ大学院大学で、院生の論文指導に当たっているうちに、こんな書き出しで始まる論文草稿にぶつかった。

私はその時、国家安全保障を財政政策と等置するこの論理の意味が、よくわからなかった。

国家安全保障は、本来ハイポリティクス、いわゆる軍事外交戦略領域の問題だ。それに対して財政政策は、ローポリティクス、つまり社会経済領域上の問題である。それなのになぜ前者が後者で、後者が前者の核にすえられなくてはならないなどと言えるのか。なんとも常識はずれの論理ではあるまいか。いやたとえ、冷戦システムが終焉し、〝ソ連の脅威〟が消失し、諸国家の相互依存が深化して経済が軍事を凌駕するに至っているにしても、この論理には納得しかねる。

ブレトンウッズ体制が崩壊し、固定交換レート制が廃止され、それゆえ一国の金融上の地位を他国の通貨の影響から守ることが、国際資本主義システム内における自国の〝生存〟をはかる上で必要不可欠なことであるにしても、国家安全保障を財政と等置するこの論理は、なんとも理解の及ぶところのものでなかった。そして私は、こう嘆いたものだ。なんと奇妙奇天烈な論理であることよ！　と。

しかし、この地に腰をすえて二カ月——。タコスを食べマルガリータ（食前酒）を飲み民衆の生活にじかに触れ、この国がおかれている内外の問題を知るにつれ、私にもようやく、この論理が内包する深甚な真理に気づき始めた。

一〇〇〇億ドルの対外債務とそこからくる膨大な未払い利息をかかえ、年率一〇〇％以上のインフレと十数％の失業率に苦しむ中南米の、いや第三世界の市民にとって、なぜパトリオット・ミサイルや軍隊が〝国家安全保障〟の核にあるなどと言えるのか。

ましてその〝国家安全保障〟を、たとえば〝国際安全保障〟に組み替えるべきだなどと、どうして言えるのか。

安全保障を軍事外交戦略上の問題とみなすその手の議論をこの地から見るなら、それはただ、富者たちの戯言でしかなくなるだろう。常識はかくしてここでもまた非常識へ化し、非常識が常識へと転じ、世界像の変換が求められ続けるのである。

▼『朝日新聞』一九九一年七月二日(夕)

11　メキシコの光と翳り

天空に伸びたハカランダの街路樹の紫の花が散りつくすとやがて雨季だ。雨季とはいえ午後のひと時、激しい雷雨があって、そのあと空は再び雲ひとつない蒼穹《そうきゅう》へと化していく。

高度二〇〇〇メートル余りに位置するメキシコシティーの避暑地さながらのその風情に、豊かな緑を加えるなら、旅人はここが貧困と隣り合わせの第三世界であるのを忘れてしまうだろう。

世界銀行の統計によるなら、この国の全人口の三割、二五〇〇万人が貧しい層だ。絶ゆることない陽光が注ぐこの都市の輝きが、膨大な貧困の翳《かげ》りと裏腹の関係にある現実は、都市を囲む山へりに張りついたブリキ板一枚のスラム街に足を踏み入れるだけで気がつくだろう。

とはいえこの国の最近の経済発展のめざましさには目を見張るものがある。一人当たりGNP二〇五〇ドル。先進国の仲間入り寸前の中進国だ。

実際、空港に降り立ってから最初の数日間、私の脳裡《のうり》には、十数年前はじめて訪れたソウルの情景とこの都市が重なり合い続けていた。伝統と現代化との激しいせめぎ合いがそこにある。山高帽をかぶってリヤカーを押すチョゴリ姿をインディオに変え、街中にあふれかえる車や林立する高層ビルに目を移すなら、二つの都市の、十数年の時差をおいたあまりの近似に驚かざるをえまい。

いやもし私たちが、広大なショッピングセンター街にあふれる豊富な消費物資の洪水に眼を向けるなら、十数年の時差はもっと縮まるだろう。そこから厚い中間層が、韓国や台湾と同じように、中米のこの地でもまた着実に形成され始めている現実に気づくはずだ。

昨秋と今春、二度にわたりビジネスウィーク誌が、この国の躍動する経済をカバーストーリーで紹介したほど、いまメキシコは北米大陸の熱い関心を浴びている。

周知のように五月末、米墨自由貿易協定締結に向けファスト・トラック（通商協定一括審議法）が米議会を通過した。それに米加自由貿易協定が結びつけられた時、九〇年代末までにユーコンからユカタンまで、ECをしのぐ巨大な自由貿易市場アメキシカーナ圏が成立するはずだ。

しかし、しばしば誤解されるのと違って、それはけっしてブロック化の表象でないし、〝三〇年代〟への先祖返りでもない。世界はいまやモノとカネとヒトを軸に、相互浸透の逆戻りのきかない流れの中に組み込まれている。アメキシカーナ圏の成立は、その流れを弱めるのではなく、逆に北米と中米の側から強める機能を果たし続けるだろう。

そして疑いもなく、それはメキシコ経済が、挫折と停滞の「悲劇の一二年」から離陸し始めた現在を反映している。年率三〇〇％台のインフレを二〇％以下に抑え、失業率を縮小させながら成長率を上げ、貿易黒字化と債務削減に成功し始めている。

しかもその離陸は、体制を異にしながらも、東欧ソ連と同じように〝国家資本主義〟の解体と市場経済の導入を軸にしている。

昨年春、革命の余震消えやらぬ東欧諸国の歴訪から帰国してすぐサリナス大統領は、米墨自由貿易協定推進にゴーサインを出し、自国産業の大部分を占める国営企業の民営化を打ち出した。その変化が、彼の進める〝サリナストロイカ〟の本質を示唆している。

それはけっして西側資本が東欧市場に逃げるのを恐れたためばかりでない。むしろ体制と国境の壁がますます低下し意味を持たなくなるボーダレス下の二一世紀に向けて、後発工業国の生き残りの道を、古典的な〝社会主義〟的鎖国戦略にでなく、自由主義的な〝市場経済〟開国戦略に転換させたことを意味している。

同時にそれは、内側からする社会の成熟が、自由貿易からする北からの衝撃に耐えうるしなやかさを手にした、自信の表出だと言いかえてもよい。五〇年代に国民の半数に達していた非識字率が二割以下に減少し、高卒以上の高学歴層が五割を超え、一〇〇万人当たり技術者数(八四年)は三八二人で韓国を追い続ける。その社会基盤の成熟が、工業化への離陸の条件と化している。

しかもアメリカ〝帝国〟の力が相対的に衰微し、産業構造が、重厚長大から軽薄短小型の技術集約的なそれへ変貌《へんぼう》している。その与件の変化が、社会の成熟化を介在に、北から南への技術移転を阻む壁を低め続けている。

かくてラテン・アメリカの一角に、アジアNIES(新興工業経済地域)の四匹の龍のあとを追う第五の小さな龍がうごめき始めた。そのことは、いまはやりの儒教資本主義論の陥穽《かんせい》を示し続けるだろう。

周知のように八〇年代、ラテン・アメリカNICSと対蹠《たいしょ》的に、韓国、台湾などアジアNIESがいちじるしい躍進をとげた。その東西の対比の中から、後発工業国成功の秘密を儒教精神に求める学説が、ここ数年流布されている。

かつてプロテスタンティズムが西欧産業革命の成功を生んだように、儒教こそ今日、日本を合めた東アジア経済発展の成功を生む根底にあるのだと。

だがもしラテン・アメリカの一角にも第五の龍が生まれ、そしてその第五の龍を中南米の諸国家が、債務の重荷にあえぎながら懸命に追い続けているとするなら、儒教精神に発展の源泉を求める儒教資本主義論は、少なくとも発展のイデオロギーとして、地球の裏側から否定されていくはずだ。

　併せてそれは私たちに、内側からする社会の成熟こそが中間層をつくり、国内市場を拡げて、後発国工業化の離陸の条件へと変えさせていることを示す。「いや彼らは意外に勤勉なのですよ。それに優秀な技術者も育っています。文化の差はあるけれど、それを強調しすぎると宿命論になってしまいますよ。ラテン・アメリカは永久に後進国だという宿命論にです」。

　米国と国境ひとつ隔てたマキラドーラ（保税加工工場区）の街テイファナの日系企業のある経営者の言葉が、私の耳に重く残り続けている。少なくともそれは、ボーダーレスな世界で果たすべき日本の国際貢献のありようを指しているはずだ。

▼『朝日新聞』一九九一年七月三日(夕)

12　北の世界像の奇妙さ

　地球の裏側から見ると、日本の知的状況の奇妙さが見えてくる。

　たとえば、ゴルバチョフ大統領訪日を機に燃え広がった北方領土返還をめぐる熱狂ぶりだ。かつて北方の巨人・米国との戦争で領土の過半を失った、はるか離れたメヒコの地から見るかぎり、それは奇妙な熱狂としか言いようがない。

　ここではいまなおカリフォルニアなど米南西部諸州が自国領だった記憶が、国民に強く残っている。だからリオ・グランデを越え米国領に密出国するのは、故国に戻るようなものだという論理も生まれてくる。それも領土を失って一世紀半もたつというのにである。

　にもかかわらずしかし、それら、わが国土の三倍に達する〝北方領土〟返還論が外交論として語られることはまったくない。もちろんだから、一州返還論も三州返還論もない。逆に彼らがグリンゴと呼んで心底で反発する米国との、国境の壁をいま取り払おうとさえしている。この差は何なのか。

相互浸透が進展するボーダレスな世界で、領土奪還に執着することの非現実性は、この国から見るかぎり否定しようがない。そして領土と国境を軸に外交論を立てることの奇妙さは、外敵を軸に安全保障論を立てる奇妙さにつながってくる。

この国の街のそこかしこには、きまって機関銃を持った警官や兵隊が立っている。銀行や高級品店、デパートやスーパーの入り口ばかりではない。高級住宅街の門口には、銃を持つ私哨が配備された上、外側で彼らを見張る別の機関銃を持つ歩哨さえ配備されている。

かつての第三世界外交論者、晩年の汚職でいまなおテロの脅戒にさらされる元大統領エチェベリアの、一万坪もある大邸宅の隣に私は下宿していたのだが、その隣家の周囲には真夜中でも四人の緑色の制服姿の兵士が配備されている。

機関銃とか兵士とかは結局、現存の秩序を守る手段だ。外敵でなく内敵に対処する装置だ。だから安全保障の本質は、失業をなくし対外債務を減少させ経済成長をつくる金融財政政策にこそある、という結論がそこから容易に引き出されてくる。それが南の世界の安全保障論だ。

現実に脅威がないのに〝共産主義〟の名を借りて〝キューバの脅威〟を喧伝《けんでん》し続ける北の超大国の論理の虚構を、彼らは知り抜いている。

だから、核抑止批判であれ国際安全保障論であれ、秩序の内側を問わず、貧困と第三世界を視野に入れることない北の安全保障論の奇妙さが、そこでは問い直されざるをえまい。それが、米国の湾岸戦争介入への批判と日本の中東貢献策への失望とに結びついている。

いや、相互浸透が進めば進むほど、南北間の格差と南の国内格差とが広がり、南の北への従属もまた強まるだろうとする、いわゆる従属論すら、北から見た世界像の逆さ絵ではなかったろうか。

かつてこの国を含めラテン・アメリカの知識人や

官僚の多くは、この従属論の立場に立って国境の壁を高くした。そして北への従属の絆《きずな》を絶つため、産業の国有化を進め、輸入を国内産業で代替させる〝輸入代替〟戦略を遂行してきた。

しかし、市民社会の未成熟な国家が、輸入代替戦路をとればそれは、国家と産業の一体化と、権力の肥大化と腐敗とを生み、生産性を低め、内外二つの格差を逆に拡大させていかざるをえまい。その上、産業鎖国政策それ自体が、技術移転の流れを阻み、自立の条件をそいでいく。エチェベリア以来の「悲劇の一二年」の歴史が、それを実証していると言ってよい。

皮肉なことにしかし、にもかかわらずその間、国境の壁の固い甲羅の内側で、高等教育が普及し中間層と土着の企業家群が着実に形成され続けていた。

それがメキシコ社会を内側から強め、開放経済戦略を求めさせ、南北二元思考を、北の世界の論理の古びた逆さ絵へと変えさせている。そしてそれが、六〇年にわたり権力を独占してきた政権党ＰＲＩ（制度革命党）一党支配の権力基盤を下から掘り崩し始めている。ちょうど台湾や韓国、東欧の場合と同じようにだ。

八八年大統領選挙でサリナスの得票率が五〇・三％、左派連合候補が三割強を獲得した同国選挙史上初めての与野党僅差《きんさ》の現実が、そのメヒコの変貌《へんぼう》を象徴している。四二歳の大統領が、農地改革や教育改革、民営化や開放経済政策など一連のサリナストロイカを進めれば進めるほど、自らの権力基盤が微妙に揺らぎ続ける皮肉はここにある。

ソ連東欧を変貌させた地殻変動の波は、その意味で、中米のこの地にも及び始めている。そして膨大な貧困を抱えたこの社会の翳《かげ》りにひそむ、その変化にこそメヒコの輝きが隠されていると見ることができるはずだ。

「キューバの現在にいたく失望している。ポスト・カストロに期待を込めざるをえないのですよ」。中年のある左派系知識人が眉《まゆ》をよせ苦渋の色を浮かべながら語ったこの言葉が、時代を予兆するかのように、奇妙な波を響かせ、ハカランダの紫の花の残像と共に、いまも私の心の中に残り続けている。

13　旅行案内書にない現実

四匹の龍が飛びはねている。

台湾、韓国、香港、シンガポール——東アジアNICS（もしくはNIES）と総称される、これら四カ国（地域）の経済発展は、同じNICSでありながら、ラテン・アメリカのそれと著しい対照を描き、驚くべき勢いを示し続けている。

アジアNICSのサクセスと、ラテン・アメリカNICSの〝失敗〟——両者の差をつくりだしたものは、いったい何であるのか。

周知のように、この問いに対し近時次のようなウェーバーもどきの答えが、人口に膾炙《かいしゃ》している。すなわちかつてプロテスタンティズムの精神が資本主義の勃興を生んだように、いま儒教精神が、アジア〝新興工業国〟の成功物語を生みだしているのだと。

四匹の龍と〝儒教資本主義〟像とを重ねるこの世界像が、いま米・日の日本研究者らを中心に広まっている。しかも彼らによれば、それら龍たちの前には、先陣を切って儒教資本主義の先達ジパングが走り続けている。龍たちの後からは、かつて儒教精神を発祥させた一一億の民の中国が、〝共産主義の失敗〟をバネに追い続けている。

儒教資本主義論はかくして、一方では儒教を巧みにとり入れ経済発展につなげた大和民族の俊敏さを誇る〝最先進国・日本〟論もしくはジャパネスク論と通底する。他方では〝衰退する西欧〟へのアンチテーゼ〝興隆するアジア〟を称えて〝アジア円ブロック圏〟構想を唱導する現代版〝大東亜共栄圏〟構想と通底し合っている。

だから東アジアNIES発展＝儒教資本主義論が、一群の保守主義者たちに共鳴板を見いだしているの

▼『世界』一九九一年七月

も、まことにむべなるかなと言えるかもしれない。

しかし、四匹の龍たちの成功物語――さらに言えばその先達たる日本の〝最先進国〟化――は、真にあの儒教精神の賜物であったのだろうか。〝君に忠を盡し、分限をわきまえ秩序を重んずる〟儒教精神とは、中国二〇〇〇年の停滞を生み、軍国主義ニッポンを支えた精神の別の謂ではなかったのか。いやそもそも、ラテン・アメリカＮＩＣＳの現在をひと括りにして〝失敗〟と捉える見方自体が、現実から乖離したものではなかったのか。


「バスやメトロはだめ。スリやひったくりだらけですよ。だからハイヤーを使うことです。何しろ都心まででも片道九二ペソ（六〇〇円）たらずですからね。それと生野菜――あれには時々サルモネラ菌が入ってますから、やめたほうがいいですよ」。

メキシコへの出発前、何人もの先輩諸兄からこの手の忠告をもらっていた。だが、その度に心の中でこう反問し続けたものだ。それではなぜ、あの国の八〇〇〇万の民衆の多くが、毎日バスや地下鉄に乗り継ぐことができるのか。なぜ、彼らは、毎朝トルティージャと共に野菜を口にほおばり続けうるのか。いやそもそも、社会の内に入ることなしに、そして民衆と同じ目線で見ることなしに、どうしてその国の経済や外交を見ることができるのか、と。

断っておくが、先の類の忠告は旅行ガイドブックにもかならず出てくるほどだから、まんざら嘘ではない。しかしすべての行為にコストとリスクはつきものだ。問題は、そのリスクを、いかに非日常から日常の世界へと繰り込むかだ。そんな理屈をこねながら思い切って私は、先輩諸兄の忠告に逆らって、リスクを日常に入れることにした。

するとどうだろう。ガイドブックの忠告と違って、これほど快適な乗り物はない。地下鉄はロンドンより清潔だし、ニューヨークより数倍安全だ。ペセロで時に話しかけられる楽しみもある。少なくとも今日現在、スリにもサルモネラ菌にも出会ってない。その代わり私にはいくつもの――旅行案内書や経済学教科書では知ることのできない――隠された現実にふれることができたのである。

そのひとつが、この国の民衆の驚くほどの勤勉さだ。それは、この国のステレオタイプとまったく違うもうひとつの現実だ。

勤勉さは、おおむね階層が下に移れば移るほど顕著になるようだ。たとえば地下鉄に乗り込んで次々に口上を歌うがごとく述べたてる物売りたち。バス停や地下街で早朝から深夜まで延々店を張る大道商人たち。二時間の通勤時間を押して早暁から通ってくるふつうの市民たち。いや、スーパーで懸命に袋詰めしている少年労働者たちもそうだ。

そこでは貧困と活力が隣り合わせになっている。そしてその活力が、社会を下から支えて各層にゆきわたる。地底から沸き上がってくるようなダイナミズムだ。あふれるようなクルマだ。そして民衆と市民たちの熱気だ。まるでそれは、一〇年前、初めて見たあの韓国と同じではないのか。いや四十数年前――敗戦直後の闇市ニッポンの姿そのものではないのか。

確かに東アジアの片隅、ジパング島のコップの中から日本の繁栄とアジアNIESの発展を見るなら、ラテン・アメリカNICSの〝失敗〟と、安易にひと括りにできるかもしれない。しかし地球の反対側からやってきて、この国の社会を内側から見直すなら、いまこの国を動かし始めた一連の市場化の動きが、東欧やソ連を揺るがし続ける地殻変動の波と軌をいつにしている錯覚にとらわれざるをえまい。

この国の経済はいま確実に好転し、米墨自由貿易協定の実現へと全力疾走している。その活性化し続ける経済は、否応なしに、アジアNIES＝儒教資本主義論の浅薄な神話性を、これからもますます明らかにしていかざるをえないだろう。

14 懐しのアスタマニャーナ

▼『世界』一九九一年八月

米墨自由貿易協定が動き始めた。

五月末のファスト・トラックの二年延長が、米上下両院を通過した。労組の反対を押し切り、民主党内反対派を押え込んだ上での、僅差の通過ではある。

これで同協定を審議する議会には、賛成か反対かの一括審議の道しか認められず、米議会特有の〝修正に次ぐ修正〟で交渉中の条約協定が事実上反古になる、形をかえたフィリバスター（議事妨害）の可能性は消去された。議会内野党・共和党の交渉力はいちじるしく強化され、ブッシュ政権が、次の大統領選までに同協定調印にこぎつけるのは、既定の事実になったと見てよい。

いやそれ以前、すでに米墨間では経済上の障壁が大幅に除去され、自由貿易への道が事実によって先取りされていたことを、私たちは見落としてはなるまい。

八三年、いわゆるマキラドーラ法が制定され、原料、部品の（米国からの）輸入に関税をかけない保税加工工場区が、三三〇〇キロの長大な米墨間国境を中心に生まれている。それが、米企業と、米国内に子会社を持つ多国籍企業による、メキシコへの資本（カネ）の流れを促し、米墨自由貿易圏――つまりは米墨経済の事実上の〝一体化〟への地ならしを進めている。日系企業百数社を含む二千余のマキラドーラ企業がフル稼動している現実が、その動きを象徴している。

商品（モノ）の流れを阻む壁についても、同じことが言えよう。かつて加重平均で三〇％以上あった関税障壁は、八六年メキシコのＧＡＴＴ加盟を契機に漸減され、いまや一〇％以下にまで下げられている。八三年当時、製品の一〇〇％を網羅していた輸入許可制は、今日輸入額で二〇％以下、製品輸入では四％にすぎなくなっている。メキシコ諸都市のスーパーやデパートにあふれる商品の洪水が、それら先取りされた貿易自由化のもうひとつの表象だ。

しかも貿易自由化の道は同時に、メキシコ側からする市場原理の導入と不可分の関係にあるととらえられている。この国でもいまや、自国製品〝競争力〟強化への方途が模索され始めている。

一〇年前までのメキシコにとって、競争力強化や市場原理は、無縁の言葉でしかなかった。それがいまや、企業家は自社製品の競争力をいかに強めるかを模索し、官僚は市場原理をいかに導入すべきかを討議し続けている。そして産業の大部分を占める国営企業の民営化が、経済を市民の手に戻す不可欠の手続きとして進められている。

二大国営航空会社メヒカーナとアエロメヒコがすでに民間企業に変身した。八〇年代初頭に国営化された三大銀行バナメックス、バンコメル、バンカセルフィンの民営化が進められる。民営化された電電公社テルメックスの株がウォール街で最高値をつけ続けている。

体制と国境の壁がここでも崩壊し、国権に対する〝社会〟の復権がはかられ続けている。いや市民社会が、ここでも国権としてのリヴァイアサンの優位を下から切り崩すだけの相応の成熟さを手にし始めたといい替えるべきかもしれない。

そしていまメキシコは激しい外圧のもとで、その伝統の文化、いわゆる〝アスタマニャーナ〟の慣習すら変えざるをえなくなっている。国境の壁を低くし、市場の門戸を開くことは、同時に自らの社会システムに残る伝統と前近代の〝歪み〟を除去していくことだろう。国境の壁が低くなり、世界が小さくなればなるほど、文化の壁それ自体も低くならざるをえまい。文化と習俗の壁が、固有の価値観を逆に強めながら相互浸透性を増し、それが共通の規範と倫理をつくり出していく。

仏首相クレッソン女史が、日本が世界貿易への参入を望み続けるなら、最小限、労働時間と社会資本と環境保護の点で、西側並みの規準を守らなくてはならないと批判し、わが国の企業文化の伝統の歪みを正すよう求めたのも、ボーダーレスな世界が日本の文化に要求する当然の帰結だ。

その意味でアスタマニャーナの終焉は皮肉なことに、〝二四時間働けますか〟とゴルフ場天国の企業国家ニッポン・会社至上主義の終焉への要請と、連動し合っている。

環境保護について言えば、公害後進国メキシコもまた、内外の、上からと下からの力のせめぎ合いのもとで環境保護政策の強力な推進が要請されている。しかもその要請が、米墨自由貿易協定の推進とワンセットになっている。公害規制を求める広汎な市民運動の波が、東欧革命を先取りしたように、いまこでも、アスタマニャーナの終焉と共に高まり始めている。

▼『信濃毎日新聞』一九九三年一〇月一一日

15　マキャベリ対ランボー

ソマリアの首都モガディシオの戦闘で、アメリカ兵九〇人の死傷者が出た。うち死者は一二人を数える。

米兵の捕虜虐待が明らかにされた。一人の捕虜が足を逆さづりにされたまま、アイディード派の兵士たちに路上を引きずりまわされているビデオが放映された。

クリントン政権は、ソマリアへの五三〇〇人の兵力増派に踏み切った。ペンタゴンの強い要請を受けてのことである。

いったいこの決意は、米国にとって何を意味しているのか。いま米議会の内外で、ソマリア増派への批判が、左右双方から噴出し始めている。それほどの犠牲を払ってまで、米国はソマリアで何を手にしようとしているのか、と。

つい数カ月前、クリントンは、ソマリアからの帰還兵たちを「勝利の使者」としてホワイトハウスの中庭で迎えていた。つい一週間前、イスラエル・パレスチナの〃五〇年戦争〃に終止符を打つための、外交和解の道を切り拓《ひら》いていた。それなのに、なぜこの遠く貧しいアフリカの内戦で、かくも悲惨な苦闘を続けているのか。

ソマリアにはすでに、三三カ国から、米兵四七〇〇人を含む二万八〇〇〇人の国連平和維持軍が派遣されている。

九二年八月、アイディード派が国連平和維持軍受け入れに合意し、ソマリアPKOが始動して一年以上もたつ。だが、ソマリア情勢はいっこうに好転せず、内戦は逆に深まり広まっている。

冷戦が終結したというのに、なぜ米国は〃遠い戦争〃に兵力を派遣し続けるのか。

九一年一月――バルトが独立の歩みを踏み出したのと前後して、ソマリアのバーレ社会主義政権が崩壊した。翌二月には、隣国エチオピアのメンギスツ社会主義政権も崩壊した。首都アディスアベバでレーニン像が引き倒され、ソ連帝国崩壊の余波が、アフリカにまで及び始めたのである。冷戦の終結が、第三世界に、新たな民族紛争を引き出す論理が、見事に表出している。

ソマリア内戦における米国の苦闘はその意味で、ポスト冷戦下の紛争の意味の問い直しを求め、併せて民主主義を世界に広めようとするクリントン外交のありようを問い直させている。

「永久の友も敵もない。あるのは永久の国の利益だけだ」。

一九世紀英国の名外交官パーマーストン卿のこの言葉に引きつけていえば、米国のソマリア介入は、キッシンジャーに従ってこう規定できるだろう。「永久の利益も不利益もない。あるのはただ永久の敵だけだ」。

なぜクリントンは、パレスチナ問題でクリストファー国務長官が見せた、あの「外交の可能性」を、このアフリカの紛争に求めようとしないのか。疑いもなく米国が、アイディード派それ自体を、変わることのない敵ととらえ、その敵を、軍事力によってせん滅させることに踏み切った段階で「外交の可能性」は失われてしまわざるをえない。

かつての植民地ソマリランドの宗主国イタリアが、アイディード派との外交交渉の道を模索し続けていたのと、それは好対照をなしている。

その米伊間の政策の対比を、カナダの新聞『グローブ・アンド・メイル』紙は「マキャベリ対ランボー」と評した。米国の第三世界政策を貫く〝ランボー〟流軍事力中心主義と「外交の欠落」とに向けた痛烈な皮肉が、そこに込められている。

いやそもそも私たちは、ソマリアという国それ自体が、いまだ〝国家〟の体をなすことのできない、〝遅れた〟発展段階にある現実にもっと目を向けてよい。

非識字率九四%――一〇〇人に六人しか読み書きできない〝国家〟で、安定した〝民主主義〟政権をつくることなど、どうして可能なのか。

対立する複数の氏族間戦闘の当事者のひとつを〝敵〟に変え、国連軍の名の下で内戦の収束をはかるのを期待するのは、木によって魚を求めるに等しかろう。

いま米国の保守派が、クリントン〝民主化〟外交の非現実性を批判するには、十分な理由があることを、私たちは知らなくてはならない。

▼『信濃毎日新聞』一九九四年五月二三日

16　朝鮮政策の不在

戦後五〇年、朝鮮政策の不在が、日本外交の貧困を象徴し続けている。

いや、朝鮮政策は、れっきとした形で存在していたではないかという反論が、即座に返ってくるかもしれない。

しかし、存在していたにしてもそれは、たかだか共産主義脅威論の枠内のものでしかなかった。その狭隘《きょうあい》な枠のなかで、いままた朝鮮問題が論議され、ポスト冷戦下の日本外交の基軸をつくり始めようとしている。

確かに北朝鮮——朝鮮民主主義人民共和国——は、キューバと共に、ポスト冷戦下の世界に残された数少ない共産主義国だ。そしてイラクと共に、自由主義世界の秩序と安全を脅かす〝危険国家〟だと規定できるかもしれない。

加えて北朝鮮は、核開発の疑念がささやかれ続ける国でもある。

平壌の北方九〇キロに位置する寧辺の原子炉には、小型核兵器が開発寸前の段階にあると見ることもできよう。しかも、中距離弾道ミサイル「労働一号」は、日本列島を射程に入れることすらできる。

昨年三月北朝鮮は、核拡散防止条約（ＮＰＴ）脱退を宣言、のち米朝協議下で脱退を留保したけれども、国際原子力機関（ＩＡＥＡ）の査察受け入れ拒否をめぐって、一進一退の膠《こう》着状態が今日まで続いている。そしてそれらがことごとく、核開発のための〝時間稼ぎ〟とする読みを可能にさせている。

しかも、国内経済は疲弊し、金正日体制への移行が生む緊張が、北による冒険的行動の確率を高めていくだろう。

その「第二次朝鮮戦争」に備えて日本は防衛を強化し、自衛隊が参戦できるように、新ＰＫＯ法案と有事立法を準備すべきであり、併せて抑止のため米国と共に、北に核開発の放棄を、経済制裁を含むあらゆる手段で迫らなくてはならない、とされる。

しかし、北の脅威は真実存在するのだろうか。確かに、北の高官が先ごろ脅しをかけたように、北は「いつでもソウルを火の海にすることができる」かもしれない。

だが、ソウルが火の海になるときは、平壌も火の海になるときだ。同時に北の全土が死の灰で覆われるだろう。

次の事柄がさらに考慮されなくてはならない。

第一に、北がよしんば小型の核を手にしたとしても、それは、在韓米軍基地――おそらくは沖縄も――から発進される（はるかに強度な破壊力を持つ）核で相殺されて余りあること。

第二に、よしんば戦争が、非核通常戦争レベルに止まったにしても、北の一二〇万の〝人海〟兵力は、三万五〇〇〇の最先鋭米軍と、F16・四八機を含むハイテク武装下の五二万の韓国軍の前で、なすすべもなく朽ち果てるだろう。南の軍事費が、北の四倍に達する現実が、南北間の巨大な軍事格差をあらわにしている。

第三。よしんば北が日本侵攻を考えるなら、対岸八〇〇キロの至近距離にある福井県美浜の一四基のむき出しの原子炉をたたくだけで十分だ。

そして最後に。国境の壁が限りなく低くなった今日、経済制裁はけっして有効に機能しない。まして中国が加わらないそれは、ざるで水をすくうようなものにならざるをえまい。

なぜ日本は、外交のリアリズムに徹しないのか。

この、経済的に疲弊し、ポスト冷戦下でもはや政治的にも機能不全を強める金日成体制の崩壊を、いかに受け止め、どう開放体制化に軟着陸させるのか。

私たちがむしろ目を向けるべきは、ポスト冷戦にふさわしい東アジア軍縮・軍備管理政策の壮大な欠落の現実だ。

そのとき、ペンタゴン流唯武器論に従って、なおも削減すらしようとしない、一機一〇〇億円のF15を二〇〇機以上購入し続ける、日本政府の防衛政策の非現実が、北朝鮮脅威論のもとで覆い隠される奇矯《ききょう》さが浮上してこざるをえまい。

朝鮮政策の不在を憂うゆえんである。

17　ハイチ軍事介入を考える

▼『信濃毎日新聞』一九九四年九月一九日

――ところで兄弟は何人いるの?

「四八人だよ」。

――え!?　じゃ、お父さんに何人の奥さんがいるのか?

「七人だよ。ぼくは第一夫人の次男だ。ママと第二夫人が一度〝殺し〟寸前のけんかにまでなったよ」。

およそ三年前――アリスティド神父が、九〇年一二月にハイチ大統領に当選し、軍政から民政へ移管して間もないころのことだ。ソ連の崩壊に伴う「民主化」の波が、まずはカリブ海にも及び始めていた。

そのころ、私はメキシコで、ハイチの若い社会学者と知己になった。ハイチのニュースが入るたびに、その当時のことが思い出され、冒頭の会話がよみがえってくる。

私が三カ月のメキシコ滞在をあとにして間もない九一年九月、セドラ司令官のクーデターが起きた。大統領がアメリカに亡命し、多くの難民がフロリダへと向かった。

そしていま、クリントン大統領はセドラ司令官の退陣を求め、二〇〇〇〇人の海兵隊員を乗せた空母アイゼンハワーをハイチ沖に停泊させ、軍事介入の脅しをかけている。

いったいそこまでしてなぜアメリカは、ハイチの民主化を要求し続けるのか。クリントンの狙いは何であるのか。そして特使としてハイチに派遣された元大統領カーターに託した意図は、どんな意味を持っているのか。

しばしば指摘されるように、クリントンの対外強硬策の背後に、国内政治向けの狙いがあることは疑いあるまい。

一カ月半後に迫った中間選挙に向け、低下し続ける支持率を回復させ、民主党劣勢の流れを反転させなくてはならない。

包括犯罪法案をかろうじて通過させることができたものの、懸案の国民医療皆保険法案は、流産しかねない。

〝弱い大統領〟のイメージを逆転させ、内政の行き詰まりを打開するために〝強い外交〟に転ずる。このアメリカ外交の古典的パターンを、クリントンもまた踏襲していると見て間違いない。

昨年七月の対イラク空爆、今春の対朝鮮民主主義人民共和国（北朝鮮）核問題での強硬姿勢、そしていま、ハイチ進攻の脅し――。

加えて、議会に隠然たる勢力を持つ黒人議員連盟からの、アリスティド大統領復権に向けた強い働きかけがある。

しかも、難民であふれるフロリダ州は、大統領選挙人二五人を抱える大票田州だ。九六年大統領選のチケットを手に入れるためにも、難民問題の解決に「強い手」が求められている。

もちろん「アメリカの裏庭」としてカリブ海を位置づける伝統的な帝国意識の影を、対外強硬外交の背後に指摘することもできよう。

かつて国内改革の旗手として登場したウイルソン民主党大統領が一九一五年、「民主主義を広める」ためにハイチに軍事介入し、その後ハイチを米占領下に置き続けた歴史を、想起することもできるはずだ。

しかし、その帝国もいまや黄昏《たそがれ》の時を迎えている。そしておそらく、そのことを最も敏感に感じとっているのが、若いクリントンとその外交顧問たちではないだろうか。

よしんば多国籍軍を上陸させ、セドラ司令官を退陣させるのに成功したとしても、いったい、ハイチは「民主主義」を手にできるのか。人口六六〇万のうち、わずか一〇〇人の富豪たちが国土の大半を所有し、民衆の九割が年収一二〇ドル以下の極貧下にある。彼らの大半は読み書きできない。

いったいそうした「市民社会」の基礎条件すら持たない国家で、どうして「民主主義」が可能なのか。その上、軍事介入は否応なしに土着の民族主義をあおり、反米ゲリラ戦すら展開されかねない。

ベトナム反戦運動にかかわったクリントンと顧問たちは、だからこそ、タカ派ポーズを国内向けにとりながらも、他方でギリギリの妥協を外交で引き出そうとする。

北朝鮮からキューバ、ユーゴ、そしてハイチに至る冷戦後アメリカ外交の揺れは、その意味で「黄昏の帝国」の反映と言い換えてもよい。

四八人の兄弟と七人の妻を痔つ第三世界の現実を、私たちはもっと見すえてよい。その意味でハイチ問題は、ルワンダへ派兵する、冷戦後日本の外交のあり方をも問い直しているはずだ。

▼『信濃毎日新聞』一九九六年三月一八日

18　中台危機を読む

歴史は奇妙な軌跡を描きながら進む。外からどんな力を加えようとも、内からの力によって歴史は、否応なしに進んでいかざるをえない。そのことを、今次の中台危機が指し示しているのではないだろうか。

確かにそれは、転換期世界政治の危うさを象徴しているようだ。

すでに三月五日の全人代（全国人民代表大会）で、李鵬首相は、台湾独立は絶対許さないという強硬な態度を、その冒頭基調演説で内外に表明した。

それを裏付けるかのように、中国軍は一連の行動に踏み出した。まず、台湾の北東沖と南西沖二カ所を、ミサイル演習海域に設定した。八日には三発のミサイルを発射し、さらに一二日から二〇日まで、台湾海峡南方で、海空軍による実弾演習を行うとしてそれを開始した。

もちろん、これに対して台湾側もまた対抗軍事措置をとっている。福建省アモイから数キロのところに位置する台湾の飛び地・金門島に厳戒態勢をしき、F16を中心に反攻態勢に入っている。

米国は、すでに原子力空母インディペンデンスやニミッツなどを、台湾近海に結集させつつある。ベトナム戦争以来の軍事警戒態勢とされる。

まさに、台湾海峡波高しである。

いうまでもなく、中台危機を連動させた中国の一連の軍事行動の狙いは、来る二三日の台湾総統直接選挙への牽《けん》制にある。

台湾侵攻を含む脅しによって、選挙に向けて、台湾独立への動きを抑止しようとしているのである。

確かに中国の威嚇は、昨年一二月の台湾立法院選挙で功を奏していたかに見える。

あの時も中国は、選挙直前に台湾侵攻を想定した大規模軍事演習を実施した。そしてその演習を目のあたりにして、有権者たちは、台湾独立論に傾斜する李登輝の与党国民党の票を減らした。そして独立論を掲げる最大野党、民進党は、現状維持に止まった。それに反して、李路線に反対して国民党を割った新党が、善戦していたのである。

だが、柳の下に二匹のドジョウはいないようだ。今回の台湾総統選挙に向けた世論調査が、その現実を示唆している。

一二日付台湾各紙によれば、中国の軍事演習開始後、李登輝候補の支持率が三八％、前回調査（三月六日）より四・三ポイント上昇し、民進党候補彭明敏も、一カ月前より高い五・九％の支持率を獲得し、民進党系世論調査では、彭候補は支持率一一・三％と、ここ一カ月間で初めて二ケタ台に乗せている。

いずれの調査でも、国民党を割った新党の候補者で、本省人（台湾籍）ながら中台統一を掲げる林洋港は支持率を落とした。そして外省人（大陸籍）の統一派候補・陳履安と合わせても、軍事演習後、中台統一派の支持率は減少し続けている。

大陸からくる軍事力の脅しは、台湾独立への動きを掣肘《せいちゅう》するのでなく、逆にそれを助長する、皮肉な結果を生み出している。そして相互依存の深化した世界が、軍事的脅しの効能を低め続けている。

いま、その燃え上がる台湾自立をめぐる選挙戦の渦中に、畏友《いゆう》F・Q・クオ教授が、日本の某テレビ班と共にいる。

若い日に故国を出てから、四一年目にしてはじめて故郷の土を踏んだ氏の感懐はいかばかりなものだろう。

その帰郷は同時に、氏の朋友《ほうゆう》・彭明敏候補の応援を兼ねている。

一〇年前、氏は「自分は一生台湾に戻れないだろう」と私に語っていたものだ。そして当時、氏の友人が、台北の飛行場の、タラップを下りきったところで射殺された話をしていた。

その氏が、彭氏と同じように、日本を経由して米国の大学で学び、そして三〇年以上ものカナダ暮らしのあとで、いま故国の選挙にかけつけている。

民主化が、内側からの市民社会の登場によって促され、経済発展を引き出し相互依存の網の目を強めながら、自立への動きを早めている。

国のあり方はそこではもはや、ブレット（弾丸）によってでなく、バロット（投票）によって決められる。

外からの力でなく、内からの力によって歴史が進まざるをえない歴史の軌跡を、民主化と独立に燃える台湾の現在が指し示している。

▼『信濃毎日新聞』一九九七年一一月二四日

19　アジア危機の底流をえぐる

そもそもメキシコには、想定される外敵がない。—米国が三〇年近く敵視し経済制裁を続ける〝社会主義〟キューバとも、この国は緊密な友好通商関係を維持・強化している。

軍事費に、GNP（国民総生産）の〇・三％しか使っていない現実が「外敵の不在」を象徴している。

そして逆に、戦後今日に至るまで、同国の政府と市民の平和を脅かし続けているのは、外敵でなく、むしろ自国通貨ペソの下落だ。

過去幾度も、ペソの急落によってインフレと失業と不況と、あげくは政治危機に襲われてきた。そうした国民にとって、ペソをいかに安定させることができるか、そのための健全で賢明な「財政政策こそ最大の国家安全保障」ととらえ直される。

地球の裏側で、常識は非常識となり、非常識が常識と化していく。


そしていま、アジア経済の激震だ。それが、タイ・バーツの下落に端を発して以来、あらためて私の脳裡《のうり》に、常識のとらえ直しがよぎり続けていた。

確かに、八〇年代後半からつい先ごろまで、アセアン（東南アジア諸国連合）諸国家を含めてアジア諸国家は著しい経済成長率を、時に年率一〇％を超す成長率を記録し続けてきた。

しかし、少数の例外、たとえば台湾と、劣った程度であれ韓国とを除いて、それら東南アジア諸国家の急成長は、主として日本の直接投資の急増によっていた。

八五年プラザ合意以後の円高を切り抜けるために、日本企業はいっせいに、コスト削減を求めてそれら東南アジア諸国へと向かったのである。

その意味でアセアン諸国家の急成長は、日本をはじめとする外資に依存した、いわば〝バブルの急成長〟にほかならなかったと言ってもよい。

疾風が吹けば、容易に吹き飛ぶ、ひとり立ちできないバブル経済であったのである。

もし、それらの国々に十分な外貨準備があるなら、為替相場の変動に対して、中央銀行の介入で、自国通貨の下落を防ぐことができただろう。

しかし、韓国を含め（台湾、香港を除いて）外貨準備高はせいぜい三〇〇億ドルしかない窮境下で、「財政政策」によって通貨安定をはかることなど望むべくもない。

それでも韓国はまだ、基礎的な社会経済基盤ができているからいい。

たとえばタイの場合——。

バンコクは、首都というのに公共交通機関がない。日中市内をクルマで四キロ行くのに二時間はかかる。否応なしにそれは、生産コストを押し上げ、競争力を低下させ、外資は、もっと安い、たとえば中国やベトナムへと逃げていく。

加えて、それら諸国家における膨大な軍事支出である。

冷戦が終焉《しゅうえん》し、米国が軍縮によって、財政赤字を削減し好況をつくり出しているのに、たとえばタイは、国家予算の一五%、対GNP比で三%内外を防衛予算に振り向け、空母までも持とうとしている。日本の四〇分の一の経済規模しかないのに、日本の約半分に達するカネを兵器輸入に向けている。

フィリピン、インドネシアにもそれは共通する。韓国の場合、国防予算は二三%にまで達する。

しかも、それら諸国家の対外債務が、タイは八〇〇億ドル、インドネシアは一〇〇〇億ドル、韓国ですら五〇〇億ドルを超える。

日本の円安と景気低迷が、日本の資本と市場に依存したアジア経済を直撃し、その失速がアジアに依存した日本経済の失速をさらに促していく。

「安全保障政策とは財政政策である」——その言葉の重みが、新たな意味を帯びて、日本を含む世紀末のアジアをいま覆い始めている。

いったい日本の安全保障とは何であるのか、と。

▼『信濃毎日新聞』一九九八年八月一七日

20　近くて遠い国から

某月某日

遅い梅雨明けの成田を後に、真夏の北京に着く。六年ぶりの首都の変貌《へんぼう》に驚く。

車が多い。北京名物、自転車をこぐ市民の姿も昔物語だ。

社会主義と資本主義の長所を巧みに生かした混合開放経済政策が、この国の強さを引き出している。驚くべき躍進――。

夕刻、迎賓館の釣魚台飯店で、張香山・前中日友好協会副会長らが迎えてくれる。

八五歳の高齢と思えない。中日友好樹立の黒衣《くろこ》。中国随一の知日派だ。かつての盟友、周恩来や鄧小平の留学時代に話が及ぶ。

日本の政治の弱さ、外交の自主性の貧困――米国のいうなりに新ガイドラインに応じ〝中国脅威〟論に乗って、中台関係に干渉する奇矯さを指摘することしきり。

「米中日三国関係は、正三角形でなければならない」のに、日中関係が微弱になっている、日本の政治と文化の偏狭さがそれを生んでいることを、この隣国の知日派が憂える。

翌日。中国平和発展研究センターを訪問。昼食を含めて四時間、濃密な議論。ガイドラインの奇矯さが、ここでも繰り返し指摘される。

とはいえ台湾を、中国が武力侵攻する意図も可能性もけっしてないことを、彼らは一様に強調する。

外交に見る建前と本音の違いを、私たちはもっと慎重に腑分けすべきだ。したたかで懐の深い、強靭《きょうじん》な中国外交と、安保に振りまわされるひ弱な日本外交の差を痛感する。

日中平和友好条約締結二〇周年を迎えるのに、なぜ他国の〝内政〟に軍事干渉するのか。米中日三角関係で、最も近い隣国の距離だけがいま離れ続けている。

某月某日

北京の大使館でビザを入手。空路一時間半。朝鮮民主主義人民共和国（北朝鮮）の首都・平壌に入る。一瞬、七〇年代旧ソ連極東の都市にタイムスリップした想い。自転車すらほとんどない。人々はただひたすら歩いている。

一二日、南北分断の最前線・板門店まで、一七〇キロを車で行く。

道すがら、裸足に近い子どもたちや、食料袋を背負った庶民、道端で草むしりの勤労動員に精を出す人々を見る。

三八度線をはさんで、在韓米軍と対峙《たいじ》している。冷戦終結後残された〝最後の壁〟を前にする。しかし危機の緊迫感が奇妙に感じられない。時代の流れか、のどかな田園風景のせいか。

夕刻、平壌に戻る。市内は、三日後に控えた八月一五日――解放記念日の国民的マスゲームの準備でにぎわう。一七〇メートルの主体性塔の上から、朝鮮戦争後めざましい復興を遂げた市内を眺望する。平壌市内だけで米軍が落とした爆弾四二万個余り。

某月某日
翌朝、金日成廟を参詣。ただただ壮観なり。私の趣味には合わないが、国民にとっての前主席の偉大さとこの国の特異さを浮き彫りにする。

午後、西海沿いの水害被災地に向かう。眼を覆うばかりの惨状。想像を絶する。

九三年以来五年続きの災害の爪跡が随所に残る。日照りと水害、竜巻が繰り返され、失われた耕地面積一〇万町歩、穀物七〇万トン、橋梁一四二、家畜五万頭……。人智を越えた災害だ。

道々、やせた農民たちが、兵士も混じえ、復旧に文字通り素手で精を出している。

「われわれの思想は自力更生です。自主、独立、自衛……」。主体性を強調する知識人たちの愚直なまでの頑《かたくな》さの背後に、わが国の植民地支配の傷跡の深さを見る。

そしてその傷跡を、ソ連邦崩壊後の対北朝鮮〝封鎖包囲〟戦略が逆なでし続けている。ますます遠くなる〝近い国〟。

いったいこの惨状下の貧困の共和国が、なぜ日本に戦争を仕掛けることができるのか。なぜ三万五〇〇〇の米軍で重武装され、最先端兵器であふれる韓国を、攻撃できるというのか。

外国人は見かけない平壌でも、時折何人か会う。ほとんどが、北の飢餓を救うための人道支援に乗り出した国連機関の職員たちだ。

――この国に食糧などを支援しても、軍や高官に行くだけで、飢えた子や民衆にまわらないというけれどもどうなのか。この問いにＷＦＰ（世界食糧計画）派遣のまだうら若いニュージーランド人女性職員はきっぱり否定した。

「私たちは、子どもたちの栄養状態を一年毎に検査している。昨年度、歯ぐきが赤い飢えた子らが今年度には見違えるようによくなっている。軍用トラックで食糧が運ばれているが、運搬手段がほかにないからです。兵士は同時に土木労働者でもあるのですよ」。

豊かさにあふれる飽食の経済大国が、すぐ隣にありながら、その隣国から支援を受けることすらほとんどない。逆にその大国がそこでは〝北朝鮮脅威〟論に与《くみ》して、惨状下の弱小民族を軍事力で包囲し続ける。

〝近くて遠い国〟――半世紀前の敗戦の意味を、いまだ清算できないこの国の外交と文化の貧困に、平壌から北京に戻る空路、改めて想い至さざるをえなかった。

平壌と北京――その巨大な違いにもかかわらず、二つの隣国が共に私たちから遠ざかり続けている。

▼『信濃毎日新聞』一九九九年二月八日

21　北朝鮮〝脅威〟論を嗤う

朝鮮半島の〝北の脅威〟なるものをめぐって、この国で脅威論はエスカレートの一途をたどっている。

想定される当の最大の〝被害国〟となるだろう韓国で〝北の脅威〟論の声が低く、逆にいわゆる太陽政策が執拗《しつよう》に求められ続けているというのにである。

北朝鮮の脅威に関するかぎり、いまや韓日間の距離ばかりでなく、日米間の距離もまた広がっている。日本の過熱ぶりを、米国すら危惧《きぐ》し始めている現実を、私たちはもっと冷静に受け止めてよい。そしてどうやら私たちは、かつて一九八〇年代〝ソ連脅威〟論にあおられ、倍々ゲームで世界第三の軍事大国に躍り出た愚行を、いままた繰り返そうとしているようだ。

いや、かつてのようにソ連が、米国に匹敵するほどの巨大な核軍事力を持ち、約二万発の核弾頭のひとつひとつが、ヒロシマ、ナガサキに落とされたそれの数十倍から数百倍の破壊力を持っていたというのなら、まだ話がわかる。そしてその核を搭載した何隻もの原子力潜水艦が、日本列島の周辺海域を海底深く潜行していたというのなら、まだわかる。

あるいは、日本の陸上兵力二四万の、少なくとも一〇倍以上の兵力を持ち、戦闘機にしろ潜水艦や戦車にしろ、日本より一桁も二桁も優位した軍事力を誇示し、人口で二・五倍、国土面積で六〇倍以上もの〝超大国〟が北方から覆いかぶさっていたというのなら、まだわかる。

だが、私たちがいま〝脅威論〟のドラムを叩《たた》いて、景気低迷下に巨大軍事予算を組んで軍拡に精を出している相手は、そのかつての超大国の一〇分の一以下の人口、二〇〇分の一以下の国土、一〇〇〇分の一以下の軍事力しか持てない〝飢餓状況〟下の〝アジアの小国〟である。

亡命パイロットの証言によるなら、その国の空軍飛行士の訓練時間は、燃料と部品の不足のために年間四時間しかないという。食糧も航空燃料も産業用重油もなく、工場の稼働率は二〇～三〇％。これではいったいどこに戦争する体力があるというのか。

いや〝体力〟がなくとも〝意欲〟がある、と防衛官僚やタカ派知識人たちは声高に叫び続けている。

確かに歴史を振り返るなら、体力のない弱小国が〝清水の舞台を飛び降りる〟ように、戦端を開いて窮地に活路を求める事例に事欠かない。真珠湾攻撃に打って出た日本、朝鮮戦争の火ぶたを切った北朝鮮、湾岸戦争時のイラク……。

だが、少なくとも今日の北朝鮮のおかれた状況は、そのいずれとも違う。比較のたとえようがないほど、彼我の格差は隔絶している。

戦前の日本は独、伊という強力な同盟国と手を携えていたし、朝鮮戦争当時の共和国は、超大国ソ連と中国が背後で支え、イラクはアラブの幾百万もの民衆が同盟の絆《きずな》の下で支援していた。

もちろん、世界有数の原油輸出国イラクが、七〇年代二度の石油危機とイラン・イラク戦争で膨大な軍事力を蓄え、戦前日本が世界第三の軍事大国として君臨していた現実を想起することもできる。

しかも五〇年の朝鮮戦争時とくらべて今日の北朝鮮のおかれた状況は、経済力と軍事力のいずれの格差においても南北逆転を見せ、おそらく南北間の軍事力格差は、二桁台に達しているだろう。

「ジリ貧かドカ貧か、二つにひとつの選択ですよ」――朝鮮問題の専門家たちは一様にこう断じて、北朝鮮の未来をトする。

窮乏がジリジリと進行して国家崩壊（もしくは政権崩壊）へとメルトダウン（徐々に消滅）していくか、もしくは「万に一の可能性に賭《か》けて」三八度線を越えて軍事侵略に乗り出してつぶれるか、二つにひとつというのである。

北朝鮮はいまや「軍事大国化」への道を突き進んでいる――テポドン騒動以来、この国のメディアと専門家たちは、多かれ少なかれそうした文脈で北の動向をとらえ続けている。

米韓中ロ、いずれの政府当局も、テポドンを「人工衛星」だと断定しつづけているのにこの国だけが変わることなく「ミサイル」だと呼称し続けている。

そしてその「ミサイル」に対抗するために、ペンタゴン（米国防総省）仕込みの新ガイドライン（日米防衛協力のための指針）に操られ、陸上、海上両配備の対戦域核ミサイル防御網を、狭い日本列島と周辺海域に張りめぐらせようとしている。

時あたかも、厚生、大蔵などの諸官庁に続いて防衛庁で、数十億円単位の汚職スキャンダが明るみに出たのと符節を合わせるかのようにである。

嗤《わら》うべきかな、北朝鮮〝脅威〟論。この国の外交と政治の貧困が民草をむしばみ、アジアとの共生を阻みつづけている。

▼『信濃毎日新聞』一九九九年一一月二二日

22 雁は飛んでいるか

某月某日

昨夏以来一年ぶりの訪中だ。来るたびにこの国の発展の加速度的進捗《しんちょく》に眼《め》を見張る。空港から都心に向かう。柳並木沿いに出現する高層ビルを見ながら、二一世紀は中国の世紀を予感する。

某月某日

平和発展研究センターで昨年に続いてセミナーを持つ。台湾問題が再び論議の中心になる。中台関係を「国家対国家の関係」とした李登輝総統の発言の背後にひそむ米国の意図が問題になる。それが、ベオグラードの中国大使館への米軍機〝誤爆〟に隠された意図と重ね合わされる。

新ガイドラインとTMD（戦域ミサイル防衛）参画に見る日本外交の貧困が繰り返し論議される。米国一極支配の危うさと、日本の偏狭な国家主義の台頭を恐れる声しきり。それが、辞任した防衛政務次官の言動と重ね合わされる。

某月某日

上海に向かう。午後、浦東新区を見学。戦前のクラシックな建物が川沿いに並ぶ旧市街・上海バンドから車で約一五分。すでに人口一五〇万を超えるハイテク工業投資集積基地が、金融交易センター機能を擁して生まれている。長江デルタ地帯の四億の人口を後背地に持つ。建設中の浦東新空港は、シカゴ・オヘア空港に次ぐ世界第二の規模を誇る。

某月某日

上海国際問題研究所で会議が開かれる。八〇年代バブル期に日本のアジア経済学者たちがもてはやした「雁行《がんこう》モデル」が、ひとしきり論議の対象になる。

秋の夕陽《ひ》を赤く染めて雁《かり》が群れをなし飛び立っていく。先端を日本が、その後を韓国、台湾が追い、さらにその後をタイ、インドネシアなどASEAN諸国、そして最後尾を中国やインド、ベトナム、ミャンマーなどが形づくる――。なぜ日本人はいつも、アジアの先頭を走りたがるのか。なぜ日本人はいつも、ピラミッド型のアジア像しか描けないのか。

私たちが先ごろ出した著書『アジア経済危機を読み解く――雁は飛んでいるか』が話題になる。

たとえば浦東新区の投資国・地域のトップは香港。二位が米国、三位がドイツ。日本は四位でしかない。かつて大東亜共栄圏が破綻《はたん》したように、今「アジア型雁行モデル」が破綻し、日本が「第二の敗戦」の中で低迷し続けている。

某月某日

上海から深圳に向かう。ホテルの窓の下を流れる川の向こう岸が香港だ。遠く林立する超高層ビルが見える。一五〇年前、人口数千人の漁村がいま、中国最大の経済特区を形成している。先ごろ行われた建国五〇周年の主役が、深圳を発端に改革開放路線を切り開いた鄧小平であったことの歴史的意味が、ここからよく見えてくる。

某月某日

日系企業を視察する。日本の技術移転の遅さが指摘される。その後、汽車で一時間半、広東に向かう。人口七五〇〇万。国際産業見本市を見学する。小は電卓、テレビから、大はハイテク農機具やクルマ、工作機械に至るすべての国産工業製品が市をつくり、世界各国のバイヤーが群れをなす。二週間の開催期間中、八万人が買い付けに来る。通勤時の電車のような込みようだ。

某月某日

北京に再度戻る。広東から帰ってくると、北京が皮肉にも静かな田舎都市に見える錯覚に襲われる。

某月某日

平壌に入る。ここも一年ぶりの再訪だ。車の窓越しに街を見ながら、微妙な変化に気づく。中国と比べようがないけれども、人々の表情に明るさが見える。あの昨夏の飢えた首都の〝死んだような表情〟は何であったのか。街にバスや自転車が走り始めている。

某月某日

社会科学院を訪れる。「食糧とエネルギー事情が、ようやく底入れしたのです」。副所長が説明してくれる。「約一〇のダムを建設し、ジャガイモ栽培に切り替えたのです」。アジア・ナショナリズムの強靭《じん》さを垣間見る。

夕方、ホテルへの帰途、クルマのラッシュにぶつかる。次々に来る対向車のライトがまぶしい。

某月某日

世界食糧計画（ＷＦＰ）と医療支援機構ユニセフの平壌事務所を訪れる。なぜコメ余りの隣国日本は、この国を支援しようとしないのか。国連専門職員たちが繰り返し私に問いかけてくる。

テポドンや工作船なるものを騒ぎ立て〝脅威論〟にあおられ国交を閉ざしつづける日本が、いま改めて外交の転換を、国際的圧力下で迫られている。

日本外交の貧困が、私たちのアジア像の貧困から生まれている。

23　動き始めた朝鮮半島

▼『信濃毎日新聞』二〇〇〇年七月三一日

朝鮮分断の壁がゆっくりと崩れ始めた。

六月一三日、韓国の金大中大統領が朝鮮民主主義人民共和国（北朝鮮）の金正日総書記を平壌に往訪し、史上初の南北首脳会談が実現した。南から見れば太陽政策の具現化、北から見れば多角的共存外交の一里塚である。

北は一月にイタリア、五月にオーストラリア、七月にはフィリピンと国交を樹立した。さらにカナダ、ニュージーランドなどとも関係樹立を目指している。そして、この二国間外交関係樹立の動きが同時に、多国間外交舞台への登場とも重なり合っている。

九州沖縄サミット（主要国首脳会議）の直後、北は東南アジア諸国連合（ＡＳＥＡＮ）の地域フォーラム（ＡＲＦ）への初参加を果たした。ＡＲＦは、アジアにおける地域的な安全保障機構の基盤として期待されるものだ。紛争を未然に防ぐ〝予防外交〟機構のアジア版である。

それら多国間外交舞台への北の登場を南が陰に陽に支えている。その南の積極的支援下でＡＰＥＣ（アジア太平洋経済協力会議）やアジア開発銀行への北の参加に道が開かれつつある。そこには、北を経済的に自立させ、南北間格差を縮めていこうとする南の姿勢を見ることができる。北が主張し続けてきた連邦制であれ、南が提唱する国家連合であれ、おそらくは一〇年内外で実現に向かうだろう〝統一〟に備えた外交上の布石と言っていい。

木槿《むくげ》の花咲く三月。ソウルと釜山を訪れた私の耳に繰り返し飛び込んできた言葉は「統一のコスト」でなく「統一の果実」だった。いま韓国では、統一のコストが問題視されたかつてとは違い、統一の果実をいかに実らせるかが、与野党を貫く共通の政策目標に転じ始めようとしている。

北の賃金は南の一〇分の一以下。しかも勤勉で教育水準も高い。南にしてみれば、東南アジア諸国に投資するよりも北に工場を造る方がコストははるかに安い。九七年から始まるアジア危機が、民族主義のマグマを解き放ち、いま統一のシナリオが描かれ始めている。

他方、冷戦終結後、飢餓状況下で進められた「苦難の行軍」は、金正日体制に強靭《きょうじん》さと外交上の柔軟さを与えた。「ジリ貧かドカ貧か」——北が経済的に行き詰まって自爆もしくは南進し、体制崩壊の途《みち》を辿《たど》るというシナリオが、もはや絵空事と化している。

これら一連の事象は私たちに、朝鮮半島が、途上国世界と同じように、かつてから今日に至るまで激しい民族主義を基軸に動いている現実を指し示している。にもかかわらず私たちは現実を見据えることができないでいる。それゆえ、「全体主義独裁国家の脅威」を高唱し、軍事力の強化をもってその脅威に対処すべきだという主張が、わが国でまかり通ってきた。

南北首脳会談後に及んでも、「対話でなく抑止を強化すべきだ」として日本の軍拡を説き、米国のTMD（戦域ミサイル防衛）開発への協力を勧める朝鮮問題専門家たちのおかしさは、どれほど強調してもし過ぎることはあるまい。わが政府はいまだ安保基軸論下で、変わることなく対米軍事協力を強化しようとしている。その証左が先の防衛白書だろう。

過去のサミットの八〇倍以上——八〇〇億円余を数日間の宴《うたげ》に費やし、諸外国から批判を受ける日本外交の現在が、その奇嬌さを浮き彫りにしている。なぜ私たちは、せめてその数分の一でも隣国の人道支援に振り向けることができないのか。

外交の不在は〝土建国家〟日本の政治の不在と結び合っている。

24 体制維持へ「奇手外交」

▼『毎日新聞』二〇〇二年九月一六日

日朝首脳会談は東アジアの冷戦を終結させる極めて貴重なチャンスだ。国交正常化につながれば、戦後の日本外交上、日ソ（一九五六年）、日中（七二年）の各国交回復に並ぶ大きな成果となる。九一年の日朝国交正常化交渉スタート時は、ソ連崩壊に伴う北朝鮮の孤立化など情勢が悪く、機が熟していなかった。しかし今回は南北首脳会談（二〇〇〇年）による緊張緩和や、北朝鮮による欧州連合（EU）各国やカナダとの国交樹立（〇〇年〜〇一年）など、環境はまったく異なる。

首脳会談実現の背景には、日本の経済援助を渇望し、また米国の強硬姿勢を緩和させたい北朝鮮側のニーズと、景気回復を実現できず、人気浮揚策が欲しい小泉政権の利害一致がある。共に体制維持に外交上の奇手を用いたのだ。その際、日朝の最大のネックが日本人拉致問題であることは北朝鮮も十分理解しており、この問題に関し具体的な譲歩を用意しているとみられる。これに対し、日本側は経済援助額について北朝鮮側とどの程度で折り合えるかが焦点だろう。

こうした相互譲歩を契機に国交正常化が進む可能性は小さくないし、ぜひそうしてほしい。正常化が実現すれば、南北関係改善にも波及効果を及ぼし、東アジアの地域共同体形成へのビジョンが見え始めるだろう。自国産業がグローバル化の波にのみ込まれるのを防ぐため、EU諸国が結束したのと同様、世界各地で地域結束へのニーズが高まっているからだ。

日朝関係は東アジアの相互協力にとって最大の阻害要因のひとつになっているだけに、改善による影響も大きい。今後、日本は国内の一部の狭い一国主義的ナショナリズムを排し、東アジア全体の安定と繁栄という広い観点に立って、この機会をものにしてほしいと思う。

III

ロシアから ヨーロッパへ

〈豊かさとは何か〉

光と影の陰影が美しい冬のストックホルム
(写真提供:スカンジナビア政府観光局)
[http://www.visitscandinavia.or.jp]

年	月	動　き
1989	9	ポーランドで非共産党主導型のワレサ政権誕生
	11	東欧革命始める
1990	10	東西ドイツが統一、ドイツ連邦共和国が誕生
		チェチェン・イングーシ自治共和国、ロシアからの独立を宣言
1991	6	ソ連ロシア共和国大統領選挙でエリツィン当選。スロヴェニア共和国独立
	7	ワルシャワ条約機構、完全解体の議定書調印
	8	ソ連で保守派によるクーデター失敗、共産党非合法化さる
	9	国連がバルト3国の加盟を承認。クロアチア共和国独立に伴い内戦本格化
	12	CIS の発足でゴルバチョフ大統領が辞任、ソビエト連邦崩壊
1992	2	EC12カ国がマーストリヒト条約に調印
	6	チェチェン、完全独立を宣言。 8　仏、NPT に加盟
1993	1	EC12カ国の市場統合
	11	マーストリヒト条約発効
1994	12	START 発効。エリツィン、ロシア軍をチェチェンに投入、泥沼化
1995	11	アメリカ主導下、デイトン合意によるボスニア和平成立
	12	ロシア下院選で共産党が第1党に
1996	1	フランス、ファンガタウファ環礁で地下核実験
	7	ロシア大統領選挙でエリツィン再選
1997	1	ロシア軍、チェチェンから完全撤退し、和平合意
	5	ブレア労働党党首が英首相に就任。 12　温暖化防止京都会議
1998	4	英、仏、CTBT 批准。北アイルランド和平交渉が進展
	8	ルーブル切下げとデフォルト債務不履行を声明（ロシア経済危機）
	10	コール独首相退陣、社民党・シュレーダー政権発足。16年ぶりの政権交代
1999	1	単一通貨ユーロ誕生。 3　NATO 軍ユーゴ空爆開始
	12	ロシア大統領プーチンに
2000	9	デンマーク、国民投票でユーロ参加否決
2001	2	EU15カ国、ニース条約調印
	9	米同時多発テロ発生、プーチン、米への協力姿勢を表明
2002	1	ユーロ流通開始
	5	ロシア、NATO に準加盟。 6　ロシアの G8 正式参加決定
	10	チェチェン武装部隊、モスクワの劇場を占拠

Postscript

デモクラシーを模索する

「私は生涯労働党員《ライフタイム・レイバー》だが、今回のブレア首相による、ブッシュの対イラク攻撃への支持には同意できない」――オックスフォードの名門セント・アントニーズ・カレッジ院長グールド卿は、ためらうことなくそう話し始めた。その言葉に私は、一瞬たじろいだ。国連事務次長まで昇りつめたエリート外交官としての氏の経歴と「生涯労働党員」とが、私の頭の中ですぐに結びつかなかったのである。

しばしばエリートと民衆とが隔絶した社会として規定されるイギリスには、もっと異質な現実が進行している。たとえば英国最大手スーパー・センズベリーが、労働党の最大資金源のひとつとなっている現実が、そのあらわれだろう。しかも、労組加盟率が下がり続けているとはいえ、九〇年代末現在、民間で三四％、官公庁で八六％を維持し、英国労働組合連合が、なお労働党左派の支持団体として機能し、各種選挙で投票率は、七割台を維持している。

社会主義がロシアの凍土の中で死んだというのに、もうひとつの社会主義が、社会民主主義の形をとって再生し続けているのはなぜなのか。ベルリンの壁崩壊後、社会民主主義の再生が、もうひとつのデモクラシーを――カネとスキャンダルにまみれるアメリカ流民主主義と異質なデモクラシーを――欧州の北から南まで活性化させ続けるのはなぜか。

かつて京洛の若い日――左翼教条主義が学園を支配し、ソ連や中国共産主義への憧憬がアカデミアを覆っていたころ――ヨーロッパ社民主義の中に日本政治の未来を見出し、その中に自分の明日を賭けようとひそかに誓っていた私にとって、ペレストロイカの登場とソ連共産主義の崩壊は、まことに心躍る歴史の展開だった。そこに私は、市民社会の成熟を見ていた。九一年二月、イタリア共産党が党名を左翼民主党に変え、名実ともに社民主義への転換をはかったニュースを、出張先・盛岡のホテルで聞いた時の心の高揚を――歴史の読みに対する自信とともに――いま懐かしく想起する。それらの心象風景が、バルトの想い出とともに、以下の第Ⅲ部前半部で示されているはずだ。

それにしてもなぜ、社民主義――と政治自体――が、ヨーロッパで再生しながら日本で衰微しているのか。いや歴史の読みが、なぜ日本で裏切られているのか。テクスト風にいえば解は、ヨーロッパの知的共同体を貫く、次のような特質に求めることができる。

第一。ヨーロッパの知的共同体が、早くからマルクス・レーニン主義の呪縛から解き放たれていたこと。第二。その共同体が、国境の壁を越えて相互に情報と知と言論の交流を進め、政治から経済、文化に至るまで、アメリカン・ヘゲモニーへの免疫力を手にしていたこと。第三。政治とビジネス界との人的交流とネットワークを進め、旧来型の〝福祉国家〟論的社民主義から、人間の顔をしたもうひとつの〝ワークフェア型〟社民主義への変貌を見せていたこと。時に「第三の道」と呼称される。

第四。その「第三の道」のデモクラシーの模索の中で、「自由と平等」の対抗軸に替わる「排除《イクスクルージョン》と共生《インクルージョン》（包摂）」のもうひとつの対抗軸をつくり上げ、それを軍縮からジェンダー、環境政策に至るヨーロッパ共同の家の構築につなげていたこと。そして最後に何よりも、ヨーロッパ政治自体が、選挙にカネのかからない非金権的デモクラシー文化をつくり上げるのに見事に成功し、それを持続させていたことである。

私たちはここで、九〇年代日本が〝小選挙区制〟政治改革のモデルとし、いままた経済金融改革のモデルとしているイギリスに立ち戻るなら、そして小泉首相はサッチャリズムにならうと高唱しているのだが、次の事実だけは強調しておきたいと思う。

巷間信じられているのと違って、サッチャリズムがイギリスでは、経済再生の条件でなく、挫折の軌跡として位置づけられること。サッチャー一七年間の保守党支配下で進められた、ビッグバン（証券制度の大改革）と自由化の展開は、英国金融界シティーに潤沢な米系資本を呼び込むのに成功して「金融のウィンブルドン化」を進め、既得権益層を切り崩し、経済の活性化をつくり出してはいた。しかしその反面で所得格差は拡大し、失業率は増大し、公的医療や教育が荒廃した。倒産件数は、七九年約五千件から九二年二万五千件へと激増し、犯罪の増大を呼び込んだ。そしてデフレ進行後の大幅なポンド安こそが皮肉にも、九〇年代以後の英国経済の競争力回復の決め手と化していたのである。

「教育、教育、教育！」、九七年ブレアが政権についた時掲げたこのスローガンは、工業社会から知識社会への転換に向けた新しい国づくりのための社会民主主義の狼煙だった。

科学技術と教育予算の強化が、「貧しい家族に向けた児童扶助手当を含む福祉予算強化」と、〇五年までに医療予算の一・五倍増とをはかる、ブラウン蔵相の主張と結び合った。その労働党の台頭を、一〇一人の女性議員の大量議会進出が支えた。「共生」を第三の道の軸にすえたデモクラシーの勝利の果実である。

その意味で、九七年総選挙での労働党の圧勝は、弱者に痛みを強いるネオリベラル市場原理主義の負の帰結といわねばなるまい。

文部省の科研費を得て、ヨーロッパ全域を久しぶりに回ったのは、その一〇カ月後のことである。たまたまストックホルムに滞在しておられた岡野加穂留先生（前明治大学長）が、学生時代以来の社会思想研究会のよすがもあって、終日つきっきりで、早春の北国の首都を案内下さり、雪に覆われたパルメの墓標にご一緒に詣でた。

そして翌九九年夏のコペンハーゲン暮しのあと、〇二年夏オックスフォードとロンドンに二カ月半滞在した。そこで、ポンド安からくる輸入品の物価高に悩まされながら、再生する経済とデモクラシーのありようを見た。

以下のコラムで、ロシアからヨーロッパを旅したその心象風景の展開がしるされる。

コラム

1　欧州　社会主義の再生

春まだ早いヨーロッパを駆け足で歩きながら考え続けた。なぜいま社民主義なのか。

共産主義ソ連の消滅とともに〝歴史の終焉《しゅうえん》〟が喧伝《けんでん》され、社会主義が終焉したはずなのに、なぜいま不死鳥のように〝社会主義〟政権が、全欧一五カ国中一二カ国で政権を担当しているのか。

しかも、ドイツでもこの秋の総選挙で、社民党（ＳＰＤ）が多数派を制することが確実視されている。ちょうどベルリン入りする直前、ニーダーザクセン州の地方選挙で社民党候補が勝利した。党首候補として、かつてのラフォンテーヌに替えて、シュレーダーの政治株が急浮上していた。

コペンハーゲン入りした翌日後に行われたデンマークの総選挙では、一議席差で左派連合が右派の追撃をかわし、引き続き政権を担当することになった。投票率は八七％を超えている。

そしてケンブリッジからロンドンに戻った翌々日、英労働党ブレア政権の新財政予算案が、ブラウン蔵相によって議会で発表された。

「英国史上、最も革命的な税制改革」とうたったものだ。これを、ロンドンの金融街シティーは歓迎し、株価は上昇し、ポンド高を記録した。

なぜいまヨーロッパに〝社会主義〟の波が高揚しているのか。なぜ〝歴史の終焉〟でなく、新しい歴史が生まれようとしているのか。

「寝たきり老人という言葉自体、この国にはないのですよ」。

▼『信濃毎日新聞』一九九八年三月三〇日

「高齢者の公共医療施設が完備し、国民一人当たリホームヘルパーの数が日本より数十倍多い」。

デンマーク国立社会調査研究所員アンダーソン君は、コペンハーゲンの六階建ての共同住宅の一室でそう説明してくれる。

「幼稚園から大学院まですべて公立で、授業料は取らない。入学金もない。外国人も同じです。子供たちの養育費は、扶養者手当でカバーできる」。

「私の住居は、共同住宅でこんなに狭いけれども、デンマーク人の六割は自分の持ち家に住んでいて、もっと広い」。

会話の最中にも、三人の子供たちが入れ代わり闖入《ちんにゅう》してくる。

高福祉には高負担が伴い、老人が孤独死していく――北欧〝福祉国家〟神話の喧伝にもかかわらず、その理念と実践が、現実の政治の中で、半世紀の試練に耐えて再生し始めている。

そして皮肉にも、ソ連共産主義の終焉が、旧ソ連や東欧圏で、貧富の格差を増大させ、失業者と難民の群れを生み出しつづけている冷戦後世界の現実が、逆に〝社会保障〟と福祉政策の重要性を人々に再認識させている。

一方でそれが、新右翼を台頭させながら、アングロサクソン流のむき出しの猛々《たけだけ》しい資本主義のグローバル化に対抗する〝もうひとつのヨーロッパ〟の必要性を人々に感じさせている。

資本主義にユマニスムを組み込む――その作業が、福祉のたれ流しを切り込みながら福祉を強化し、法人税を含む低中所得層の減税を進め、軍縮につなげていく。

その国境を越えた〝もうひとつのデモクラシー〟の実験が選挙にカネのかからないヨーロッパで、確実に政権交代を生み、政治を市民のものに替え続けている。

たとえどれだけの問題点を抱えていようとも、私たちはそこに〝進んだヨーロッパ〟を見ることができる。ヨーロッパは、なぜ私たちにとって遠いのか。その重い問いが、歩きながらなお私の心の底で淀み続けていた。

2　ベルリンを訪ねて

▼『信濃毎日新聞』一九八八年七月四日

某月某日

成田を午後一時に出発。エアロフロートでモスクワに向かい、そこでインターフルークに乗りかえ東ベルリンに飛ぶ。同地で開かれた「非核地帯設置に関する国際会議」に出席するためだ。茫《ぼう》莫と眼下に広がる青い大地を幾時間も機上から見下ろし続け、改めてロシアの潜在的力の巨大さに思いを至さざるをえなかった。オビ川、エニセイ川などいくつもの世界有数の大河や、ヤンブルグ、ノボシビルスクの上を通り、ウラル山脈を越え、アルメニア、コーカサスを経てモスクワに入る。出迎えの手違いのために、ベルリンのホテルに着いたのはほとんど真夜中だった。

朝、目をさまし、投宿先のホテルの近代化され洗練された様に驚きを感じる。アメリカのホテルに時にある、ゴテゴテした商業主義の華美さこそないが、東京の一流ホテルとまったく変わらない。白い木目を生かした北欧風の室内装飾によって簡素な清潔さが旅の疲れをいやす。一〇〇カ国以上から一二〇〇名余りの参加者が、同じような四つのホテルに分宿し、それらが同時に会議の主会場と分科会場になっている。

某月某日

会議初日、パラスト・デア・レプブリークに向かう。開会を待つ会場に一瞬のざわめき、そして拍手の波。白と黒のターバンを頭に巻いたアラファトが、護衛ひとりと共に、人なつこい笑みをたたえて会場に入ってきたからだ。会場前方には、ゴルバチョフの外交顧問アルバトフの見慣れた顔が見える。会議主催者ホーネッカー東独議長のあいさつ。

戦後四〇数年、これだけの国際会議を開催できるに至った、復興した祖国への誇りと自信とが、東西の核の脅威を訴え、その脅威を極小化するため欧州中心部に非核「回廊」をつくる必要を諄々《じゅんじゅん》と説く言葉のはしはしにうかがえる。それを受けて、ゴルバチョフのメッセージを紹介するデミチェフ・ソ連政治局員候補の演説。……

世界第一〇数番目の工業国家へと成長した東独の現況が、政治体制の正当性をゆるぎないものに変えている。たとえベルリンの壁が不可欠のものとしてなお残り続けているにしてもである。もはや、東側の権力者たちは、自らの権力の正当性を強化するために(西側からの)〝帝国主義の脅威〟を持ち出す必要がなくなっている。

かつてスターリンが、〝一九二七年危機〟説を挺子に、ブハーリンら党内反対派を一掃し、戦時共産義体制への逆転をはかり、自らの権力の正当性を手にした時代は、いまや過去のものとなっている。

それが〝軍縮のリスク〟でなく〝軍拡のリスク〟を強調し、〝軍拡のコスト〟を外交の機軸にすえることを可能にしている。声高で華麗な〝外向きの外交〟から、自国の経済と民生との、いっそうの充実へ向けた〝内向きの外交〟への転換が、そこから引き出されてくる。

〝権力と体制〟が〝外からの脅威〟を叫ぶ必要がなくなってくると共に、権力の正当性をいっそう高めるために、緊張でなくその緩和が、軍拡でなく軍縮が求められ始めている。

某月某日

ベルリンの夜は、九時でもまだ明るい。会議で疲れた頭をいやしに、ぼだい樹通りを歩く。

かつて十数年前この地を私は、壁を越えて西から訪れた。あのとき首都は〝死の街〟のようにすら見えた。灰色の集合ビルが立ち並び、がれきの山がビルの谷間に残り続けていた。それが、けばけばしい商店街が走る西ベルリンと鮮やかなコントラストを描いていた。しかし、時の流れは社会を変え、国を変えていく。いまや体制のショーウィンドーは、西ベルリンから東ベルリンへ移ったと言われるほどの成熟した顔を、この街は示している。

アウトバーンでポツダムへ向かう。この古都の八〇%を英国軍に爆撃された歴史も、いまや過去のものとなり始めている。美しい田園と復元された優雅な街並み、そして石畳の続く道。改めて、過度なまでの商業主義の波の中で、歴史と共にいっさいを洗い流してしまう故国の文化の貧困を思う。

某月某日

帰国後、トロント・サミットでわが宰相の要請によって、「増強する極東ソ連軍」の削減要求と「北方領土」返還要求が、政治宣言の中に盛り込まれたのを新聞で知る。軍縮の時代が到来しようとしているのに、なぜわが国が、軍拡の時代への逆転の転轍《てつ》手になろうとしているのか。

戦争の惨禍をなお記憶にとどめ、それを外交の主軸にすえて、デタントの主役を演じ始めようとしている東西両独の水面下の動きに、私たちはもっと注目してよい。

▼『信濃毎日新聞』一九八八年九月二六日

3　黄昏のロンドンから

九月中旬のロンドンは、もう冬が足早に追いかけてきています。ボストンからワシントン・ＤＣをへてこの地へ来ると季節の違いをまず感じ、次いで時間の違いを二重の意味で感じさせられます。

もちろん、ひとつは文字通りの時差のことですが、それより私が痛感しているのは、現代の帝国の中心から、昔日の帝国へと一世紀のタイムトンネルをくぐり抜けてきたという、いわば歴史の時差です。

同じように英語国民であり、同じようにアングロ・サクソンと日本ではひとくるめに呼称されるのですが、アメリカと英国とは、その文化から国民性、政治から経済・社会に至るまで、その違いはあまりに大きく、しかもそれが歴史の時差と離れがたく結びついているように思えてなりません。

国立公文書館で日中仕事をし、時間の許す限り関係者と会うようにしながら、仕事を終えたあとテレビでニュースを追いかけています。しかし、ここ数日の国際ニュースは、南アフリカ・ソエトのバス・ハイジャック事件と北アイルランドでのテロリスト事件にほぼ限られています。

南アが英連邦の一国で、北アイルランドがいまだ大英帝国の支配下にあることを考えれば、この二つのニュースは共に、国際事件というより国内ニュースと呼んだ方がふさわしいでしょう。

私がアメリカを発つ時、ボストンでもワシントンでも、大統領選のニュースで持ち切りでした。その選挙戦の主題は、時に日本問題であったり、核問題であったりし、しかもそれら大統領選がらみのニュースの合い間をぬって、ペレストロイカからソウル・オリンピックに至るまで、言葉の本来の意味での国際報道番組が流されていたのとは、あまりにも大きな違いです。

疑いもなくそのことは、アメリカとイギリスという二つの国が世界で占める位置の違いを集約しているといえるでしょう。半世紀以上も前まで、世界の命運はロンドンで決まり、覇権国家としてこの国が世界に君臨していました。しかしいま世界の中心はアメリカに移り、覇権の終わりの始まりを歩み始めたとはいえ、なお世界の動向はホワイトハウスとウォール街で決まります。

歴史の非情な移ろいと形容してよいでしょう。

しかしそれにしても、この国の文化と社会の見事なまでの落ち着きはどこから来るのでしょうか。ここにきてわずか数日にしかならないというのに、彼我の文化と生活のありようの違いを見るにつけ、改めてわれらが文化と生活のあわただしさに思いをはせざるをえません。

もちろんその違いは、アメリカにいた時も感じました。だがいまにも街角の向こうからホームズ探偵がパイプをくゆらせながらワトソン医師と歩いてくるのに出くわす錯覚すらおぼえる、石畳の敷きつめたこの街に滞在していますと、この国の文化と社会の持つ成熟した落ち着きに、強い羨《せん》望の念を抱きます。

いま私は、ホテルの一階のロビーのパブの片隅でペンをとっているのですが、ここが大英帝国の首都の真ん中から電車でわずか三〇分ほど離れた街中にあるとはとても思えません。若者よりも熟年者たちが、ビリヤードやゲーム・マシンに興じ、立ちながらビールのグラスを傾け、会話を楽しんでいます。

ロンドンの市中には二〇を超す劇場で、シェークスピアやチェーホフから、ブロードウエー・ミュージカルのキャッツに至るまで連日上演されています。それも日中のマチネで六ポンド（約一四〇〇円）から、夜の特別席でも三〇ポンド、前の日に予約すればまず見られるというのですから、なんともうらやましい限りです。

もちろんここでは、土、日は完全に休みですし、週四〇時間労働制が忠実に守られています。

確かに人々の着ているものは、私たちの目から見ればずいぶんと粗末です。しかし、少なくとも年収の三倍以内で、首都圏でも楽々と、日本の基準で言えばお城のような家を土地付きで買えるのですから、どちらが豊かなのか、問い返すまでもないでしょう。

覇権国家はいまや、アメリカから日本に移行し始め、「ジャパン・アズ・ナンバーワン」などと驕《おご》った声が日本のあちこちで聞こえてきますが、しかし、少なくとも昔日の帝国の首都・黄昏のロンドンから「日出る国」日本を見る限り、そうした声が実に虚妄に充ちたものにすぎないことを痛感させられます。

豊かさを曲がりなりにも達成したいま、私たちに問われているのは豊かさの内実であり、本当の意味での文化の質だと、言いかえることができるのかもしれません。

4　モスクワの旅から

▼『信濃毎日新聞』一九八九年一月九日

どんよりと曇った空から、いつのまにか冷たい粉雪が降り始めていた。

「もう一週間前にいらしてればよかったのに」とモスクワ在住の経済学者中山弘正先生が言ってくださったが、私たちが滞在した一週間のモスクワは、木々の葉が金色に光り輝く〝黄金の秋〟のあときまって訪れる暗く長い冬の始まりに当たっていた。

ホテルの窓は二重ガラスがはめられ、室内に暖房は完備されていたけれども、それでも夜中には温度が下げられ、薄汚れたカーテンのすきまから冷気がしのび込み続けていた。

確かにソ連経済は、重病に瀕し、いまだ回復の目途はたっていない――そんな想いが、私の心のそこかしこを走り続けていた。その想いが、早朝きまってホテルの窓辺に暖を求めてやってくる黒い二羽のつぐみの陰鬱《うつ》な姿と重なり合うように、いまよみがえってくる。

だからと言ってしかし、私たちはソ連社会が「変われない」停滞社会であって、ペレストロイカは内政で何の成果も上げていないと断ずるのは、歴史と社会を見る見方として、当を得たものではけっしてない。

確かに私の部屋の「モスクワのテレビ」は、火こそ噴かなかったけれど、相も変わらず、スイッチを入れても画像がなかなか出てこないし、画像が出ても今度は音が出てこない。そして街を歩いて商店のウインドーをのぞけば、粗悪品とモノ不足が否応なしに目に飛び込んでくる。

モスクワは貧しい。あの「モスクワの原宿」と呼ばれるアルバート街を、私たちもまた日暮れ時散策した。しかし原宿どころか何十年か前の、敗戦直後の日本のマーケット街のようなものでしかそれはない。いや、私たちの目から見れば、早すぎる異常な寒さのなかでの民衆のエネルギーさえ冷え込んでしまっているようにすら見えた。

だが、にもかかわらずソ連社会は、鈍重なペレストロイカの歩みを、ジグザグはあれ着実に進めていると見てまずまちがいない。

私たちがむしろ注意すべきは、発展形態も地政的条件も社会の仕組みも、まったく違うこの巨大な北の隣人を見る時、安易に〝近代〟と爛《らん》熟した高度消費文明との高みから見るべきではけっしてないことだ。そしてせっかちな私たち日本人が好んでする、たかだか四、五年のタイムスパンでこの広大な悠久の実験国家の営みを、性急に判断しないことだ。カネとモノにあふれた私たちが好んでする損得勘定の収支決算書の中にこの茫《ぼう》洋とした社会を押し込めてしまわないことだ。

たとえば、もしこの社会を、一〇〇年、二〇〇年のタイムスパンで見た時、私たちはその社会の、巨大な変貌振りに一驚せざるをえまい。

一七年前、私がはじめてモスクワを訪れたとき、この大都会にクルマと信号灯はほとんどなかった。しかし、いまやラッシュ時には交通渋滞が現出し、モスクワ一のデパート・グムは、買い物客でごった返している。市民たちの食べ物は、私たち好みのブランド品こそないが、その量は豊富だ。彼らの着ているものは、つい二カ月前私がロンドンの地下鉄で見かけた女性たちの衣服より良質ではるかにカラフルだ。

ペレストロイカはいま産みの苦しみに襲われている。軍需と、官治統制経済の重みに押しひしがれた社会の立て直しを「ソ連第二革命」として、内側から執拗にはかり続けている。

いうまでもなくそれは、否応なしにソ連社会主義の変容を迫らざるをえまい。その変容が、資本と技術に関して、一方で軍需から民生への重点移動を促し、他方で西側先進国（とＮＩＥＳ）から自国内への導入を促していく。そしてそれが共に、〃国境なき経済〃ボーダレス・エコノミーの世界の動きと連動し重なり合っていく。

モスクワの街角にシェイキーのピザハウスが現われ、東レの衣料技術がロシア女性を飾り立て、アイオワの小麦が赤い国の台所のパンに化けている。シティーのポンドがモスクワで起債され、カリーニン街の銀行のルーブルに振り込まれていく。

土台（経済）が上部構造（政治）を規定する――。そのマルクス主義の原理によらずとも、ボーダレス・エコノミーの現実はいまや体制の壁を突き崩し、軍縮とデタントの波をソ連から引き出し、ボーダレス・ポリティクスの胎動を促していく。

私のまぶたにはいまでも、世界で最古の伝統を誇る、一八世紀に建造された、抜けるような天井を持つスラヴ模様のきらびやかなチャイコフスキー・ホールで、深更までコンサートを楽しむ市民たちの、華やかな姿のひとこまひとこまが蘇えってくる。まるで、ソ連社会の変貌を支える市民文化の新しい息づかいが、いま耳元に聞こえてでもくるかのように。

▼『信濃毎日新聞』一九八九年五月一五日

5 中ソ首脳会談に思う

陽光の降り注ぐ五月の北京を、ゴルバチョフが訪問し、中ソ両国の三〇年に及ぶ対立に、幕が下ろされようとしている。それは同時に、新しい時代の幕開けを予兆するものだ。

もはや世界は、かつてのようにイデオロギーを軸に〃資本主義〃と〃共産主義〃が対立し合う世界でもないし、マルクス・レーニン主義の正統と異端をめぐって対立し合う世界でもない。

世界はもっと複雑に絡み合い、対立から競争へ、軍事から経済へと、その機軸を確実に変化させはじめている。その変化が、脱イデオロギーの時代への転換と重なり合っている。

世界はこれまでと違って、もはや国境の高い壁を前提に、甲冑《かっちゅう》に身を固めた剣闘士が馬上でにらみ合い、互いの国に間諜《かんちょう》を遣り合う、一九世紀的な軍事戦略の時代ではなくなり始めている。

資本主義国家であれ社会主義国家であれ、軍拡は経済を疲弊させ、経済の活性化のためには、国境の高い壁はプラス要因でなくマイナス要因へと化している。モノとカネと技術の相互交流のなかで、諸国家間の相互依存が深化し、その深化を抜きに、経済の活性化をはかることが、もはや不可能になっている。

だからといってしかし、この中ソ全面和解の展開の中から私たちは、かつての中ソ対立が壮大な不毛の対立であったとか、社会主義が〝滅びの淵《ふち》〟に立たされているとかいった論理と教訓を、安易に引き出すべきでない。

かつての敵対と戦争を抜きに、今日の友好と協力を語ることができないのは、ひとり中ソ二国間に限らない。日米関係であれ日中関係であれ、二国間の友好と協力が、敵対と戦争を経てはじめて手にできる事例は、国際関係の原則であって、例外ではない。

まして〝革命〟によって誕生した国家は、フランスであれアメリカであれ〝革命国家〟であるがゆえに、革命を支えたイデオロギーを、国内政策ばかりでなく対外政策の機軸に、長きにわたってすえ続けるのは当然のことだ。同じマルクス・レーニン主義に依拠して〝国造り〟を始めた二つの社会主義大国が、相互に対立し、ときに戦火すら交えたとしても、それ自体けっして不思議なことでない。

むしろ私たちが目を向けるべきは、この二つの〝革命国家〟が、もはや〝教義〟によって政策をつくるのでなく、〝現実〟のフィルターを通して〝教義〟を変え、民衆の〝需要〟に合わせて政策の〝供給〟をつくりだしていく、より成熟した国家へと変貌《ぼう》しつつある〝社会主義の現在〟ではなかろうか。

確かに、教条的なマルクス・レーニン主義は〝滅びの淵〟に立たされている。しかし、だからといって〝社会主義の幻滅〟を語り〝社会主義は幻想だった〟と合唱し始める、この国の知識人たちの託宣が、どこまで正当性を持ちうるのか。

もともと〝社会主義〟には多様な流れがあったこと、そしてある一国の〝社会主義〟を、私たちの国造りのモデルにすること自体、おかしなことであった現実を、私たちはもっと見すえるべきだ。社会主義がそうであるように、資本主義もまた多様だ。そして資本主義もまた、社会主義と同じように、激しい変貌を見せている。

そしてその変貌が、資本主義であれ社会主義であれ、中国であれソ連であれ、デモス（民衆）のクラチア（権力）——つまりは民主化——への希求を軸にすえ続けている現実に、もっと目を向けるべきではないのか。

陽光の降りそそぐ五月の北京で、人類の歴史の新しい頁《ページ》が繰られようとしている。

▼『信濃毎日新聞』一九八九年一一月二〇日

6 「壁」崩す市民社会の成熟

時代の変化がこんなに早く来ることを、いったいだれが予測しえただろうか。

昨年六月、初夏の東ベルリンを訪ねて私は、この国の経済の着実な成長と発展の現実を目のあたりにした。そしてその成長と発展が——たとえ西側のそれに劣るとはいえ——この国の社会主義政治体制に、正当性と安定性とを与え、それが大胆な軍縮改革の推進を可能にしているのだと結論した。

しかも、軍拡経済のくびきから解き放たれることは、「不足の経済」の活性化にも役立つのだと。中欧非核地帯設置を企図した国際会議の席で、そのことを私は感じ続けていた。

一九八五年——この年にソ連が世界侵略に乗り出

すという〝八五年軍事危機〟説が、つい先ごろまで西側世界を席巻していたことは、私たちの記憶にもお新しい。それは、かつてあった〝五七年軍事危機〟説と同じように〝幻の脅威〟論であったことは、いまやだれの目にも明らかになっている。

いや、先ごろのニューズウィーク誌の調査では、米国の世論の五二％が、米国の安全保障にとって最大の脅威は、日本の経済力だと答え、ソ連の軍事力だと見る国民は三三％でしかない。〝ソ連脅威〟論は、うたかたのごとく消え始めている。

西側世界にとって〝ソ連の脅威〟の減退は、西独においていっそうはなはだしい。今春の調査では、ソ連を西独の脅威とみなす世論は、八％にもみたない。ベルリンの壁が、東独の政府と市民自身の手によって壊された今日、この数字は限りなくゼロに近づいていることだろう。

ペレストロイカの波の中で、私たちはしかし、かつてのソ連にもまた同じ類《たぐい》の危機説があって、それが権力者と軍部によって利用され続けてきたことを知っている。たとえば〝二七年軍事危機〟説がそれだ。

一九二七年——西側資本主義国は、革命ソ連を扼《やく》殺《さつ》するためにソ連に侵攻してくる。だからソ連は、新経済政策を放棄し、戦時共産主義路線に替えて、軍拡のテンポを速めるべきだ——。スターリン型社会主義への道は、この時に敷かれたといってよい。

クレオパトラの鼻の故事にならっていうなら、あの時〝二七年軍事危機〟説が打ち出されていなければ、世界史はまったく異なったページを繰ることになっていたろう。スターリンに対抗して、社会主義の〝資本主義〟的修正を主張していたブハーリンの新経済政策が〝人間の顔をした〟社会主義をつくりだしていたのではなかろうか。

何十年か遅れでソ連やハンガリーにも、西側世界と同じように〝市民社会〟が生まれ、それがペレストロイカと〝共産主義の終焉〟とを引き出し続けている。その波が東独やブルガリアにまで及び始めている。

いまや東独の場合、その民度と経済発展の水準の高さゆえに〝共産主義の終焉〟は、ソ連よりももっと速く進み、それがドイツ再統一の動きを加速させるだろうと、言えないこともあるまい。

〝オオカミがやってくる〟という危機論は、権力者に都合のよい防弾チョッキのようなものだ。だが国民の識字率が高まり、大衆学歴社会化が進むに従って、国民は〝暗愚な民衆〟から〝権力への批判能力を持つ市民〟へと変貌していく。

ベルリンの壁の崩壊は、戦後四十有余年の歳月をへて成熟した〝市民社会〟が、いまようやく、凍りついた東欧社会にまで拡延し始めたことの帰結だと言い換えてもよいだろう。

▼『毎日新聞』一九九〇年四月一四日

7 しなやかでしたたかなリトアニア

リトアニアの分離独立運動を先駆とするバルト民族主義の動向を、私たちはどう見るべきなのか、高揚するその民族主義は、どんな展開を示していくのか。バルト民族主義を、カフカスから中央アジア一帯に広がるムスリム（イスラム）民族主義と比較した時、私たちは二つの視座を手にできるはずだ。

第一に、負の情念――とそれを支える文明観の違い――が、二つの民族主義に対する西側の対応の違いを引き出していること。それゆえ、ムスリム民族主義の高揚に西側は隠された不安感を強めているのに、バルト民族主義のそれに対しては逆に、公然と支援し続けている。

〝悪魔の詩〟をめぐる顛《てん》末劇やイラン・シーア派革命への西側の危機感に象徴されるように、米欧の文明観は、ムスリムに否定しようのない負の情念――あるいは嫌悪感――を持ち続けている。

米ソの「平和」が崩壊し、既存のイデオロギーがもはや人々と外交行動の決定要因でなくなったとき、否応なしに民族とか宗教といった非合理的情念が、外交や政治という合理的たるべきものを乗り越えて規定していく。

〝壁〟崩壊とボーダーレスが加速する地球大の統合化の動きと裏腹に、民族や宗教を軸とした分離化が進行していく論理だ。

パクーやドゥシャンベの民族〝暴動〟に、モスクワが戦車を送り込んだ時、西側政府とマスコミもその非を打つことがなかったのに、バルト三国の〝反乱〟に対しては逆に熱い支援を送り続けている。

その支援が、西側からのモスクワの武力解決に対する〝牽制〟となってあらわれる。そしてそれが、権力政治の濾《ろ》過器を通ったとき、モスクワによる事態の〝暴力的〟解決を回避させる国際要因として機能し続けざるをえまい。

それゆえモスクワは、バルトの動向に対して、一方で武力行使をちらつかせて「脅しのゲーム」を展開しながら、他方で一定の譲歩をなし、事態の〝平和的〟収束をはかり続けると、読み込むことができるはずだ。

第二に、二つの運動を進める二つの社会にひそむ異質さ——。一方の民族国家に市民社会がすでに成熟し始めているというのに、他方の民族国家にはそれがなお未成熟のまま欠落し続けている。

そのためムスリム民族主義運動の場合、民族主義の高揚は、容易に〝一揆《いっき》的〟な民族暴動へと連結していくのに、バルト民族主義の場合、それは（奇妙にも!?）非暴力の形態に固執していく。

市民社会の成熟が、民族のアイデンティティーを求めて〝主権国家〟をつくり上げる内側からの社会・経済基盤を強固なものに変えていく。それが一方で、運動に強靭《じん》さを与えながら、他方でその独立運動を取り巻く外的条件を無視した暴走を内側から食い止めて、一定の妥協を可能にさせるしなやかさを与えていく。

ゴルバチョフによる大統領制移行と権力集中への動きを先制して、三月一一日、予定を早めてリトアニア最高会議が一方的に「独立宣言」を出すという運動の強靭さを示しながら、他方で、モスクワの反対に遭遇し、軍事介入の脅しを示され続けたとき、武力衝突の自殺行為を回避して、大統領との対話を求める柔軟路線へ修正する――。この一連のシナリオこそ、成熟した市民社会に内在するしなやかさのなせる業だと言ってよい。

ムスリムの諸共和国とバルトのそれとの違いは、単にソ連邦内における貧しい南と豊かな北との差にあるのではない。〝近代の遺産〟の上に市民社会を構築して、それを手にした共和国と、いまだランプの灯をともして識字率も低く、第一次産業就業率と農村人口が七割を超える――それゆえに市民社会を欠落させた――共和国との違いにこそ、その差の根源がある。

私たちは、ペレストロイカ（立て直し）や東欧革命の動きを「停滞の二〇年」の背後で進行していた市民社会の成熟化の現実を見落してとらえ、ある日突然、生み出されたものとみなす陥穽《せい》になおもとらわれ続けている。変革と革命を――市民革命であれ独立革命であれ――社会変動のドラマトゥルギーとしてとらえることのない狭隘《あい》な世界像の誤りだ。

バルト民族主義の動向は、その意味で東欧変革を支えた動きと正確に通底し合い、二つの運動はいくつもの共通項によって支えられている。

第一に、運動がいずれも――サユディスから市民フォーラム、民主フォーラムに至るまで――自発的な市民たちのしなやかでしたたかな押し戻し得ない運動体を基盤としていること。それゆえに運動はいずれも、ひと握りのインテリや〝前衛党〟によってでなく広範な市民側に支えられている。

第二に、運動がいずれも、一方でモスクワからの独立を主動図としながら、他方でエコロジーや人権、平和と離れ難く結び合っている。自由と豊かさが、人間らしさと公正の価値を介在役として、運動を支え続けている。

緑したたる古都カウナスや、ベルリンで、私はなぜサユディスや新《ノイエ》フォーラムの運動家たちが、エコロジーを、人権や独立と共に運動の争点としているのか、不思議に思い続けたものだ。

強い社会が、背の高い強い国家を不要なものに変え続けている。それが、東欧革命――やペレストロイカ――ばかりでなく、いまバルトの〝独立〟運動を引き出し、支え続けている。国境と体制の高い壁にさえぎられた国際秩序が崩壊し、分離と統合が同時進行し続ける。それゆえにこそ、バルトの民族運動もまた分離と統合の狭間で収束せざるをえまい。その狭間を充たすものが、グルジア人・シュワルナゼの示唆した「条約連合」であれなんであれ、市民社会の側にもっと多くの主権を回復させた形で、収束が図られ続けるはずだ。

あのもの憂いバルトのメロディーが、私の耳に残り続けている。亡命先の西独から一年前に帰国し、いまリトアニアの若者たちの間で静かなブームを呼んでいるその女性フォークシンガーの歌に、彼らは独立の熱い思いを託し続けている。

〝北の小パリ〟ビリニュスの街から、その歌が聞こえなくなるのも、それほど遠い将来のことではない、と私は思う。

▼『信濃毎日新聞』一九九〇年四月二三日

8　リトアニア民族主義の行方

リトアニアの首都ビリニュスには、小雪がちらついていた。バルト海から吹きつける寒風は、ことのほか冷たく、北国育ちの私にも耐えがたいほどのものであった。

三七〇万足らずのその小国が、いま独立への熱い想《おも》いに燃え、〝ソ連帝国〟の土台骨を揺るがせ始めようとしている。

しかもその独立を求めた民族主義のうねりは、単にリトアニアにとどまらず、北隣のラトビア、エストニアにも及び、それら沿バルト海諸国の民族主義の動向に、世界の耳目が引きつけられている。いったい、バルト民族主義はどこまで突き進むのか。

昨年末、ソ連東欧の旅から帰って私は、九〇年代の世界を占う鍵は、リトアニアの独立運動にソ連がどんな形で対応するのか、その運動の帰結のあり方にあると書き続けてきた。そしてそれはけっして、アゼルバイジャンやアルメニア、キルギスなど中央アジア一帯に広がるイスラム民族主義運動の波とは同質のものではない。モスクワにとって持つ意味はそれよりはるかに大きい。急進改革派アファナシエフの言う「最後の帝国」の解体の歩みが、そこでは確かに記されざるをえまいと。


私のその読みは、疑いもなく、かの地で私自身が受けた、民族主義の根っこのあまりにも強烈な印象にある。

「リトアニアはどこに行くのか?」と問われるたびに、私はこう答え続けてきたものだ。「いや、あそこだけは行きつくところまで行かざるをえませんよ」。


仮にリトアニア最高会議が、モスクワからの度重なる経済制裁措置と圧力とに譲歩し、三月一一日の〝独立宣言〟をひとまず撤回し、独自の軍隊創設への動きをやめ、(ソ連最高会議が先に定めた)連邦離脱法の手続きに従ったとしても、離脱に必要な共和国住民の三分の二の離脱賛成票を手にできることはまず間違いない。

リトアニアのロシア民族への同化率は低く、同共和国内の八割がリトアニア人だ。六割にまで自民族が減少したエストニアや、五割を切り始めているラトビアとは、その点で決定的に違う。しかもリトアニアは、他の二つのバルト海諸国と違って、中世から近代にかけ、欧州屈指の帝国を築きあげていた輝かしい民族の歴史の記憶がある。

同じようにスターリン・ヒトラー間の密約によって、一九四〇年〝ソ連帝国〟下に併合されたとはいえ、三国間の歴史と民族とのこの微妙な違いが、リトアニア民族主義の突出を引き出し続けている。

とはいえリトアニア民族主義の今後は、すべての民族主義がそうであるように、権力政治の冷酷な現実の拘束下で展開していかざるをえまい。その現実はそして、西側諸国が、民族自決主義を支持し、ソ連の武力行動をけん制し続けるにしても、けっして対ソ・デタントを逆戻りさせることはせず、その点で逆にリトアニアに対し、一定の対ソ譲歩を求める類のものとなっていくはずだ

私の手元にあるモスクワ・ニューズ紙には、先ごろサユデュス運動本部で読み上げられた、かつての独立リトアニア国最後の外相ウルビシスの、断腸の思いみなぎる憂国の手紙の全文が収録されている。その老外交官は、独立運動の志士たちに対し、けっして国論を分裂させないよう、そして新政府にとって、特に経済官僚が重要な役割を果たすことに留意するよう求めながら、西側の支援に過大な期待を寄せて対ソ関係の破綻《たん》を招く愚を犯さぬよう、説いている。

バルト民族主義は、どこまで巧みに、リアリズム外交のタイトロープ（綱）を渡ることができるのだろうか。

▼『世界』一九九〇年四月

9　シチェルビツキーの死

ヴォドディミール・シチェルビツキーが亡くなった。享年七一歳。早すぎる死なのか、それとも遅すぎる死と見るべきなのだろうか。

一九一八年ウクライナの労働者の家庭に生まれ、ブレジネフ元書記長の強いひきを背景に、六六年政治局員候補、七一年政治局員に抜擢され、七二年ウクライナ共和国第一書記を兼任。八七年ゴルバチョフ新書記長との確執がうわさされたあと、ついに昨年九月、いっさいの要職を解任される。それによって政治局員中保守派は、リガチョフを含め二、三人

を残すのみとなった。

そのリガチョフも、昨春のトビリシへの軍派遣の責任を問われ、いま四面楚歌の嘆をかこっている。シチェルビツキーの死を誰よりも悼んでいるのは、年来の友——氏より六歳若いとはいえいまや政治局員中最年長となった——リガチョフその人であったのかもしれない。

シチェルビツキーの死は、今日のソ連の姿を二重の意味で象徴している。

第一に、〝静かな革命〟によって過ぎ去りつつある〝古いソ連〟の死である。

それは単に、世代交代の波が促す旧世代の退場を象徴していたばかりではない。同時に、ソ連社会でもまた進行する、都市化と大衆学歴社会と〝脱労農国家〟化とが引き出す〝新しいソ連〟の持つ、どの顔とも無縁の、〝古いソ連〟の退場を象徴している。

もはやソ連指導層の中核には、シチェルビツキーのような、貧しい労働者階級出身で、大学教育も受けていない、ロシア革命の落し子のような党官僚が座を占めることはないだろう。坑夫上がりのフルシチョフや、冶金大学卒のブレジネフや、いまだランプの灯ともる中央アジア農村地帯カザフ出身のクナエフのような〝労農出身者〟が、権力とエリートの座を占めて、居坐わり続ける〝古いソ連〟は、永遠に過去のものとなりつつある。

ちなみにクナエフは、シチェルビツキーと共に、(一時フルシチョフ改革の波に洗われて閑職にまわされていたのに)フルシチョフ失脚後、ブレジネフの厚い恩寵を受けて、カザフ共和国党第一書記、政治局員候補、政治局員へとエリートの階段を昇りつめていた。しかし八六年ゴルバチョフ就任一年後には、グリシン、ロマノフ、チーホノフの四人の古強者の政治局員と共に退陣をよぎなくされた、旧世代の残党のひとりだ。

ペレストロイカを生み出した〝成熟した市民社会〟が、モダンで知的な都市型社会と無縁な、ダサくて無骨な〝労農国家〟型の政治家や党官僚の退場を促していたのである。

ゴルバチョフとシチェルビツキーの確執が、八六年冬から八七年初めにかけて伝えられていたころ、党中央委員会総会の開催が数度にわたり延期されたのだが、それをもって西側専門家たちの多くは、ゴルバチョフ失脚間近の予測を繰り返したものである。

しかし、そうした予測とは反対に、すでにそれ以前から、保守派を支える権力基盤は、都市型社会へと化す〝新しいソ連〟社会の内側から掘り崩されていたのである。

シチェルビツキーの死は、第二に、いまや燎原の火の如く燃え広がる民族問題の隠された本質を象徴している。

ソ連の民族問題は、単に民族の自決を求めた〝抑圧下の少数民族問題〟でも、少数民族相互間の反目と対立からくる〝多民族国家下の少数民族問題〟でもない。むしろそれは、ペレストロイカの進展に伴う、社会変動の壮大なドゥラマトゥルギーの避けがたい帰結を問題の本質としている。

八六年一二月のカザフ共和国のアルマアタ暴動にしろ、ウクライナでの反ロシア感情の爆発にしろ、ウズベク、アルメニア、アゼルバイジャンから、いまや新たな火種となり始めたタジク、キルギスにしろ、カフカスから外カフカス、中央アジア一帯に広がる民族主義の波は、少数民族の〝民族自決〟に向けた運動であるより、むしろ旧体制《アンシャン・レジーム》に対する激しい反発――と民主化運動――と離れがたく結びついている。

そしてそれらソ連邦内非ロシア系少数民族の、諸共和国の旧体制を支えてきたものたちこそ、ブレジネフ時代に権力者として〝わが世の春〟を謳歌した、旧世代の党官僚たちであったのである。

カザフ共和国で、二三年間にわたり第一書記として君臨していたクナエフや、彼の盟友にして一八年間ウクライナ共和国に独立王国を築き上げてきたシチェルビツキーが、その典型であった。同じことは、ウズベク共和国のラシドフ、アルメニア共和国のデミルチャンや、首都ドゥシャンベでの暴動を機に辞任に追い込まれたタジク共和国のマフカモフについても言える。

いま彼らが、ペレストロイカの波のなかでその座を追われ続けている。ソ連の民族問題は、大津定美や下斗米伸夫が示唆するように、ペレストロイカの社会変革の波が、外カフカスや中央アジアなど、広大なソ連邦の、遅れた辺境部にまで、ようやく及び始めたことを意味している。

その時少数民族問題は、単にペレストロイカの落し子であるというより、それにとどまらずに、むしろペレストロイカ——とゴルバチョフの権力基盤——を辺境部から支えてそれを推進させる、下からする運動へと化し続けていくと読み直すこともまた十分できるはずだ。

シチェルビッキーの死は、ペレストロイカと変革の動きを阻む旧体制の壁が、ここでもまた崩壊し始めたことを逆証している。

▼『世界』一九九一年一一月

10 ドクトル・ジバゴの世界

二十数年ぶりに、パステルナークの往年の名作『ドクトル・ジバゴ』を見た。それを見ながら、いま「社会主義の終焉と再生」を論議する老社会主義者たちの議論にひそむ、ある陥穽に思いを至さざるをえなかった。

いやその陥穽は、かつてマルクス・レーニン主義を称賛し〝人民〟にその〝政治経済学〟の有意性を説き、日本と世界の進むべき〝赤い道〟を講壇の高みから指し示した彼らオールド・レフトたちにひそんでいたものだけではあるまい。同時にそれは、まるでソ連激変を、スポーツ・ゲームを観戦するかのように評論し、〝社会主義〟を断罪して〝死刑宣告〟する、近時流行の〝ニュース解説〟派学者たちの、社会主義論にひそむ陥穽と言ってもよい。

つまるところそれは、〝人民〟と〝人民〟がつくる〝歴史〟を捨象した論議の陥穽である。左にせよ右にせよ、その意味で今日の社会主義論に欠落しているのは、〝歴史〟と〝歴史〟がつくる多様な発展の社会の位相の差異性を無視した、世界像の逆さ絵だ。

たとえば往年の、マルクス主義農業経済学の権威・大内力氏による〝ソ連八月革命〟後の〝社会主義〟再生論を議論するこんな論議を、私たちはどう読みとるべきなのか。

「前衛政党論というのはたいへんロシア的で、一種のナロードニキの伝統です。……ところが、マルクス主義を唱える政治活動にとって不幸だったのは、ロシア革命が成功したこと（です）。第一次大戦そしてナチズムなどが出てきたことから、むしろボルシェ《（ママ）》ビキ的な革命方式こそがマルキシズムのオーソドクスな形だという伝統ができた。それが第二次大戦まで受け継がれていくという傾向があった。……」（『エコノミスト』一〇月一日号、四八頁）

前後の文脈をはずして、ある発言を論議することの危険をあえて冒しながらも、私たちは次のように言えないだろうか。

「前衛政党論が……ロシア的」であったかどうかはともかく、「マルクス主義……にとって不幸だったのは、ロシア革命が成功したこと」だとする論理の立て方自体のなかにこそ、マルクス主義であれ何であれ、理論と主義を不謬のものとしてまずとらえてその高みから、（ロシア革命にしろ何にしろ）〝歴史〟を裁断する講壇派学者――あるいはエリート学者――のある種の知的性癖、もしくは傲岸さが、見え隠れしているのではあるまいかと。

改革派市長サプチャク率いる旧レニングラード市が、住民の圧倒的多数の賛同をえて「サンクト・ペテルブルク」市に改名し、伝統へ回帰したことは、マルクス主義の道案内書なしにロシアを旅したものの眼から見るなら、まことに同情と理解に価するものだろう。なにしろあの国では、どこに行っても、マルクスであり、とりわけレーニンだ。極論すれば、台所にもトイレにもレーニン像がすえられている。しかもそのレーニンは、「人間レーニン」でない。クルプスカヤの眼を盗んでウィーンで密会した恋人イネッサ・アルマンもいっさい登場しないし、もちろんわがトロツキーなど、ペレストロイカ後のレーニン博物館でも、どこにもいない。

私たち他国人がだから、その像の引き倒しを好むにせよ好まないにせよ、とにかくあの国の民衆――と旧レニングラード市民――にとって、「レーニンはもうごめんだ！」と心底から思い、市名変更の暴挙に出たとしても、けっして驚くに価いすることでない。〝聖なる〟ペテルブルクへの回帰は、共産主義と帝国の崩壊した今日、ごく当然のことだろう。

実際それは、国中至るところで〝福沢諭吉〟像を眼にさせられ、諭吉語録をそらんじさせられてきた市民にとって、「福沢はもうごめんだ！」と心底思うのと大差ない。しかしだからといって、諭吉像の引き倒しと、諭吉の思想に死刑宣告を下すこととは別だ。あるいは、「自由民権運動や、諭吉イズムにとって不幸だったのは、明治維新が成功したことだなどと、断ずることとは別であるはずだ。

パステルナークの『ドクトル・ジバゴ』がいまだ――いや共産主義が〝終焉〟した今日いっそう、私たちの心を打ってやまないのは、ロシア革命なるものが、ちょうどペレストロイカや八月革命と同じように、諸力を引き倒して生み出さざるをえなかった〝歴史〟の深みを描ききっているところにある。

およそ革命と戦争は、その社会の抱える諸矛盾の爆発だ。ララとコマロフスキー将軍との出会いにせよ、革命家に変じていくサーシャの青い情念にせよ、それらいっさいの背後に流れてそれを引き出していく、ヨーロッパの第三世界――〝遅れた〟ロシア――の現実がそこにある。民衆の八割が読み書きできず、八割以上が貧しいムジーク（百姓）でしかない。帝政ロシアの内なる矛盾が、マルクス主義に〝歴史の場〟を与え、戦争と革命を引き出した現実を、私たちは忘れてなるまい。

「歴史の終焉」論者フクヤマが言うように、歴史はなお〝遅れた〟第三世界を包み込みながら、混沌を生み続けるだろう。その時私たちは、〝先進社会〟に育くまれ続ける〝もうひとつの社会主義〟としての社民主義の広がりを忘れてならない。同時に

〝ボーダレス〟な世界のなかで、マルクスがかつて言った窮乏化の法則がグローバルに拡大して変形する世界大の現実があることに気づくはずだ。

　その二つの、内と外とへの視座を欠いた〝社会主義再生〟論の、どこに再生の芽があると言えようか。そしてその視座を欠いた〝終焉〟論のどこに歴史と人民が息づいていると言えようか。

▼『毎日新聞』一九九一年一〇月一二日(夕)

11 「ソ連」をめぐる二つの世界像

「ドストエフスキーの時代は永遠に過去のものとなってしまったのですよ。いまブルジョアの社会が生まれ始めている。ロシア人はもう、ラスコルニコフが憤り侮蔑したような、権力に従順で無知蒙昧な民衆じゃないのです」。

　挫折したソ連八月クーデターのあとワシントンで、米国の友人がこう語っていた。その言葉が、この四月にホワイトハウス入りし、ブッシュの対ソ政策に当たるエド・ヒュウェットが昨秋、東京で私に語った言葉と重なり合ってくる。

「混沌――セミケオティック――ですよ。内戦が起こることすら恐れます。あなたほど楽観的になりえない」。

　ドストエフスキーの時代のあと登場するブルジョアの社会――市民社会――が、なぜあれほどの混沌を引き出し続けるのか。

　この重い問いを残しながら、せみのしだくワシントンで耳にした、米国の変貌するソ連観が、彼我の世界像のあいだにひそむ巨大な隔たりとなって、私の心の中でうごめいていた。そのとき、ブラウン管に現われては消え、消えては現われる日本の大学教師たちのソ連・国際政治論議が、なんと虚ろに響きわたってくることか。右であれ左であれ、いまわが国の国際論議は、スポーツゲーム観戦的な解説論議に、限りなく矮小化され続けている。

ゴルビーか八人組か、はたまたエリツィンかサプチャックか、ちょうど湾岸戦争の時、およそ社会経済関係の現実を捨象して、ブッシュかフセインか、開戦が満月のころか新月の刻か卜《ぼく》していたように、いま〝政変〟を、指導者たちの権力交代劇として矮小化する知的世界――いや反知的世界――が現出している。ネオ・クレムリノロジスト症候群と、呼んでいいだろう。

そしてその症候群と、わが外交の貧困とが、どこかで結び合っている。

「彼ら八人組の犯した最大の誤りは、ゴルバチョフとエリツィンを殺さなかったことではない。憲法上の合法性を欲しがったことですよ」。

米国保守派の論客にしてクーデタの権威、ルトワクがこう語るとき、レーニン主義が過去のものとなった〝社会〟が、ソ連でもまた混沌から生まれ始める現実に気づくはずだ。

ロマノフ王朝やマルクスの伝統にも、レーニンのカリスマにも依拠できない、しなやかでしたたかな市民社会が、いま息吹き始めている。その息吹の中で、合法性によることなく、権力を維持することも獲得することも、もはやできなくなっている。

たとえ巨大な残存する軍産複合体に拠点をおいていても、クーデターと共産主義の終焉が、逆戻りのきかない流れとなるのもそのためだ。そして一〇%の世論支持率しかないゴルバチョフが退き、ペレストロイカが限りなく終焉に向かうのも、そのためだろう。

「社会主義とは、資本主義と資本主義の間の永い迂回の歴史だ」。こんなしたり顔の論議がこの国の知の皮相さを示していると、言えないだろうか。

もし私たちが、ソ連で登場し始めた市民社会の台頭に眼を向けるなら、一九一七年にあったのは資本主義ではなく、前資本主義であった現実を知るだろう。そして逆に、いまソ連が直面する状況が「資本主義の勝利」でなく「民主主義の問題」であることを、トフラー夫妻と共に知るはずだ。

グローバルなシステムの中の不可欠の部分としてソ連を見る、新しい世界像がいま米国で生まれている。対ソ積極派の西欧と、消極派の米日との、対立とする見方は誤りだ。米欧と日本の違いのほうがはるかに大きい。

カントリー・リスクを徹底して計算するけれども、リスクが高ければ「対岸の火事」をきめ込む日和見主義はそこにない。リスクを投資保険で担保し、共同のデザインを作成し市場経済軟着陸のための危険を分担する、ボーダレスな世界の中の対ソ政策の基軸がそこにある。

その基軸の違いが、クーデター失敗後すぐに、米国シェブロン社がツングス共同油田開発事業を再開した対応の素早さにあらわれている。

「米国は安保戦略を変えず」――日本の大新聞が大見出しで誤って報道分析した二週間前、それとまったく逆に、「ブッシュはクーデター後すぐに安保戦略の大転換と、軍縮をはかり始めた」(ニューヨーク・タイムズ、九月五日)ことを、滞米先のボストンで私は知った。

わが国で報道されるべきはむしろ、政変前後から米国で再燃し始めた激しい軍縮論議であったに違いない。しかもそこでは、軍備削減が、対ソ人道支援策とワンセットになって提案されている。それが、ソ連帝国の解体後浮上した「不安な核」管理問題と結び合っている。そこにブッシュの一方的軍縮新提案の源泉を見るのは、さほど困難でないだろう。

「ロシアは謎の中の謎、そのまた謎」。チャーチルの言葉がいま過去のものとなり始めている。ロシアに代わって〝変われない〟日本が、米国と世界にとって巨大な謎《エニグマ》になり始めている。それが、真珠湾攻撃五〇年目の、冷戦終結後の日米関係の現在と、二つの世界像の隔たりの大きさとを見事に表象し始めている。

12　厳冬からの再生

▼『信濃毎日新聞』一九九二年一月一・二日

モスクワは暗い。ここはまだ夜明け前のようだ。

その表情の暗さは単に、日中の最高気温がマイナス一〇度を超えることの少ない、この地特有のマロース（厳冬）のせいばかりではない。

確かにペレストロイカは言論の自由を生み、政治の民主化を推し進めた。しかしそれが引き出した国家の消滅と経済の危機が二重の桎梏《しっこく》となって、いま市民たちを苦渋にあえがせている。

日本と同じように、来る年を迎えるために市民たちはあわただしくトロリーバスを乗り降りしている。ビリニュスに向かうベルーシア駅は、帰省客でごった返している。そしてその中に、私たちは何人ものミンクのコートに身をくるんだ美しい女性たちを見掛けることもできるし、その中にポスト・ペレストロイカの豊かさを指摘できるかもしれない。

しかし二年前の冬のベルーシア駅に、こんなに多くのすさんだ顔はなかった。二年前の冬と同じようにビリニュス行きの列車のコンパートメントで、私は若い夫婦と一〇時間の旅を過ごしたのだが、しかし、いまはただ、あの時のゆったりとした時間がたとえようもなくなつかしい。

石油不足のために暖房がほとんど切られたままだ。市民たちは寒さにふるえたまま毛布にくるまって寝ている。厚いオーバーコートに身をくるんでパンを求めて行列をしている。二年前の冬にモスクワの街で私が見掛けた行列は、モスクワ美術館に立ち並ぶ市民たちであって、パンやたばこのためではない。一昨年夏に始まったパンの行列は、いまだ絶ゆることなくマロースのモスクワで続いている。

いったいモスクワはどこに行こうとしているのか。この国の未来についていま悲観論が横溢《おういつ》している。

八月革命の成功——もしくは八月クーデターの失敗——によって、ゴルバチョフは権力の座を追われ、エリツィンがその後を襲った。そしてエリツィンは、まずミンスクでスラブ系三共和国との合意を手にし、その後アルマアタでイスラム系八共和国の合意をかちとり、いわゆるCISの構築に成功した。ルーブルの共通通貨化と価格自由化と核管理との三つの基本合意点を軸に、ゆるやかなユーラシア連邦の道筋が描かれたかにみえる。

ゴルバチョフが去りペレストロイカは終焉した。帝国は崩壊し国家が消滅した。ペレストロイカが旧秩序を崩壊させ、その崩壊がペレストロイカとゴルバチョフの命運を終焉させたのに、いまだもうひとつの秩序が生まれていない。

八月クーデターは確かに、市民たちの抵抗の前にあえなく潰えさったが、この街でクーデター再発の声がこれほど頻繁に聞こえるのはなぜなのか。

いや、一一月第二週に、いまだ残る軍産勢力を中心にクーデター再発のうわさが流れたし、一二月一六日——価格自由化の導入予定日——に、労働者の反乱のうわさがエリツィン政権にその導入を延期させた。

いままた、エリツィン政権の副大統領にしてアフガン戦争の英雄ルツコイ将軍が、かつてのヤナーエフ副大統領と同じように、軍産勢力を軸に、マロースと帝国の崩壊の中で高まる市民の不満を背景に、反乱に立ち上がるとのうわさが、モスクワ市民のあいだでもちきりだ。

いやエリツィン自身が、強権体制に踏み切るために〝権力のクーデター〟を起こすシナリオすら取り沙汰されている。マロースのモスクワに国家緊急令と第二の〝国家救済委員会〟が作られるシナリオは現実になるのだろうか。

これらさまざまなシナリオにもかかわらず、私たちは、デモクラティザツィーア（民主化）を生み出したモスクワのもうひとつの隠された顔を忘れてはなるまい。

少なくとも世論調査によれば、市民の半数が国家緊急令の発動に徹底反対し、八割が軍の出動に反対している。国家の消滅を生み出した市民社会の土壌は、たとえどんなに時間がかかろうと、否応なしにもうひとつの国家の再生を引き出していかざるをえまい。

モスクワはたとえようもなく暗い。しかしその暗さは夜明け前の暗さだ。

それにしても、早暁のリトアニア・ビリニュスの駅頭に降り立って私の眼に飛び込んできた、この市民たちの明るさは何なのか。それは二重の明るさだ。

ひとつは、モスクワっ子たちの陰鬱な表情との違いであり、二つは、独立前に初めて訪れた時の印象との違いだ。

――ちょうど今日のような粉雪の散らつく一月の寒い日です。このテレビ塔を占拠するためにソ連軍が、バリケードにたてこもる友人たちを次々に射ち始めたのです。そこに立っている一三の十字架が、犠牲者たちの墓碑銘なのですよ。

その時の市街戦の残骸《がい》は、いまだ市中に残されている。国民会議場には、バリケードが積まれたままだ。

――なぜ武装解除しないのか、ですって。ロシア軍がいまだわが国から撤退しようとしないからです。何千人いるかわからない。もちろん彼らは、リトアニアにいるほうが豊かな生活ができる。なにしろわが国は、つい先ごろ、ロシア共和国に八〇〇〇ルーブルの食糧援助を与えたばかりですからね。

サウダルカス外相は三一日、私の質問にそう答えた。その表情には、一年前カウナスの「サユディス」市民運動本部のスポークスマンとして私と話した時の、不安なおもかげはもはやなかった。

崩壊する帝国の消滅の論理と現実を、帝国の内側――とりわけモスクワ――から読み解くのは不可能に近いことを、この地に来て改めて知った。

実際二年前、いったいどのソ連問題専門家たちが、バルト三国のこれほど急速な独立の歩みを予測しえていたか。そしてだれが、これほど足早に進む、帝国の消滅の現実を読み解きえたろう。

もし私たちが、極国家の重圧下にあえぐ非極の側から見直すなら、非極が否応なしに自立へ立ち向かい、帝国の崩壊を促し続ける近未来を、読み解きうるはずだ。

確かにエリツィンは、ユーラシア連邦――独立国家共同体――のシナリオを描くのに成功した。だがそのシナリオができても、シナリオを演ずる役者がいない。いや役者がいても、舞台それ自体がいまや歴史の暗転の中で消え去ろうとしている。それは下から、限りなく切り崩され続けるだろう。

昨日のバルトは、明日のウクライナであり、ベラルーシだ。

ビリニュスから見るかぎり、ウクライナのクラフチュクフもベラルーシのシュシケビッチも、カザフのナザルバエフも、共同体の指導者たちは一様に、昨日の共産党国家・ソ連邦の指導者たちだ。いやその点では、エリツィンすら同じ穴のむじなだと言えるのかもしれない。

彼らがたまさか共同体結成に応じたのも、もうひとつの〝ソ連邦〟をつくることによって、自らの地位の確保をはかることができると見たからにほかなるまい。

独立バルトの辺境から見るかぎり、ユーラシア連邦は、幻想の共同体だ。

ウクライナは、四〇万の独自軍の旗を降ろそうとしないし、ルーブル共通通貨に合意しながらその裏で、すでに共和国内通貨の過半を、事実上の独自通貨で代替させ続けている。

いまの政治的地位を、彼らが維持し続けようとするなら、彼らは否応なしに、民主化と民族主義の波に洗われざるをえまい。それが、ペレストロイカを生み、ペレストロイカを終焉《えん》させたものだ。

いま、帝国と国家の限りない解体と消滅の道がいっそう見えている。現存する共和国が、その消滅する歴史の波――ポスト・ペレストロイカの波――に洗われた時、初めて再生の道が開かれるに違いない。

その意味で早暁のバルトの明るさが、一条の光を、モスクワへ投げ掛けているのだと言えるのかもしれない。

13 内外価格差 カナダで実感

▼『信濃毎日新聞』一九九三年八月三〇日

某月某日

シアトルは雨だったが、バンクーバーは曇り――。クォ先生が空港に出迎えてくださる。一緒に大学に向かう。車で約四〇分。

グレータ・バンクーバーの西北、バーナビー・マウンテンにあるサイモン・フレーザー大学で、一カ月半の講義のため、はじめてカナダの地に短期滞在する。キャンパスの中にあるアパルトマンで旅装を解くいとまもなく、すぐ、山の下のショッピング・センターに連れていってくださる。映画館もある巨大な郊外商店街だ。

一週間分の買い物をする。牛肉一・三八キロが八・九八カナダドル。長いフランス・パンが一・一五ドル。スープ缶詰一個が八八セント。トイレット・ペーパー六ロール、一・八五ドル。ビール六缶入り一パッケージ、六・六五ドル。交換レートで一カナダドルが約一〇〇円。なんという価格差だ。

某月某日

バスでダウンタウンまで下りていくと一時間余りかかる。不便なので思いきってレンタカーを月極で借りる。ついでにテレビも。

テレビは廃品同様の一四インチ型の年代物(?)、一日一ドルで見つかる。車はまっ赤な九三年型ポンティアック・サンバード。月六七〇ドル。消費税など含めて九〇〇ドル。古テレビはともかく、レンタカーに関するかぎり、ここでも巨大な内外(日加間)価格差だ。

ちなみに、借りたばかりの車で家族を迎えに空港内に入ると、「レンタカー一カ月三九九ドル、一日五ドル」の大きな白い看板が目に飛び込んでくる。時すでに遅い。そのあと、空港に行くたびに、この白看板をうらめしげに見続けることになる。

某月某日

学生たちに、日加間の巨大な価格差の現実を、レシートを取り出して、牛肉からパン、ビール、レンタカーに至るまで説明していく。質問が次々に出される。しまいには学生同士が議論し始める。

「なぜ日本の消費者はだまっているのか」。「なぜ日本の物価は円高でも低くならないのか」。「流通機構のどこが問題なのか」。議論は、地価、教育費の違いから、巨大な内外価格差を許容し続ける日本政治と文化の異様さにまで及ぶ。

某月某日

自由党の下院議員地区候補選出大会に誘われる。クォ先生が、立候補者のひとり、教え子のテビット君の支持者代表演説をするという。自由党は、キム・キャンベル新党首の率いる与党・進歩保守党に代わって、次回総選挙で勝つ可能性が高いとされているだけに、会場は熱気にあふれている。

大会会場の工業専門学校につく。候補者のプラカードが林立している。候補者は三人。イタリア系の年配現職議員と、同じくイタリア系男性ジャーナリスト。それに中国系ベトナム移民のテビット君だ。

支持者代表と立候補者の演説。そのあと投票に入る。総投票数五〇〇票余り。テビット君は三十数票差の第二位で敗退。

会場に来ている（動員された）投票者は、選挙権行使登録済みの党員だが、私にはまるで、生徒会の委員長選挙のように映る。そしてそれは、政治と生活との差が小さいことを意味している。

「いったい党費はいくらなのか」。「年額三〇ドルだ」。「いったい選挙資金はいくらかかるのか」。「三万ドルもあれば十分だ」。

ここにも、彼我の巨大な内外価格差がある。その差は、民主主義の定着の度合いの巨大な差だといいかえてもよい。

14 カナダで考えたこと

▼『北海道新聞』一九九三年九月一六・一七日(夕)

八月のバンクーバーには、朝が二度くる。

一度目の朝は午前六時前に始まる。そのあと続く重い雲に覆われた半日。時に霧雨が降り、カナダ特有のトーヒ松とナナカマドの葉が息吹く。

二度目の朝は午後三時すぎ――。暗雲が一転たち消え、太陽が中天に輝く。ゆっくりと抛物線を描く、西の空を染め太平洋に沈んでいくのが九時半。

そのおよそ六、七時間も続く長い午後を、市民たちはスポーツやショッピングや観劇にと、思い思いに楽しんでいる。

北国の夏の快適さが、二度目の朝に始まる長い午後を楽しむ、この国の市民生活の豊かさと重なり合って、私を圧倒し続ける。豊かさとはいったい何であるのか。

日本の数倍もあるスーパーの中を、買物カートを押して、文字通りため息をつきながら考えたものだ。なぜ日本で〝生活者の政治〟が叫ばれているのに、いっこうにそれが実現されないのか。

確かにこの国の平均年収入四万ドルを交換レートで換算するなら、四〇〇万円にも充たない。だが日本の数分の一以下でしかない土地住宅費を別にしても、日常品物価を主夫感覚で見るならそれは、およそ日本の三分の一から四分の一でしかない。

日本で内外価格差の是正が喧伝《けんでん》されて以来、いったい私たちは、どれだけの歳月を後にしてきたのか。そしてなぜいま一米ドル＝一〇〇円時代が来ているというのに、巨大な内外価格格差がなお残り続けるのか。

カナダに暮し始めて、日本の物価の異常な高さは、単に日米間のみならず、カナダを含めてまさにグローバルな広がりを持っている現実を、いやというほど知らされたものだ。

成田からバンクーバーまで、直行便ならわずか九時間。半日たらずの時差でしかない。

だがもし私たちが、市民社会の成熟さの尺度で彼我の時差をとらえかえすなら、日加間には、何十年もの時差があるのに気づかざるをえまい。

世界の主要先進国の例にもれず、この国もまた景気低迷に襲われ、政治改革が議論され政権交代が日程にのぼっている。

一九八四年以来政権の座にある進歩保守党は、人気低落を食い止めるべく、六月の党大会でマルルーニー首相を退陣させ、四六歳の女性宰相キム・キャンベルを誕生させた。

「ああ、これが本物のデモクラシーだ」——その新宰相の選出過程を、公開の党大会で取材した日本人ジャーナリストの言葉が、カナダの全国紙『地球通信(グロブ&メイル)』で引用され、金満国家ニッポンの密室政治の異様さを伝えていた。

その異様さが、ニッポンの市民不在の政権交代劇と重なり合って見えてくる。

政治と生活とのあいだに差があってはならない。デモス(民衆)のクラチア(権力)としての政治、つまりはデモクラシーが、この国では何度かの政治改革の末に、すでに半世紀以上も前に見事に開花し実践されている。その彼我の巨人な時差——。

ひとりの市民が国会議員になるのに、いくらかかるのか。「せいぜい三万カナダドル、三〇〇万円以下だね」。同僚はこともなげに答える。さしずめそれは、日本の五、六〇分の一以下でしかない。

それなのにカナダでいま、そのわずかな選挙資金源すら公開させ、権益に群がるロビイストと族議員に網をかけ、議員年金の減額が、政治改革の主争点として争われている。

巨大な内外価格差は、政治と選挙にかかるカネの価格差につながる。それが太平洋をはさんだ二つの国のあいだの市民社会の成熟さの時差として浮上し続けている。

ここでは、政治と生活を分かつ垣根があまりにも低い。デモクラシーは身近なところにある。その距離の近さが、日加間の距離の遠さと反比例している。

皮肉なことに政治の〝資本主義化〟に関するかぎり、日加間の距離は遠く、逆に日米間の距離はおびただしく縮まっている。それは、戦後日本が、ヨーロッパや、その文化を移植したカナダより、むしろひたすら米国に、文化の範を求めて走り続けた、半世紀の逆証ではなかったろうか。

実際、冷戦下の半世紀のあいだ私たちは、米国文化の圧倒的影響下におかれてきた。敗戦コンプレックスが、チューインガム世代を介在し、留学体験に継受されて、米国化を文明の進歩とみなし続けてきた。

米国文化が、日本固有の風土の中で歪められ増幅した。その帰結こそ、ここ二十年来急成長した、日本政治の〝カネ本位主義〟化ではないのか。いや昨今の〝政治のテレビ化〟すら、その文化の反映とも見えるし、政治資金規制を主争点からはずした日本政治の現在もまたその帰結の反映ではなかったろうか。しかも、それら一連の見せかけの〝米国化〟が、共産主義の解体によって促され続けている。

しかし西欧文明にあって米国世界は、その一部でしかない。しかも北米大陸にはひとつの世界でなく、二つの異質な世界が、北緯四九度線から四三度線を境にせめぎ合っている。

この地で学生たちと議論していると、きまって彼らは、南の巨人に対する、距離感をあらわにさせていく。

二一世紀に向けて、カナダもまた福祉と教育の高コスト化と経済のボーダーレス化の波に洗われ続けている。一見それは、カナダの米国化と見間違えてしまう。しかし、この国の新聞論調を見るかぎり、保守党といえども、カナダ型伝統に背いてまで、権力を維持できない現実が厳存する。

大学教育のあり方を議論しながら、保守派もまた、カナダより七~八倍も高い授業料をとる米国流を批判し、銃の野放しによってポリスに保護されなければ生命すら保障されない米国の市民生活の異様さを揶揄する。

国民皆保険制のカナダ型導入に懸命なヒラリー・

クリントンに賛同しながら、他方で、米墨加三国間の北米自由貿易協定を進めるビル・クリントンに留保し、環境悪化と産業空洞化を防ぐ歯止をかけて、それに黄信号を点滅させる。

カナダとは何であるのか——カナダ人自身がいまも問いつづける自己規定をめぐるこの問いに対して米国の真似をしないことだという、彼らのリアリズムの中にこそ、私たちが範とすべき、もうひとつの北アメリカ世界が見えてくるのかもしれない。

そしてその彼らのリアルな対米感が、到来する環太平洋の世紀に向けて、日本とアジアの役割をいっそう浮上させている。

カナダにとって日本は、いまや通商、投資の双方で、英国に代わる第二の得意先だ。その新しい現実が、太平洋をへだてた日加間の〝地方の時代〟の到来を予兆させ、民際外交の新たなあり方を示唆している。

▼『信濃毎日新聞』一九九三年一二月二〇日

15 混迷する年の瀬に

あわただしい年の瀬のなかで、今年もまた終わりを迎えようとしている。

ただいつもと違うのは、世紀末の混迷が、これまで例外的とみなされてきたわが国をも襲い始めたことだ。出口の見えない年の瀬の重苦しさは、半世紀の戦後史にも類例のないことだろう。

すべてのバブルが、いまはじけつづけている。たとえば、先ごろのロシア議会選挙の結果がそれだ。

クレムリノロジストたちの予測に反して、ジリノフスキーの率いる自民党とロシア共産党に代表される保守派が、ガイダル、ヤブリンスキーら「改革派」をしのぐ民意を手にした。

ちょうど二年前、八月クーデター失敗のあと、専門家は口をそろえて「市民革命」を賛美し、「改革派」の勝利にエールを送った。だが、いまその「市民革命」、もしくは「新ロシア革命」と呼称されたもののバブルが確実にはじけつつある。

「エリツィンの支持率は西側で七三%と報道されているけれども、実際には一三%しかないのですよ」。

昨年六月のモスクワで、そのエリツィンの経済顧問就任の要請を断った知名の改革派女性経済学者カリャーギナが、私にそう語った。そしてガイダルらの価格自由化を軸にした市場万能主義を批判し、彼らに過大な梃子入れをする米国の対露支援政策を論難した。

その時彼女は、ジリノフスキーやバブーリンら民族派の台頭を予測し、民族派と旧共産党系との左右連携の水面下の運動に、希望の光を託しさえし、ベラルーシ、ウクライナとの大スラブ連邦の蓋然《がいぜん》性を語った。その彼女との対話のひとつひとつが、いま私の脳裏によみがえってくる。

ペレストロイカ下で一ドル＝四ルーブルのルーブル価が、それでも昨年夏には一〇〇ルーブルで底入れしたと思われていた。そのルーブル下落が「経済改革」の名の下でいまや一ドル＝一〇〇〇ルーブルを突破し、モスクワは地球上最悪の犯罪都市のひとつへと化し始めている。経済の悪化が市民生活を直撃し、激しい政治不信と反米主義を生んでいる。

「恒産なければ恒心なし」――経済生活の安定なくして、政治の民主化も外交もありえない。

その経済の活性化に正面から取り組んだ米クリントン政権が、いま政権基盤を着実に強化しつづけている。

同政権発足直後、三八%にまで落ちた戦後最低の支持率低下の意味を早とちりした日本のメディアと専門家らは「史上最低大統領」の政策を批判し、政権短命説すら打ち出したものだ。

だが、経済活性化の鍵を、遅れた教育と医療保険の改革と、官民双方の投資増大と、内需拡大の勤労者向け税制改革に求めた同政権は、税制改革とＮＡ

ＦＴＡ議会承認の難関を破り、日米技術格差の再逆転すら果たし始めたようだ。

そこではじけているのは、いまだ共和党流世界観から抜け出ることのできないわが国の「市場万能主義」信仰のバブルだ。

そしてその、当の日本で、連合政権による「政治改革」の巨大なバブルがはじけようとしている。

いやそもそも、戦後最長の景気停滞に見舞われているのに、いまだ景気刺激策ひとつ打ち出すことのできない「改革派」政権に、いったいどんな政治改革を期待できるというのか。

だが、皮肉なことにここでもまた、なんと多くの政治学者やメディアが、この政権誕生を歓迎し、小選挙区制導入を柱とする政治改革法案なるものを過大評価し、市民たちに売り込みつづけていることか。

石油危機後の長期不況の回復過程が、今次のそれと異なる最大の違いは、内需の伸びが二倍の規模で回復していたことだ。だからこそ政府は、内需拡大に向けて、消費税抜きの大型減税に一日も早く踏み切らなくてはならないはずだ。

民草の暮らしの声に応えず、外圧でしか動けない国家は、衰退の時を刻まざるをえないだろう。九三年の混迷する内外の政情は、その重たい教訓を私たちに指し示している。

▼『日本経済新聞』一九九八年二月八日

16　ブレジンスキーを読む

「属国に対しては安全保障面で帝国に依存する状態を維持すること、進貢国に対しては従順で帝国の保護を受ける状態を維持すること、蛮族に対しては統一と団結を防ぐこと」。

それが、『ブレジンスキーの世界はこう動く』（日本経済新聞社）の中で著者のいう〝帝国の地政戦略〟である。この一文に、現代版地政学のバイブルと時に評される本書の枠が込められている。ちなみに日本は、米国の同盟国としてでなく、進貢国として位置づけられている。

かつてカーター大統領補佐官として対アフガン戦略をつくり、レーガン外交の基礎をしつらえた著者は、長年ナチスの御用学問とされてきた〝地政学〟を今日流に仕立て、本書でそれを、二一世紀世界の近未来を読み解く〝戦略道具〟として見事に復権させている。

読み解きにいくつもの異論があるにせよ、本書の体系化した〝地政戦略〟を知る時、ソ連崩壊後の帝国アメリカの外交軍事戦略の基本シナリオが、私たちにも手に取るように見えてくる。

本書の面白さは、世界地図を逆さに見立て、ユーラシアの地政的枢要さを〝再発見〟し、ユーラシア・チェス盤上の駒の動きを、多民族性と資源埋蔵量のレンズを通しながら、エネルギー資源争奪ゲームの中に位置づけ直し、世界政治パズルを読み解く手際の良さだ。

ロシアを〝ブラック・ホール〟、中央アジアを〝ユーラシア・バルカン〟なる新概念でくくり、ウクライナからフランスに至る欧州四国枢軸の出現を予想し、〝統一後〟の朝鮮や〝従順な〟日本に米軍基地をおきつづける重要性を強調する。

ただ見方を変えれば〝地政学〟の本質と壮大な虚構を、本書に見ることもできる。

深化する経済社会的相互依存の現実も、そこにはない。民族と市民の自立が、地域から発信される現実もいっさいない。

あるのはただ、覇権国家の赤裸々な外交軍事戦略であり、見えてくるのはそのおびただしい限界だ。それを、米国流国際政治学の知の陥穽とおきかえてもよい。

17　コソボの悲劇に想う

▼『信濃毎日新聞』一九九九年五月二四日

コソボの悲劇は、アジアの悲劇に通底している。それは、冷戦の終結がもたらした、二つの異なった負の果実といってよい。

ベルリンの壁が崩壊し、民主主義の勝利がうたわれた時、人々は戦争と危機の少ない、もっと豊かで平和な世界の到来を夢見ていたはずだ。しかしあれから一〇年――冷戦終結後の世界は、戦争と難民と飢餓に襲われ続けている。

コソボやボスニアだけでなく、アフリカから中東、アジアからラテンアメリカに至る途上国世界で、地域紛争と危機の火種がくすぶり、戦火の中で難民が群れをなし、飢えと貧困が広がり続けている。

多民族国家・旧ユーゴスラビアが、ソ連共産主義の終焉によって、国家をつくる〝正統性〟つまりは〝国の背骨〟を失った時、六つの共和国と五つの民族、三つの宗教がそれぞれ自己主張し始め、互いが互いに対して敵と化していく。

体制の正統性を失った時生み出される〝秩序の崩壊〟――それが、いまバルカンを襲う悲劇の中枢にある。

しかも、たとえモスクワに依存することを拒んだ〝自主管理〟と第三の道を志向していたとはいえ、なおソ連東欧の社会主義市場に〝国家の生きる場〟を見いだしていた旧ユーゴにとって、社会主義市場の消滅が、多民族国家解体を促す契機と化していた。

東欧革命の進展と前後して、旧ユーゴの中で最も西方寄りのスロベニアとクロアチアの二つの共和国が、早くも九一年六月に独立宣言をして〝社会主義〟の衣をぬぎ捨てた時、そしてそれを西側諸国が相次いで承認した時、早くも今日のバルカンの悲劇が始まっていたと言ってよい。

私たちの隣国・朝鮮民主主義人民共和国（北朝鮮）を襲う飢餓の広がりもまた、冷戦終結がもたらした危機のあらわれである。

かつて冷戦期にあってエネルギー資源をモスクワに依存し、巨大な東欧市場に〝物々交換〟の場を手にしていた極東の小国が、エネルギーと市場を失った時、飢餓と貧困がその〝主体性（チュチェ）の国〟を襲うのは、もはや時間の問題でしかなかったろう。そして水害と干ばつの異常気象が、危機へと追いやる〝最後の一押し〟として機能した。

テポドンにしろ、核開発をめぐる一連の危機外交の展開にしろ、ナショナリズムの高揚と危機の演出にしろ、によって体制の生き残りをはかる窮乏下の小国特有の動きであったろう。

〝一隻の不審船〟もまた、それら一連の動きの延長上に位置づけることもできるはずだ。

同盟国を失い、市場を失い、〝冷戦の孤児〟となった小国の悲劇と言いかえてもよい。

しかし、バルカンと極東の悲劇はまた、冷戦終結がもたらした、米国単極支配の〝力のおごり〟によって加重されている。

それでもまだ、九〇年前半のように、米国が巨額の財政赤字をかかえ、冷戦戦時経済からの回復に専念している時にはなお、その力を外に向けて出して〝人道と民主主義〟を拡延する十分な余裕はなかった。〝力のおごり〟を抑制する内側からの要因がなおあった。

しかし、ソ連共産主義が敗退し、〝民主主義〟の勝利のユーフォリア（陶酔感）が広がり、冷戦経済からの立ち直りを手にした時、バルカンへの〝力の投入〟は、もはや時間の問題でしかなかったろう。

いやすでに九二年春の段階でペンタゴン（米国防総省）は、米国単極体制こそが、冷戦後世界の秩序と安定をもたらすことができるのだと強調し、多極体制への〝逆戻り〟を防ぐために、ＮＡＴＯ（北大西洋条約機構）や日本を米国単極支配の中に組み込んで、軍事同盟網の強化結束をはかることを主張していた。

　それと前後して米国は、自国内三百数十カ所の基地を閉鎖しながら、沖縄など同盟国の基地を強化し、日本やサウジ、韓国、台湾などへ大量の武器を輸出し、アジア安保の〃再定義〃を行った。

　加えて、民主主義国は互いに戦争をしない、だから非民主主義国は〃民主化〃されるべきだとする民主主義平和論が、単極体制論と共に、冷戦後の米外交の中軸にすえられ始めた。

　ロシアと同じようにユーゴもまた解体され、セルビアもまた、北朝鮮やイラクと共に〃民主化〃されるべきだ――。ＮＡＴＯ域外軍事介入の新戦略が、新ガイドライン（日米防衛協力のための指針）と共に打ち出されるに至ったのは、そうした文脈の帰結だ。

　コソボの悲劇はその意味で、新ガイドライン下の周辺事態法が極東にもたらす悲劇の近未来を指し示しているだろう。

　しかし、軍事介入によって〃民主化〃を進める覇権の壮大な蹉跌《さてつ》を、すでに私たちは、四半世紀にわたってベトナムで見てきたはずだ。そのベトナムとコソボの悲劇を、再びアジアで繰り返してはなるまい。

18　〃高福祉・高負担〃論の落とし穴

▼『信濃毎日新聞』一九九九年八月三〇日

「日本人はこの国に来て、まず福祉施設とサービスの素晴らしさにため息をつく。次いで、消費税が二五％にもなると知って、もう一度ため息をつく」。

　スウェーデンやノルウェー、デンマークなど北欧福祉国家を議論する時、きまって出てくる日本の北欧政治専門家や政治学者たちの〃日本人ため息〃論だ。

そしてそこから、もし日本人が北欧並みの高福祉を望むなら、少なくとも消費税は現行の五％を二倍から三倍に上げるべきだ。できるなら北欧並みに二五％ぐらいにまで持っていくべきだ、という政策論が打ち出されてくる。

あるいは、何に使われるかわからない現行消費税の形態をとらないで〝福祉目的税〟に変えて、差し当たり七％くらいに引き上げるべきだ。その時はじめて、高齢化社会に向けた〝高齢者福祉〟政策が可能になる、とする政策論が打ち出されてくる。

高福祉を手にしようとするなら、国民は高負担を覚悟しなくてはならないとする〝高福祉・高負担〟論だ。


六月末から二カ月間、この北欧の一角デンマークの首都コペンハーゲンの街で暮らして、その〝高福祉・高負担〟論が、いくつもの陥穽を隠し持っていることを痛感せざるをえない。

確かに、日本の福祉専門家たちが〝ため息〟まじりに指摘するように、この国の高福祉政策は徹底している。

私自身、かつて三〇年ほど前に米国での留学生活の帰途はじめて、北欧の福祉施設、特に高齢者向けナーシング・ホームの実態を垣間見て以来、今日に至るまで〝福祉国家〟の根幹は、強まりこそすれ弱まることなく続いている。

それは、単にナーシング・ホームやホームヘルパーなど高齢者向け医療福祉政策ばかりでない。高齢者たちが〝施設〟の冷たいベッドで終末を迎えるのでなく、在宅で温かいケアを受けることのできる在宅医療制から、女性たちが働きながら安心して子供を育てることのできるデイケア（託児所）や身障者向けの多様な施策にまで及んでいる。

対人口比でいえば、おそらく日本と二桁台の違いがある。


にもかかわらず、この国の市民たちの間に〝高負担〟感はない。

確かに消費税は二五％。加えて所得税などの直接税をはじめ年金等の社会保障費を賄うために給与から差し引かれる総額は、中産階級の給与の五〇%を超える。

だが、消費税を含めた現行税率をどう感じているかとの問いに対して、国民の実に四九%が「ちょうど良い」と答えている。あるいは、低負担で低公的サービスか、いまのレベルで良いのか、それともさらに高負担になってもより高度なサービスを求めるのかという問いに対して、七四%もの回答者が、現状維持か、サービスを上げるためにはもっと税が上がってもよいと答えている。税を下げ、サービスも下げるべきだと考えているのは、わずか二二%にすぎない。

つめていえば、この国の平均的市民たちのあいだに〝高負担〟感がない。なぜなのか。

第一に、基礎食品の価格の安さだ。たとえば、一キログラムの豚肉ステーキ（五枚入り）が二〇クローネ、邦価で約三四〇円。この中に内税として消費税二五%分が含まれている。あるいは、一リットルのミルク一本が七クローネ（一一九円）、ビール小びんが三クローネ（五一円）。いずれも消費税込みの値段だ。しかも環境保護対策として、びん一本を返すと一クローネが戻ってくる。だから、たとえ二五%の消費税がかけられていても、高負担感が出てこない。

第二に、公共料金の安さだ。水道光熱費から交通料金の相対的安さはともあれ、何よりも教育費が、幼稚園から大学院まで完全無料で、それに多様な奨学金給付制が加味される。しかもこの国では高校も大学もほぼすべてが国公立で、私立は数校しかない。

そして第三に、政治行政の透明度の高さだ。それが、税の使途に関する市民たちの理解と同意を容易にしていく。

ドイツの国際行政透明度比較調査（一九九八年）対象二六カ国中、デンマークなど北欧三カ国がトップを占め、日本が二五位、ほぼボトムにある現実が、彼我の〝高負担〟感の大きな差を生み出している。

それは私たちに「大きな政府か、小さな政府か」が争点なのではなく、「官のための政府か、民のための政府か」、あるいは「無駄のある政府か、無駄のない政府か」が争点であることを指し示している。

その時はじめて私たちは、緑のコペンハーゲンの街角でビールのグラスを傾けながら、三度目のため息をつくことになるはずだ。

▼『信濃毎日新聞』二〇〇二年七月一日

19 再生するロンドン

某月某日

成田から香港へ。市内に向かう途中降り出した亜熱帯特有の驟雨が、ブーゲンビリアの赤い花にたたきつける。

九七年中国への返還当時〝赤化〟が取り沙汰され、一国二制度の欺瞞が指摘され〝中国脅威〟論が強調された。

あれから五年。一国二制度は完全に定着した。中国統治下に組み入れられたために、逆に香港は、アジア危機を例外的に免れ、したたかな発展をつづけている。それを、大陸からの資本と人の流入が支えている。いまやこの地が、対岸の深圳、近隣の広東を加え、アジア最大の経済発展地域と化している。

夕刻、香港中文大学で教壇に立つ教え子夫妻と夕食、歓談。日本がいまだ戦争責任を清算していないため、日本の若者たちが祖国にプライドを持てない現実を、教室で痛感するという。

進むアジアと遅れる日本――。そのいびつな対照が、一六分に一人自死し続ける〝破綻国家〟日本の現実と重なり合う。

某月某日

南回りで一〇時間余り。早暁のヒースロー空港に着く。さわやかな緑の田園風景を見やりながら滞在先オックスフォードに向かう。

ここには中世が生きている。森とゴシック建築に囲まれた学都。三カ月の研究滞在のための諸手続き。イギリス式生活に慣れるのに時間がかかりそうだ。

某月某日

喧騒のロンドンにバスで出る。ここ二十数年来見たこともない活気。街行く市民の顔に自信があふれている。サッチャー政権当時のにぎにぎしさとも違う。十数年前と違って乞食が少なくなっている。ホームレスが目立つ東京との哀しい格差——。

社民主義の波が九八年以来欧州各国を襲い、その潮がなおもこの国を押し上げつづけている。したたかに変身した社民主義と、挫折したサッチャリズムとの対照——。

それなのにわが宰相は、いまごろサッチャリズムを掲げて構造改革なるものに乗り出し「失われた一〇年」をさらに延ばしつづける。

かつての小選挙区制導入の政治改革にしろ、またぞろのサッチャリズムにしろ、わが祖国は冷戦終結以来奇妙にも、英国もしくはアングロ・サクソンをつねにモデルにし続けてきた。そこにはしかし、自国固有の文化が忘れられ、内発的発展の条件が無視されている。それが〝痛み〟を伴う者たちへの眼差しの欠落と重なり合っている。

いまこの国でブレア政権が最も力を入れているのが、教育重視強化策と社会保障再建策だ。半世紀以上にわたる福祉国家の基軸を変えることなく、高度情報社会に組み替えていくしたたかな国家戦略が、随所に見える。〝小さな政府〟からの離脱が、いくつもの課題を抱えているとはいえ、成長と競争を加味した〝第三の道〟戦略下で進められている。

教育文化予算の対GDP（国内総生産）比が、EU（欧州連合）平均一五％、日本七％、社会保障予算が、英国二三％、日本一二％。うち失業対策など社会支援予算の占める比率が、英国三三％、日本二％——。この哀しい格差が、衰退する日本の現実を象徴している。

黄昏の大英帝国はいま、一五〇年来の珠玉の植民地・香港を手離したにもかかわらず、したたかに蘇り始めている。それが、奇妙にも、遠いアジアの興隆と重なり合って見えてくる。

20　英国から見た日米同盟

▼『信濃毎日新聞』二〇〇二年一〇月一四日

日中でも物音ひとつしないような夏のオックスフォードのキャンパスから喧噪《けんそう》のロンドンに移り、そのイギリスを後にして一カ月余――。アジアでも日本でもなくアメリカ的でもない独特なものの見方に気づかざるをえなかった。

あの時もいまもロンドンで最大の話題は、いつアメリカがイラク攻撃に踏み出すのか、そしてブレア首相はその攻撃に距離を置くのか否かに絞られているようだ。

「ブレアはブッシュのプードル犬か」といったどきつい批判が連日のように与党・労働党支持のザ・ガーディアン紙を賑《にぎ》わしていた。その批判が、来年の総選挙を控え、勝利が確実視されている労働党党内の主導権争いと微妙に重なり合う。党内にはブレア首相より四歳年長の、しかしまだ五〇歳を超えたばかりのゴードン・ブラウンが最強のライバルとして控えているが、このところの〝ブラウン・コール〟の高まりは、ブレア首相のアメリカ寄りの姿勢への批判のためだろう。

そしてその中東政策、特にイラク攻撃に関する批判が欧州単一通貨ユーロをイギリスも導入すべきかどうかをめぐる労働党の対応のあいまいさと結び合っている。「ブラウンよ、もし首相のチケットを手に入れたいなら、ユーロ導入の政策転換を打ち出さなくてはだめだ」――そんな声が政治家たちからしきりに聞こえてくる。それがかつての栄光の大英帝国でもなく、冷戦期のパックス・アメリカーナ（アメリカによる平和）でもない、欧州の一員として独仏などとともに〝第三の勢力〟をつくり上げるべきだという新しい二一世紀像に裏づけられている。

それにしても、あの国で暮らしてみると、あらためて、アングロサクソンとひとくくりにされる英米の関係の深さが否応なしに見えてくる。言語の共通性だけでなく、祖先を共有する歴史的・生来的な関係の緊密さである。ブレア首相夫人シェリーの祖先がリンカーン米大統領の暗殺者と血縁関係にあるといったエピソードなど、例に事欠かない。まさに血は水よりも濃しだ。英米関係を形成する本質といってもよい。そしてその本質が私たちに、日米関係のあり方を問い直させる。

日本の識者はしばしば、ペンタゴン（米国防総省）の誘いに呼応するかのように、日米関係は英米関係のようになるべきだと主張する、しかし同じ血と文化を共有する英米関係と、それを共有しない日米関係を、どうして同じレベルでなぞらえることができるのか。

二世紀にわたる帝国の歴史を持つ〝兄貴分〟のイギリスは、〝弟分〟のアメリカと同盟を結んでも、自らの国益とアイデンティティを失うことがない十分な〝力〟を持っている。しかるに、圧倒的な力の格差がある米日が半永続的な同盟関係に入った時、劣位にある私たちの国益と文化がそがれ続けるのは当たり前のことではあるまいか。

ましてそのイギリスさえアメリカと距離を置き、統一欧州の一員として独仏などとともに生きる〝第三の道〟を具現化しようとしている。

それが二一世紀に向けたイギリス再生の条件であるというなら、いま私たちに問われているのは、〝キャッシュ・ディスペンサー（現金自動支払機）〟として侮蔑《ぶべつ》され続ける日米同盟のあり方だと言えるだろう。

その問い直しが、北朝鮮（朝鮮民主主義人民共和国）との国交正常化に揺れる日本外交の近未来にもつながっている。

Ⅳ

帝国の影

〈日米関係を問う〉

国境付近でパキスタンに入ろうとするアフガン難民
（2001年10月27日）=ロイター・サン提供

年	月	動　き
1988	6	INF 条約の批准書交換
	11	米大統領選で共和党ブッシュ当選
1989	1	リビア沖で米戦闘機がリビア戦闘機 2 機を撃墜
	12	米ソ首脳がマルタで会談。米国、パナマに軍事介入
1990	6	米ソ首脳会談、START で合意。テルアビブ襲撃事件
		日米構造協議が決着、日本は今後10年間公共投資を430億円など
1991	1	米中心の多国籍軍、イラク空爆開始、湾岸戦争勃発
	7	米ソ両大統領が START Ⅰに調印
1992	10	北米 3 カ国、NAFTA に調印
	11	米大統領選でクリントン当選。米政府、ソマリアに米軍派遣
1993	1	米ロ大統領が START Ⅱに調印
	11	米下院が NAFTA 実施法案を可決
1994	11	米中間選挙、共和党上下両院で圧勝
1995	4	米オクラホマの連邦ビル爆破。日米欧、ドル買いで協調介入
	5	NPT の無期限延長を採択。中国が地下核実験再開（96年 7 月に停止宣言）
	9	米・ベトナム国交樹立
1996	4	橋本首相、クリントン米大統領と会談、日米防衛協力強化への宣言発表
	9	米、イラクを制裁攻撃
	11	米大統領選でクリントン再選
1997	4	米軍用地特別措置法の改正を上下両院で可決
	7	米、核爆発を伴わない未臨界核実験開始
	9	日米安保協議委員会、日本周辺有事の際の新ガイドラインを決定
1998	6	クリントン訪中
	12	米クリントン大統領の不倫疑惑で弾劾訴追を可決。米・英、イラクを攻撃
1999	1	シアトル（米）WTO 閣僚会議、反グローバリズム・デモ
	5	日米新ガイドライン関連法成立
	10	米上院、CTBT 批准を否決
2000	4	NPT 再検討会議。ロシア下院 START Ⅱ批准を承諾
	12	米大統領選で、開票 5 週間後にブッシュの当選確定
2001	3	米、京都議定書から離脱
	4	米軍偵察機と中国戦闘機接触事故
2002	5	米ロ首脳会談、モスクワ条約調印

Postscript

冷戦後世界のゆくえ

いま、私の手元に一枚の写真がある。

一九七一年スウェーデンの中都市ファランのブティック店の前で、二二人のアラブ人の若者たち——半分が女性だ——が思い思いに笑みをこぼし、ポーズをとっている。多くはジーンズ姿だが、カウボーイスタイルの若者もいる。サウジアラビアのゼネコン富豪ビンラディン一家の兄弟姉妹たちだ。前列左はじから二番目のところに、はにかみ気味の内気そうな少年が立っている。ウサマ一四歳の写真である。

それから三十余年——。一九九八年五月、タンザニア・ダルエスサラームとケニア・ナイロビのアメリカ大使館同時爆破に関与し、スーダンからアフガニスタンに亡命した。いったい一四歳の少年のその後の人生に何があったというのか。

9・11以後、アルカイダの動きを、世界経済の中の孤立した動きととらえ、ビンラディンを、たとえばかつてのカンボジアのポルポトらの動きに引きつけてとらえられた。

そこから、ポルポトがそうであったように、アフガニスタンに逃げ込んだビンラディンの場合もまた、アルカイダを早くから孤立させて取り除いておけば、惨事は起きなかったろうと類推された。だからこそいま、アルカイダ掃討作戦に協力し、私たち日本もまた、かつてカンボジア復興に支援したように、軍事財政両面で支援すべきだという論理が展開された。

その論理に前後して、ビンラディンやアルカイダは、いま世界に吹き荒れるグローバリズムとは無縁のものだとする議論が重ね合わされた。

しかしもし私たちが、パレスチナ人（もしくはシリア人）を母に持つウサマが若い日、豊饒なヨーロッパ近代とその影を知り、〝反ソ〟アフガン内戦にムジャヒディン（聖なる戦士）として参画し、アラブ実業家としてイスラム・アイデンティティに目覚めていく過程を追うなら、ウサマこそが、グローバリズムの鬼子といえないだろうか。その点で、ウサマの生涯は、ビルを直撃したフランクフルト工科大学在籍のエジプト人学生アタのそれと重なり合う。

イエメンに生まれ、サウジからソマリア、スーダン、アフガニスタンと国境を越えて移動する。トラボラ山中でＣＮＮを傍受し、アラブ系メディア・アルジャジーラで発信する。同時テロ前日、テロにからむ株先物取引で巨額の儲けを手にし、グローバルなイスラム・ネットワークを通じたマネー・ロンダリングで資金源を供給できる。であるなら、アルカイダの行動こそが、マネーとメディアとヒトのグローバリズムの鬼子ではなかったか。

ウサマ一四歳の写真は、そんな連想を私たちに可能にしていく。

ちなみに、ウサマの参謀ザワヒリや学生アタの故国・エジプトにあってムバラク政権は、外資導入を推進し、経済を自由化させ、九二年新土地法によって「小作農を土地から放り出し」、富者優遇政策を推進し、イスラム過激派を蠢動させていた。

帝国は衰退するのか、興隆しているのか。かつて八〇年代レーガノミクス下でそうであったように、アメリカはいま、帝国固有の軍拡や「過剰拡張《オーバーリーチ》」によってだけでなく、底辺からの逆襲によってまた、黄昏の時を刻み続けているのではあるまいか。

『アメリカ帝国への報復』（邦題）――東洋学者チャルマーズ・ジョンソンは、アメリカの第三世界政策が、第三世界の逆襲によって報復《ブローバック》されるだろうと、九七年発刊の同書で警告した。発刊当時「まるでコミック本のようだ」と『フォーリン・アフェアーズ』誌が酷評したその書が、9・11以後多発テロ予告の書として熱い注目を浴び始めている。「底辺からの反逆ですよ」――あの日ワシントンの空港で事件を知った直後、在米新聞社の支局長に語った私自身の言葉が、それと重なり合う。

かつて湾岸戦争後、「一九九一年日本の敗北」が、まるで呪文《マントラ》のように繰り返された。日本は、一二〇億ドルもの戦争資金を拠出したのに、拠出の決定が遅れ、（自衛隊派遣を含む）戦時協力をためらい続けたために、クウェートからもアメリカからも感謝されることがなかった。湾岸戦争でアメリカが勝利したにもかかわらず、日本は外交で壮大な敗北を喫したのではないのかと論じられたものである。

だがあの時湾岸戦争で、アメリカは真に勝利していたのだろうか。首都の陥落も、領土の割譲も占領もなく、サダムは権力の座に止まり続けている。それをなぜ勝利といえるのか。そのことが、戦争にかけたアメリカの大義と湾岸戦争への疑念を浮上させてくる。そして再び「第二湾岸戦争」への道で繰り返され始めた「一九九一年日本の敗北」が、いま何とうつろに響いてくることか。

いったいアメリカとは何であるのか。その国と私たちは、どうつき合うべきなのか。

冷戦終結前夜から私は、アメリカと日米摩擦に関する共同研究を始めた。八八年、ジョンズホプキンズ時代の師デビス・ボブロウ先生と共同して、ハーバードのゴードンや、いまは亡き平井規之(一橋大)、中馬清福(のち朝日新聞論説主幹)、恒川恵市、増田祐司(ともに東大)の各氏らを誘い——当時みな若かった——葉山で合宿し、ピッツバーグでシンポを開き、それを筑波と東京の会議につなげた。

このころから私は、プロジェクトを進めるむつかしさを痛感しつつも国際共同研究の魅力と、それが拓く知の地平に惹かれた。その新たな地平の広がりが、「帝国の影」に翻弄される日米関係に焦点がすえられて、以下のコラムで示されていくはずだ。

そしてその帝国の影で、いまも内気そうなウサマの写真が見え隠れしている。

*『ガーディアン』紙、二〇〇二年八月二四日。

コラム

1 変わる米国と日米関係

ゴールデンウィークをはさんで、八日余りの短い休暇を、西海岸から首都ワシントンで過ごした。

新政権下の米国がどう変わり、どんな変容を見せようとしているのか、自分の目で確かめたい心がうずき、旅に駆り立てたのだ。

気ままな旅の味を、久方ぶりに満喫していた。正直、不安はあった。貴重な時間を、無為徒労の旅に終わらせることになるのではないのか、と。

その不安を打ち消すために、思い切ってワシントンに定点滞在した。そして市民運動の内側を垣間見ることに焦点を当てた。新しい米国を下から支え、内側から変えようとしている〝市民たち〟の動きとは何であるのか。

新政権の生みの親となった民主党中道改革派の拠点「進歩的政策研究所」や、軍民転換の方途を労組員たちと模索する「転換と軍縮のための全国委員会」から、ラルフ・ネーダーたちの運動本部や議員任期制限運動、ホームレスのための避難収容施設（シェルター）――非暴力地域委員会――に至る、大小いくつもの市民運動団体を駆け足で訪ね終えた。手にした充足感の片々をいま整理する。

「クリントンで何も変わらない。早くも一期で終わりですよ」――。ある新聞社の旧知の特派員は、のっけからそう言い切ったものだ。

確かにホワイトハウスやキャピトルヒル（議会）の高みから政治を見る限り、変化する米国社会の胎動は見えてきまい。そして新政権は〝議会対策〟に

▼『信濃毎日新聞』一九九三年五月一七日

下手な、若者たち（ベビーブーマー世代）の素人集団としてしか見えてこないだろう。

政治にはプロが必要だ、そのプロがいない新政権に対するそんな批判の声を、何度耳にしたことか。

だが、その声と重なり合って、それを打ち消すかのように、政権のシンクタンクや市民運動家たちが私に語り続けていた、もう一群の熱い声があったことを、記さなくてはなるまい。

素人集団を批判する前に、あの国でもまた市民たちが「国対政治屋」と族議員たちの跳梁跋扈《ちょうりょうばっこ》する〝ワシントン政治〟に倦んでいる現実を、見落としてはならない。

その現実を憂慮して日夜活動する、何百、何千もの市民たちのうごめきを忘れてはならない。

クリントン政権を批判し、それがつくる日米関係の近未来を〝日本たたき〟の強化としてとらえる前に、そのクリントンの登場すら予測できなかった、ワシントンに巣食う政治プロたちの視界の狭さを、むしろ嗤《わら》うべきではないのか。

そして新政権に参集したクリントン・ブレーンたちが、市民と消費者のための政治を第一に掲げ、米国競争力の衰退の第一義的責任が、日本にでなく、むしろ米国社会の中に――富者を厚遇し、数百万のホームレスを生み、社会資本の強化を怠ってきた米国自身の中に――求められるべきだとする、日米関係論を、私たちの対米観の基礎に据えておいてよい。

そしてその時初めて、近時高まる対日要求の数々が、市民と消費者の政治を忘れ、〝生産者優位〟の〝新社会資本〟強化案しか作ることのできない、日本政府への募る不満のあらわれであることに気づくはずだ。

いま米国にもまた、政治改革の季節が訪れている。だが日本と違ってそこでは、選挙区制いじりに〝改革〟の本質を歪小化する政治プロたちの議論はない。あるのはむしろ、政治プロに巣食う〝金権政治〟をどう市民の手によってコントロールするか、市民たちの手に政治を取り戻す、広範な草の根運動だ。その草奔の動きが、いま新政権を支え、米国社会を変え続けようとしている。

2 日米摩擦と内なる貧困

▼『信濃毎日新聞』一九八九年一〇月二日

日米摩擦は、いったい私たちをどこに連れていこうとしているのか。

私たちはまるで、高山に踏み込むうちに、いつのまにか谷あいの霧の中にまぎれ込んでしまった旅人のようだ。霧はいっこうに晴れそうもない。ますます深まるばかりだ。周囲の木立は頭上を覆い、数寸先すら見通すことができない。

いや、摩擦の霧は既に晴れ始めた。光が見え始めたという声も、あるにはある。

確かに、日米摩擦の根源にある米国の貿易赤字は、このところ減少に向かい始めている。

たとえば、九月中旬の米商務省発表によれば貿易赤字は、二カ月続きで減少し、赤字水準は、四年半ぶりの低さにまで改善された。そしてすでに、昨年の米国の対日貿易赤字四七六億ドルは、前年比で四五億ドル少なく、ここ五年来はじめて減少傾向に転じている。

貿易摩擦の先が見え始めた、霧は晴れ始めているのだとするこのシナリオによれば、米国の貿易赤字の減少傾向は、(自動車産業を中心とする)日本の対米直接投資戦略への転換によって、今後いっそう促されていくだろう、と読み込まれている。

周知のように、日本の対米貿易黒字の四割は、実に自動車の対米輸出によって稼ぎ出されているのだが、その自動車業界が、ここ数年、着実に現地生産の量を増やしている。

そのために、日本の自動車業界は、日米間で決められた対米自動車自主規制枠を使い切らずに、十分に収益をあげることのできる構図が生まれ始めている。

同じような戦略は、自動車ばかりでなく、鉄鋼や工作機械、さらには半導体などのメーカーによっても、とられている。

こうして、日本のメーカーが、米国内に直接投資し、現地生産量を増やし、逆に日本で生産される完成品の対米輸出量をその分減少させていく。そうすれば、その分、日本の対米黒字は減少し、米国の対日黒字は着実に減少していくだろう、と。

現地生産量の拡大によって対米黒字を減らし、日米間の貿易不均衡を是正する。他方、米国は米国で、日本企業の対米進出によって、米国内の失業者を減らすことができるはずだ。

望むらくは、プラザ合意以来の、今日の円高ドル安基調を続けさせることができれば、米国の貿易収支改善の傾向は維持され、強められていくにちがいない。

日本企業の直接投資戦略による摩擦解消のシナリオが、一石二鳥の解決策として、かくして描かれ、いま推し進められようとしている。

しかし事態はそれほど単純なのだろうか。

事態を手放しで喜べない理由のひとつは、米国の貿易赤字が改善され始めたにもかかわらず、その赤字に占める米国の対日赤字の比重が逆に増え、史上はじめて五割を超えるに至ったことだ。

しかも、日本企業の対米進出ラッシュは、もうひとつの新手の摩擦——投資摩擦——の芽をふき出させ始めている。そしてその陰で、国内産業の〝空洞化〟のツメ跡が、国の内のそこかしこに見え始めている。

いま岩手県の釜石——三陸の海に臨む、荒廃したこのかつての鉄鋼の街の工場跡にたたずみながら、なぜ日本は〝豊かさ〟の顔を、外にでなく内に向けることができないのか、〝摩擦の本質〟に目を向けることのない、この国の〝知と政治〟の貧困に、思いを馳せざるをえなかったのである。

3 再び安保について

▼『世界』一九九〇年八月

「三〇年前自分もこの三宅坂界隈を〝アンポ反対、岸退陣〟と叫んで旗をふり、デモ隊の先頭に立っていた。だが、いまにして想えば、安保改定は賢明な選択であり、身体を張って実現させた岸信介氏は、偉大な政治家だったと思う」。

むかし全学連の闘士でいま論壇の寵児として活躍するある大学の先生の発言だ。同じ類の発言は、かつて駒場で安保反対アジ演説をぶち、いま岸信介礼賛論を書く西部邁元東大教授によっても繰り返されている。

われら凡俗にはとてもできない「華麗な変身」と呼ぶべきか。いや別にこの手の転向、いや変身は、この国では驚くに当たることであるまい。最も著名な近例は、たとえば、ソ連の対日侵攻に対処するためとして日本核武装論を主張し、晩節をきらびやかに飾った故清水幾太郎の、文字通り一八〇度の変身に見ることができるのだから。

官憲にどろを吐かされ、極限状況下で転向をよぎなくされた戦時下ニッポンのそれと、自由とカネにあふれた金満ニッポンのそれと、どこがどう違うのか。そんな問いをひとりごちながら寝ぼけまなこで紙面を繰ってるうちに、どうやらこれは、ひとり日本の知識人固有の性癖でなく、海の向こうの同盟国アメリカの知識人にも見られる性癖であることを改めて知り、いささか憮然とした。

すぐれた日本研究家パッカード氏は、かつて安保闘争の参加者たちに克明なインタビューを試み、熱い青春の想いをわれらの俠気に重ねて、安保闘争はつまるところ、戦後日本人が手にしたデモクラシーと、対米従属を嫌う健全なる草の根ナショナリズムとの発揚と位置づけ、それゆえにこそ積極的に評価されるべきだと主張し、実証度の高い、今日に残る名著『プロテスト・イン・トーキョー』を著した。そのパッカード氏はいま〝日本たたき〟の吹き荒れる逆風下の本国で〝日本ロビー〟のひとりとして世論の批判にさらされているのだが、その氏が、紙面でこう発言している。「日米安保は、ウェストファリア体制以来、最も成功した二国間条約である」と。

だがもしそうであるなら、「最も成功した条約」の締結に身体を張って反対した学生・市民たちのあの運動は、侠気ならぬ壮大な狂気の沙汰であり、歴史と外交の現実を見抜けぬ大愚でしかなかったと位置づけ直されるべきではないのか。

もっとも、「ウェストファリア以来最高の条約」とする氏の、かつてでなく今日の安保論は、氏と同じライシャワー門下のクレーグ・ハーバード大教授が、中曽根氏が音頭をとって巨額のカネを寄贈した――もちろんそれはわれらの税金からなのだが――ライシャワー・センターの開所式で、「ヤスヒロ・ナカソネは、伊藤博文以来日本が生んだ最高の政治家である」と絶賛したのと同じ類の、ジャパン・マネーに群がる〝日本ロビー〟たちの常習だとする批判が、あの国でなら加えられるだろう。

だがそれにもかかわらず、このところなんと安保礼賛論もしくは効用論が眼につくことか。「時代が激しく変わる時には、外交の基軸は変えるべきでない」と、一見もっともらしい、しかし一寸考えればまったく逆のことも言えるはずの、つまりは何ものも意味しないことを言い続け、「ソ連は欧州の兵器をアジアに移動させている」と主張する女流政治学者の安保擁護論を含めて、安保堅持論はこのところ、かつての安保世代から、安保を知らない世代にまで及んでいる。

先に（本書Ｖ３に収録）私は、安保の本質は、第一次安保以来、虚構の〝ソ連共産主義〟脅威論にあるのだと論じ、冷戦が終結し、共産主義が終焉した今日、安保は現代の壮大な化石になっていくだろうと断じている。しかし、安保擁護論者たちの今様発言を見ていると、現代の化石になるのは、そうした当の私を含めた、一群の愚直なる安保批判論者たちではないのか。いやそれだけ、諸紙誌面に見る安保批判派の論にサエがないというべきなのか。

存在するものはすべて合理的である。このヘーゲル流現実主義が、現代日本を席巻している。確かに安保は、三〇年以上存続したがゆえに――しかもその間わが国が平和と繁栄を享受し続けたがゆえに――効用はまことに大きなものであると、権力に弱くて計算に強い知識人たちの眼には映るかもしれない。

しかしそれなら〝ベルリンの壁〟、崩壊前の欧州にあって、壁は、東西の激突を回避せしめ平和の継続を可能にしたのだから堅持されるべきだとするホーネッカー流の〝逆さま〟論理もまた、現実主義者の論として十分に成り立ちうるではないか。「時代が激しく変わる時外交の基軸は変えるべきでない」というのなら、NATOもWTOもまさにいまこそ変えるべきでないだろうし、戦略核の軍縮などもってのほかとなるだろう。いやそもそも安保が平和と繁栄をもたらしたなどと、どこまで言えるのか。繁栄は、われわれ人民がILO条約を無視してまで働きつめた汗の結晶ではないのか。わが国が、国内軍部タカ派と米国との執拗な要請を拒み、かろうじて重武装化をごく最近までなんとか拒否してこれたのも、安保のためでなく、(彼らが攻撃してやまない)平和憲法のためではなかったのか。

三〇年前、三宅坂を登り国会を包囲したわれら一兵卒の学生にとって安保は、単に外交問題以上のものであった現実を、あなたがたは忘れるべきでない。それは何よりも、戦後憲法の擁護を賭けた戦いであったはずだ。それゆえにこそ、巣鴨プリズンから出所したばかりのA級戦犯首相と〝冷戦の戦士〟ダレスの画策する安保改定論のうさんくささに強く反発し、議会制民主主義無視の政治に憤怒の声をあげたのではなかったのか。いまその安保の隠された密約の数々が機密外交文書の解禁によって次々にあらわになり始めている。

4　変質するサミット

ロンドン・サミットが終わった。

例によって例のごとく、北の先進諸国の宣言づくりと政治ショーを機軸としていたとはいえ、今回のサミットが、オブザーバーとしてであれゴルバチョフを参加させていた点で、これまでのどのサミットとも異なる色調が基軸となっていた。そのことは、どれだけ強調してもしすぎまい。

疑いもなくそれは、冷戦以後の世界と新しい時代の到来を感じさせている。東西関係という言葉自体、もはや死語になったと言ってよい。その新しい世界の中で、ソ連もまた、北の先進国の一員でしかなくなり続けるだろう。

いや、そのソ連が、西側先進諸国から金融支援を受けるべきかどうかが、今次のサミットの中心主題になっていた現実に目を向けるなら、数年前までの軍事超大国は、いまや北の一員というより、限りなく〝南に近い北〟の一員でしかない。〝先進途上国〟こそ、ソ連に最もふさわしい呼称だろう。

サミットの変質はしかし、あの希代の外交名手ゴルビーが意外に小さな存在に映ったことにあらわれていただけにあるのではない。もう一方の超大国・米国――いやブッシュ――の存在感の小ささによってまた記されるだろう。

数カ月前――。湾岸戦争で米国が高らかに勝利宣言をした時、多くの人々は〝米国の復位〟を語り、超大国ソ連なきあとの〝一極単独〟覇権の脅威すら語り始めたものだ。確かにその脅威は残り続けている。しかし、サミットに映し出されたブッシュの表情のなんと寂しげに見えたことか。

▼『信濃毎日新聞』一九九一年七月二三日

大統領はおそらく、米国が世界最強最大のハイテク兵器を持ち続けたにしても、そして輝かしい〝勝利〟を中東で勝ちえることができたにしても、米国の影響力が、いまや急速にしぼみ始めている現実を、サミットの席で痛感していたにちがいない。たとえ兵器をどれだけ累積しようと、財力のない国家に、どれだけの影響力が期待できようかと。

日・独の財政支援によってはじめて〝勝利〟を手にできた国――そしていまや世界最大の債務国家に転落した国が、なぜ対ソ金融支援を議題とするサミットで、主役など演じることができようか。その上、中東の現在だ。

確かに米国は、イラクをクウェートから撤退させるのに成功した。しかしそのためにとられるべき方策が、軍事手段を含めて、たとえばイラクの侵攻以前に米国の側になかったのだろうか。あるいはイラクに戦端を切ることなしに、イラクを撤退させる外交手段が十分尽くされていたのだろうか。

いや、ブッシュの寂しげな表情は、ポスト冷戦の新しい世界でなおも第三世界の紛争に対処するメカニズムを手にしていない、国際社会の不安な現実に向けた表情であったのかもしれない。その意味でサミットで問われていたのは、国際貢献策なき日本の外交不在の現実だったと言ってもよい。

▼『世界』一九九一年九月

5　アメリカ外交の悲劇

奇妙なことに八月は危機と戦争の当たり月だ。

二つの世界大戦の勃発がその最たるものだし、第二次中東戦争が起こったのも七月末から八月にかけてだった。ソ連によるチェコ侵攻も、そして昨年夏のイラクによるクウェート侵攻もそうである。

八月――もしくは七月末から八月にかけて――の

暑い夏はバカンスの季節。高官たちは休暇をとって避暑地へと逃げ込む。そのため危機の現場から出先にしろ本省にしろ、容易に連絡がとれない。だから奇襲をかけることができる。時間をかせげる。そして緒戦で圧倒的優位に立つことができるだろう。かくして「八月危機」説である。

八月危機頻発に関するこの解釈が科学的に実証できるかどうかはともかくとして、もし外交官たちが、八月危機説と歴史の過去を記憶のどこかに止めていたなら、因果なことだが、彼らがその時期バカンスをとるのは、それほど容易なことであるまい。そして危機と戦争の勃発の蓋然性に、だれよりも神経を使っているはずだ。とりわけ、いつ危機が起こってもおかしくない一触即発下の九〇年真夏の中東諸国に駐在する外交官たちの場合がそうだろう。

エイプリル・グラスピー。五〇を過ぎたばかりの、眼の鋭い女性外交官。ジョンズホプキンズ大学で中東政治の学位をとった才媛。駐イラク・米国大使としてほとんど無名の彼女が、一躍世間の注目を浴びるに至ったのは、遺憾ながら彼女が、その八月危機説の禁を破り、歴史の教訓を、熱砂のなかで忘却の彼方へ押しやっていたからでなかったろうか。

日中摂氏五〇度を越すアラブの夏――。正確に言えば七月二七日、クウェートへのイラク侵攻の一週間前、グラスピー大使は、八八年バグダッド着任以来はじめてサダム・フセインと差しの会談を、それも大統領側の突然の要請に従って行う。

着任以来、その国の元首との差しの会談がはじめてであったという事実自体、まことに異常なことだが、その事の当否はここで問わない。問題は、その席で彼女が、イラクの侵攻に事実上の青信号を出していたことである。

会談内容は、すでに当時から一部事情筋に流れていた。のちイラク側が公表するに及んで広く知られ、その抄録は、たとえば（かつてウォーターゲート事件を暴露した敏腕のワシントンポスト紙記者）ウッドワードの手による『司令官たち』に紹介されているし、さらにそのほぼ全容が、（かつてのケネディ大統領報道官）サリンジャーの『湾岸戦争――隠された真実』のなかで、延々二〇頁にわたって再録されている。

グラスピーと国務省側によれば、それらの記録は、イラク側の公表を元にしたもので、全会談記録の八割でしかなく、残り二割の部分で大使は、イラクのクウェート侵攻に厳しい警告を発したとされる。しかし、奇妙なことに国務省は、その残りの二割の部分をなおも公表していない。

そして私たちが、少なくとも発表された記録によるかぎり、またそれを、米高官たちの公式発言と突き合わせて読むかぎり、グラスピー大使が、他の高官たちと共に、侵攻にはやるサダムに対し青信号を送り続けていたと断定して、まず間違いあるまい。

米国はイラクとの友好関係の維持に最大の価値をおいている、イラクとクウェートとの領土紛争に対し米国が容喙するつもりはない――。そう大使は、差しの会見で大統領に明言していた。しかもその言質は、この前後にイラクを訪れた中東問題担当国務次官補ジョン・ケリーやドール上院共和党院内総務らによって繰り返され、イラクの行動に対して「軍事制裁はもちろん、経済制裁にも米国は出るつもりはない」とまで強調されていたのである。

いやもし大使が、緊迫した現地の状況を肌で感じ、戦争勃発の蓋然性にもっと神経を使っていたなら、彼女は任地にとどまり、暑いバグダッドの状況を、逐一ワシントンに報告していたはずだ。

しかし彼女は、会談を終えたあと愛犬を残してワシントンに向かい、フセインが侵攻を開始したとき、母とロンドンのホテルに滞在していた。彼女にとって侵攻は何よりも、長いバカンスの不如意な中断を意味していたに違いない。

湾岸戦争が終わって五カ月――。改めて戦争とは何であったのか、米国の湾岸戦争〝勝利〟の意味が問い直され始めている。あれほど華麗な一大凱旋パレードが米国本土で繰り広げられていたにもかかわらず、フセインはいまだ権力の座に安住し続け、クルドとシーアの反乱で中東秩序は戦前よりいっそう混乱と不安定さを増大させている。

湾岸勝利とはそもそも何であったのか。たとえて言えば、ゴールに球を入れてはじめて勝利できるのに、ハーフヤードに球を入れ、それで〝勝利宣言〟する類のものでしかなかったのではあるまいか。

九〇年米国は、壮大な外交の失敗を演じていた。そしてその失敗は、つまるところ軍事力を抑止力に連繫させることのできなかった「抑止の失敗」として長く記憶されるだろう。併せてそれは、「抑止論の破綻」をただお経のように唱えていればこと足れりとしてきた、平和主義者風国際政治学のもうひとつの破綻を意味しているはずである。

いま問い直されているのは、その意味で第三世界の民族主義を理解しようとしない〝覇権国家〟アメリカ外交のありようばかりでなく、この国の平和主義自体に内在する批判能力の欠落だと言うべきなのかもしれない。それが、湾岸後の国際社会に向けた現実的なもうひとつの貢献策をいまだ立案できない政策能力の欠落を生み出しているはずだから。

かくして、今年もまた暑い夏がやってくる。

▼『信濃毎日新聞』一九九二年三月二日

6　日米摩擦の現実

六月の陽春に、ある国際会議を企画している。主題は日米摩擦だ。日ごと強くなるばかりの日米摩擦がどんな構造を持っているのか。そしてそれを解決する道はどこにあるのか。

周知のように〝日本たたき〟が、大統領選挙の争点のひとつにさえされ、ジャパン・バッシャー〟たちが、ライシャワーらかつての親日派日本研究家たち、いわゆる〝菊グループ〟に代わって、米国の日本通の主流になり始めている。

そして日本の政治家たちの、無責任ともとれるホンネの発言が、アメリカ人を刺激し、反日感情、もしくは対日脅威論の台頭は、もはや抑えるところを知らないかのようだ。

　知識人なるものが、現代にあっていくばくかの社会的役割を果たしうるならそれは、外国文献を切り張りしながら論文や本をつくることではあるまい。

　かつて帝国大学の先生が、洋書専門店・丸善に関連専門書が入荷されると、それを丸ごと買い取り情報を囲い込む〝輸入学問〟時代は、国境の壁が低くなるボーダーレスな時代と大衆学歴社会の到来と共に、永遠に過去のものになり始めている。


　摩擦解消の道は、人間関係のそれと同じように〝ホンネ〟を一度語らせることだ。ホンネを国益や私益のイチジクの葉で覆い隠したままつきあい続けるなら、やがて訪れる破局はもっと複雑で回避しようのないものとならざるをえまい。

　そんな趣旨から〝摩擦〟の国際会議に〝日本たたき〟派の巨頭のひとりの参加を、米国の友人を介して打診したのだが、同氏の事務所の返事は、講師謝礼二万ドルを条件に出してきた。私たち在野の手づくりのシンクタンクが用意していたギリギリの額の七倍に相当する。もちろん、往復旅費・滞在費のいっさいを別途支給した上での額である。

　たった一日の会議に邦貨で二六〇万円を要求してくる〝日本たたき〟派とはいったい何であり、かの国の知的エリートとは何なのか。

　確かに日本をほめ、日本でベストセラーを手にする〝アズ・ナンバーワン〟流の菊クラブより、日本の繁栄の陰に光を当て、労働慣行――と労働論理――のいびつさを摘発し続ける〝日本たたき〟派の、日本にとっての社会効用は限りなく大きい。

　とりわけ、日本が外圧によってしか変わりがたい〝エニグマ（謎）〟のような国であるがゆえに、その日本を内から変えていくためにも、外からの批判は、日本の〝開国〟に不可欠の意味を持っている。

だが、その〝日本たたき派〟の出した条件をファックスで眼にしたとき――最初ゼロをひとつ読み落し、改めてゼロを加え直した時抱いた複雑な想いを、忘れることができない。


〝かの国に労働倫理がない〟、国際派宰相・宮沢はそうホンネを公言し批判されている。

もし欧米の労働倫理なるものが〝汗水流して生きるために働く〟のでも〝働くために働く〟ものでもなく、〝人生を楽しむためにこそ働く〟ことにあるという労働倫理像の違いに思いを馳せるなら、国際派宰相の国際感覚の欠落は、たとえようもなく大きく、そして哀しい。まして、過労死ニッポンの労働慣行が、厳しい国際批判にさらされているボーダーレスな世界の中にあってである。

だが同時に、謝礼二万ドルを条件にしてはばかることないかの国のエリートの労働倫理のどこに、普遍的な倫理感があるのだろうか。その倫理感の欠落は、衰退する帝国の、事実上の破産会社会長アイアコッカ氏の年俸が四億数千万（邦価）を超え、従業員の三〇倍に達する、米国の労使関係——と文化の現在——のいびつさに通底しているはずだ。

同時にそれは、その文化を批判することも、過労死ニッポンの労働分配率の低さも〝過労死〟の現実も指摘することがなかった、ニッポンのエコノミストたちの文化のありようにも向けられているはずだ。

▼『信濃毎日新聞』一九九二年八月一〇日

7　新しい風　米大統領選挙

あの時もまた、異常に暑い夏だった。

八月中旬にロスからサンディエゴをまわり、ワシントンを経てボストンに入った。ハーバード大学のあるケンブリッジに居を定めるためであった。

あの時もまた、四年に一度の激しい大統領選があった。ただ、本選挙に三カ月足らずしかないのに、草の根の熱気が奇妙にも欠けていた。

ひとつにそれは、最後まで決まらなかった民主党大統領候補者の面々が、〝七人の小人たち〟と呼ばれるほど小粒だったことによる。七月の党大会で、その中からマサチューセッツ州知事デュカキスが民主党候補に選ばれたけれども、そのギリシャ系移民の子のマス・アピールの弱さは否めなかった。

それに、いま思えば民主党陣営が、選挙前の夏に休暇をとっていたことも、草の根の熱気をそぐ、もうひとつの要因だったろう。

レーガン八年の治世に不満を持ちながら、国民は、野党へ政権を引き渡すことに不安を感じていたに違いない。その不安は、〝州経済再興の知事〟を売り物にしたデュカキスのセールスポイントにつきまとう、うさんくささにあらわれていたはずだ。

一〇年間に不動産賃料は三倍近くになっていた。かつてなら月二〇〇ドルもしなかったバス付き単身用一室に居を定めることになったのに、賃料は七五〇ドルにあがっていた。そのインフレが、デュカキス経済政策のバブル性を、私のような外国人逗留者にすら感じさせていた。

わずかな慰みといえば、その住宅界隈《かいわい》が映画「ラブ・ストーリー」の舞台だったことだろう。恋人たちが歩いた、つたで覆われた小路《こみち》を、私もまた大学の行き帰りに通い始めていたものだ。

ただ、その異土の居に移ってすぐ、私は腎《じん》臓に親指大の結石をかかえ、大学病院に入院するハメになった。異常な暑さがひとつの原因だった。大統領選がようやく再始動した九月初旬のことだ。

皮肉にもだから、ブッシュとデュカキスの選挙キャンペーンを私は、ほとんど逐一、所在ない病室の明け暮れにブラウン管を通して見る希有《けう》の機会を、逆に手にすることになっていたのである。

米国の友人たちと同じように、私も民主党びいきだった。しかしその民主党が勝てるとはどうにも思えなかった。

ブッシュが、巧みに〝強い米国〟復権のシナリオを描いていたのに、民主党にそれが見えなかった。ブッシュが、エイズとホームレスに象徴される道徳の退廃に照準を当て、民主党の放任的リベラル政策の弱さを突いていたのに、民主党にそれをはねかえす活力が見えなかった。

労組依存体質は改められず、中産階層への切り込みにも欠けていた。〃新しい風〃が吹き始めていたのに、その風をとらえていない、いや風の行方すらわからないでいる――。

　病室の七階の窓から、木の葉の落ち始めた早秋の街路を見下ろしながら、〃変われない〃野党のひ弱さを見ていた。そしてそれが、いつのまにか海の彼方《かなた》の日本の野党第一党のひ弱さと重なり合っていた。

　あれから四年――。

　民主党は、いま見事な変身をとげ始めている。七月の党大会で、伝統的な労組依存体質と〃一国平和繁栄主義〃が改められ、中産階層に焦点を当てた税制改革と産業活性化プログラムが掲げられた。伝統的な〃旧左翼〃政策を放棄し、(米墨自由貿易協定反対の旗色を薄め)開国政策への踏み切りを示している。

　その大胆な政策転換が、若い知的指導者に担われ、新世代の台頭に支えられている。久方ぶりの改革中道左派の登場だ。

　それゆえあの時と違って、酷暑の合間に吹く風は、変化の予兆を告げる新しい涼風へと、いま変貌し続けている。

▼『信濃毎日新聞』一九九二年一一月九日

8　米の「日本脅威論」は過去

　クリントン民主党政権が誕生した。

　日本の朝野はいま、新政権が日本に対してどんな政策を展開してくるのか、その一点に最も強い関心を集中させている。

　大方の予想は、今後〃日本たたき〃が強まりこそすれ、弱まることはないだろうというものだ。

すでにそうした趣旨の大見出しが、クリントン勝利を伝えた日の朝刊一面トップに躍っていたし、日本の専門家なるものの意見も、多かれ少かれその文脈の中で論じている。

〝日本たたき〟強化論のそうした予想は、すでに今春、ブッシュ再選の可能性が危ぶまれ始めたころから、打ち出されたものであった。とはいえ大方の予想は、なお民主党勝利の事態の展開を見通すものではけっしてなかったのだが。

そして同時にその〝たたき〟強化論は、日本のマスコミと専門家、財界人たちのあいだに共通した、ある種の伝統的対米認識だと見てよいだろう。

言うまでもなく、その見方の根底には、民主党の支持基盤が労働組合にあること、そしてその組合が従来、保護貿易主義の立場をとる圧力団体であった点にある。

自由貿易推進の道は、今日、競争力の相対的に弱い米国の産業を直撃し、労働者から職を奪うことになる、という論理だ。

しかし、民主党と労働組合と保護貿易とを単線でつなぐ見方は、もはや今日意味を持っていない。

第一に、米国の労働者の組合加盟率は、いまや一九%を切っている。労働者の実に八割強が非組合員であり、彼らはむしろ、普通の市民であるという自覚を社会観の基礎にしている。

第二に、それゆえに民主党はもはや今日、旧来の労組依存型政党ではなくなっている、その旧型の民主党から、市民主義的な民主党への転換こそ、クリントン＝ゴアのコンビによる今次の大統領選で打ち出された、新しい民主党像なのである。

日本のマスコミや専門家たちが、ギリギリの時点まで、米国における政権交代の強い可能性――つまり民主党勝利の可能性――を読み切れなかった理由の一半は、この民主党の変身――とつまるところ支持基盤のすそ野の拡延――に十分な目がいっていなかったことにあると言ってよい、

第三に、その上、非労組員を含めて、米国のブルーカラーも、ホワイトカラーも、もはや外国の企業と商品が、彼らの職を奪っている根源なのだという神話を信じていない。

米国産業の競争力を下げ、労働者から職を奪っているのは、外国企業でなく、むしろ米国の経済政策の失敗であり、米国社会それ自体の現在のありように根源があるのだという見方が、支配的になっている。

クリントンが繰り返し、米国の経済力の衰退は、日本やドイツのせいでなく、米国内自体の側に原因があるのだと主張し続けてきたのは、まさにそうした自国像の転換を意味している。

大統領選に先立つおよそ一カ月前、米国の動向を取材して驚いたのは、〝日本たたき〟の声すら聞こえなくなっていたことだ。あえて言えば、〝日本たたき〟に代わって〝中国脅威〟論の声が聞こえ始めてはいた。

しかし、かつてのソ連脅威論に代わって声高に喧《けん》伝され続けた日本脅威論の声はいまやない。バブル経済の現実が、日本経済の底の浅さを米国の市民レベルにまで明らかにした。加えて、このところの一連の佐川スキャンダルに見られる政治の後進性だ。

〝アズ・ナンバーワン〟と日本の強さを強調して説得性を持ちえた時代は、もはや束の間の時代でしかなかった。

米国経済の再生にとって彼ら民主党は逆に、日本企業との積極的な共同態勢を組むべきことすら主張している。

地殻変動の波は米国社会にも及び、米国の政府と社会をも変え始めている現実を、私たちはもっと注視してよい。その時はじめて、真の意味でのグローバル・パートナーシップの道が開かれるのではないだろうか。

▼『朝日新聞』一九九三年一〇月二三日

9　米国税制改革の教訓

日米関係にはいつも時差がある。五〇〇〇マイルの海を渡って来るあいだに、米国の実像がいつのまにか変貌《へんぼう》して歪められる。歪められた米国像の上に、今度は日本から米国へ、政策が発信される。発信は、時に日本国内向けにも行われる。

だが、肝心の実像が歪められがちなために、政策は、意図と反した奇妙な帰結をもたらす。たとえば、日米経済の長期不況と外圧によって急浮上した、大型減税実施の動きがそれだろう。一〇兆円規模の減税は、不況打開に不可欠なはずだ。だが問題は、だれにとっての減税か、である。そして財源として、消費税率一〇％の導入が景気浮揚策と両立しうるかどうかである。

昨今の税制改革論議を見ていると、八〇年代の米国のそれと重なり合って見えてくるのはなぜか。あの時米国でも、二度の石油危機で落ち込んだ景気対策として規制緩和が打ち出され、減税の必要が叫ばれた。中産階級の重税感をバネに、沈滞する経済の梃子入れのために、貯蓄と投資の増大が求められた。

八一年経済再建税法で、個人所得税が三年間で二五％、最高税率七〇％が五〇％に、キャピタル・ゲイン課税最高率も二〇％まで引き下げられた。法人税率の引き下げで、連邦政府収入に占める法人税収の割合は、（五〇年代の三二％から）八〇年の一二・五％を経て、八三年には六・二％へ、史上最低にまで下がった。

八五年、レーガンは再び税改革に乗り出した。簡素化と公正化の名の下に、五〇％から一一％に至る、一四区分の累進税体系を、二八％と一五％の二区分に改め、法人税はさらに引き下げられた。

大量生産、大量消費の繁栄を支えたニューディール型累進税制を、逆進性の強いそれへと、逆流させたのである。いったい二つの税改革は、米国に何をもたらしたのか。

つめていえば、貧富の差のおびただしい拡大であり、中産階級の没落だ。加えて膨大な財政赤字である。巨人な軍需予算が拍車をかけた。

文字通りそれは、年収二〇万ドル以上のトップ五％の富裕層、つまりはサプライサイド（生産者側）のための減税であった。米国経済は、八四年前後に、活況を呈したけれども、貯蓄と投資は低下し、実需は十分拡大せず、一〇〇万人を超すホームレスが街にあふれた。労働生産性は、先進七カ国中最低を記録し、産業の空洞化が進展した。

冷戦の敗者はソ連だが、勝者が米国でない現実が、明らかになり始めたのである。帝国の終焉といいかえてもよい。私たちは、米国の衰退を引き出した、このレーガン税改革の負の教訓をもっとかみしめてよい。そしてその教訓の上に、自国経済の再生と転換をはかろうとするクリントン新政権の苦渋に、もっと目を向けてよい。

しかし、遺憾にも、日本のメディアと専門家なるものの米国論は、あまりに近視眼的にすぎる。その最たるものが、最近の『中央公論』誌の「クリントン史上最低大統領論」特集だろう。かつてレーガン礼賛に走ったように、いまクリントンたたきに走っている。

そこには、現政権がレーガンノミクスから引き継がざるをえなかった負の遺産が、経済から軍事に至るまで、いかに巨大なものか、その認識が欠落している。それが、もうひとつの税改革――クリントン〝増税〟案――への共感の欠如を引き出している。

確かにそれは増税案だ。しかし新規税の九〇％が年収一〇万ドル以上、八〇％が年収二〇万ドル以上の富裕層から徴収される。ちなみに二〇万ドルは、円に換算すると二二〇〇万円前後だが、購買力などを考慮するとほぼ四〇〇〇万円に相当するといってよい。この最富裕層にとっても、増税は五・四％に止まり、それ以下のどの納税者も一％以上の増税にならない。二万ドル以下の者はすべて減税だ。

マイナス面はもちろんある。累進税制へ、より大胆に転換すべきだとする急進的な議論もある。しかし、現政権が乗り越えるべき多くの巨大な障害はまだ先にある。国民皆保険制の実現がそのひとつだ。それも、財政赤字の削減とかみ合わせなくてはならない。

完全に民営化された医療保険は、産業のコストを押し上げ、財政赤字を増幅させる。医療費削減のためには、米国の〝犯罪社会〟化の現状も、変えなくてはなるまい。それゆえ銃規制が不可欠のものとして浮上するだろう。そしてそれら一連の改革を阻む族議員と巨大利権集団の力をそぐために、政治資金の削減とロビー活動の規制とが進められなければならないだろう。

いま変革の時代が訪れている。だが、日本では、変革のモデルを米国に、それも一〇年前の〝衰退モデル〟に求めようとしている。日本が、生活者重視の政治の実現になすべきことは、まず生活者、それも中間層を軸にそれ以下の層の可処分所得を実質的に増やすことだ。今回の不況の端緒は、消費税導入と共に、逆進性を強めた八九年の税制改革にあったのだから。

自民党政権が倒れ、念願（?）の政権交代劇が実現したというのに、自民党政権時の税制改革案をつくったのと同じ政府税制調査会の顔ぶれで、改革案なるものをつくり続けるかぎり、日米間の巨大な時差は、けっして縮まらないだろう。

▼『信濃毎日新聞』一九九四年二月一四日

10　冷戦後世界第二幕の外交

「日本の半導体市場の回復見込みという記事が新聞におどっているが、実体をつかんでいない。空洞化はもっと深刻で、着実に進んでいます。こんなことは、いまだかつてなかったのですよ」。

某超大手自動車メーカーの電子製品の流通輸出入業務に三〇年携わってきた知人が、ため息をつきながら電話口の向こうで語った。

昨秋、都心のオフィスを近郊の自宅近くに移し、事業のリストラを図っている。生き残りの必死の戦いだ。

確かに、九四年の日本の半導体市場は、約二兆八〇〇〇億円、対前年比で四・八％の成長が見込まれている。

だがそれは、二年続きの冷え込みのささやかな反動にすぎない。九三年、日本を除くアジア太平洋市場が、前年比で四二％、北米市場が三三％、欧州市場が二六％を記録したのにくらべるなら、あまりに無残な成長率でしかない。

しかも昨年の円高下で、家電メーカーや自動車は、生産拠点を相次いで東南アジアなどに移し、それが日本の国内需要の冷え込みを加速させている。

二月一一日、ワシントンで日米首脳会談が開かれた。

輸入枠数値目標のような「客観基準」を、執拗《よう》に求める米国側と、それを拒む日本側とのあいだで、激しい外交のつばぜり合いが続き、決裂した。

冷戦後の世界は、多くの人々の予想に反して、もはや通商と相互依存の平和的競争の時代ではない。民族と国家の利益が激しくぶつかり合う「もうひとつの戦争」の時代だ。

冷戦後世界の第二幕がいま開けられている。その幕開けにふさわしい外交交渉なのかもしれない。

いったいそうした世界で、日本にどんな生き残りの戦略があるのか。

もはや冷戦時代のような、共通の敵はない。しかも先進国間の力は、横並びで拮抗し合っている。好むと好まざるとにかかわらず、日米関係は今後、同盟から熾烈な競争関係へと、確実な変容をとげていくだろう。

周知のように、細川総理は、首脳会談の日程に合わせて、昨年秋から年初にかけて、まず政治改革をなしとげ、次いで経済対策を決定した。

小選挙区制と、六兆円弱の減税という二つの手土産をたずさえて、ワシントンに詣でたのである。

だが、さまざまな手練手管を使い、そして最後には駆け込みで決定した二つの手土産にもかかわらず、米国側の対応は、昨年二度の日米会談と違って、実に厳しいものがあることを、改めて日本側外交当局者は、思い知らされている。しかも手土産自体、さしたる意味を持たなかったことを、痛感しているに違いない。

いま私たちに求められているのは、姑息《こそく》で拙速な権謀術策型の政治運営ではない。

そもそもこの程度の大型減税なら、なぜ昨年秋、政治改革法案と切り離した形で打ち出すことができなかったのか。景気浮揚策は、けっして、小選挙区制導入のための〝政治手段〟に格下げされるべきものでなかったはずだ。

そして同時に求められているのは、米国の顔色をうかがう外圧指向の外交でなく、民草の声に耳を傾ける、内向きの外交であるはずだ。

もし政府が、日本の企業と市民の利益に添った生活者重視の政治を企図しているのなら、もっと違った政治改革と、もっと早期の景気経済対策があったはずである、

日米交渉に立ちはだかる「客観基準」の高い壁は、はしなくも、日本の市民社会の「積載力」の小ささをあらわにしている。

冷戦後世界第二幕の外交の意味が、いま改めて問い直されつづけている。

▼『信濃毎日新聞』一九九四年一一月二一日

11 アメリカニズムの終焉

クリントン民主党は、歴史的な敗北を喫した。その敗北は、大統領与党に中間選挙が不利に働くという、中間選挙固有の力学の域を越えている。

民主党と共和党の議席数は、上院で改選前の五六対四四から、改選後の四七対五三、下院で二五六対一七八から二〇四対二三〇へと逆転した。改選三六の知事選において、共和党は二〇州で勝利し、全国五〇州の三分の二を制覇した。

共和党が過半数を上院で獲得したのは八年ぶり、上下両院を制したのは一九五四年以来四〇年ぶり、知事の過半を確保したのは二四年ぶりのことだ。

また中間選挙で大統領与党が六〇議席を失ったのは、一九四六年トルーマンと、一九五八年アイゼンハワーの時に次ぐ。まさに歴史的な敗北であった。

「ツナミが襲ってくる」——いまワシントンの政治アナリストたちは、日本語の「津波」をそのまま使って、このアメリカ政治を襲い始めた変動の波の、得体の知れない大きさを表現し始めている。

その変化は、一過性的なものではない。中間選挙後の二年間の政治を変え、九六年大統領選挙に波及する類の波の大きさをさらに越えている、マグマなようなものが、アメリカの政治システム自体を揺るがしつつある——彼らはそうとらえ始めたようだ。

何よりもツナミは、「反現職、反多選、反ワシントン」という言葉に表現された、国民の拒否反応によって引き起こされている。

民主党であれ共和党であれ、政治家たちは所詮《しょせん》、国民と「別の所、別の論理、別の利益」によって動き、ロビイストと呼ばれる職業的利益集団と結託し、多額の政治資金の供与と饗応を受けて、議会で飛びまわっている。

民主主義とはデモス（民衆）のクラチア（権力）であるはずなのに、米国にもはや「民主主義」はない。その市民たちの〝反政治〟感情が、現職多選の議員・知事の多くを占める民主党を直撃した。

加えて、「変化と再生」を掲げて登場したクリントン政治に対する国民の失望感だ。容易に「変わらない」現実への焦りと「変わる」ことへの恐れが、その失望感をいっそう強めた。

確かに経済指標は、レーガン政権末期やブッシュ政権当時よりも格段に改善されている。しかし、三％台の高成長と五％台の低失業率の陰で、企業のリストラが進み、実質所得は伸び悩んでいる。ヒスパニック系の移民が増え都市は悪化し、犯罪は減ることがない。

半世紀にわたるソ連共産主義との冷戦に勝利したというのに、勝利のさしたる果実が見えない。

地域紛争は各地で頻発し、米国がいまや「唯一の超大国」であるのに、それら紛争を解決できず、ソマリアやハイチのような小国にすら手こずっている。

「栄光ある米国」はどこに行ったのか——。「強い米国」はいまやなく、内政と外交の双方で苦悩し続けている。国民は、八〇年代の米国に郷愁の念を募らせ、強いリーダーシップを求めている。それなのに、そのリーダーシップを政治は国民に与えてくれない。

　医療保険改革や銃規制の審議過程であらわになった議会の「行き詰まり」が、金権化し利益集団と結びついた職業政治家への嫌悪感を強めながら、その議会に指導力を発揮できない大統領への失望感を募らせた。

「史上最もばかげた選挙」（ニューヨーク・タイムズ紙）の実体は、四〇〇〇万ドル（邦価で約四〇億円）が使われたとされるカリフォルニア州知事選に象徴されていただろう。

　かつて米国人が誇りにした「アメリカン・デモクラシー」はどこに行ったのか——。かつての「強い米国」に想《おも》いを馳せながら、未来への悲観主義に覆われている。国民の三分の二が「二大政党制」が機能しなくなっている、ととらえている。

　米国を揺るがし始めた津波が、米国をどう変えていくのか、いかないのか。「二〇世紀最後の帝国」の現在は、戦後五〇年間私たちが多かれ少なかれ依拠してきた「アメリカニズム」の終焉だといえるのかもしれない。

▼『信濃毎日新聞』一九九五年三月二七日

12　アメリカの影

マイケル・シャーラー（アリゾナ大学教授）が筑波にやってきた。戦後五〇年を記念する国際共同研究の打ち合わせのためだ。

氏は昨年一〇月、ニューヨーク・タイムズで大々的に報道され、わが国のマスコミでも紹介された、米中央情報局（CIA）の対日政治資金関連ドキュメントの発見者である。五〇年代日米関係研究の第一人者だ。

ドキュメントによれば、五七年から五八年にかけて岸の実弟で、当時の岸内閣の蔵相佐藤栄作が、CIAの係官に対して、自民党、特に岸派に、数百万ドルの政治資金の供与を求めたという。報告では「せびりに来た」という表現が使われている。

額にして二〇〇万から一〇〇〇万ドル、六〇年代末まで継続して供与されていたことが証言されている。今日の貨幣価値に直せば、数百億円に相当する。

日本のマスコミでは、同資金が、自民党ばかりでなく、社会党にも流れていたこと、そして自民党向け資金が、ソ連による社共両党への資金援助に対抗するため供与されていたことが、当時の関係者の証言として、かなり大きく紹介されていた。

いったい、これら一連の事実を、私たちはどう見るべきなのか。

まずCIA資金が、自民党ばかりでなく社会党へも流れていたことについて。

シャーラー教授によれば、これは、社会党一般でなく、同党の右派、西尾末広派に出されたもので、六〇年社会党分裂後は、民社党に向けられていた。

その意味でCIAは徹底して、日本国内の〝親米派〟に梃子入れし、実に潤沢な資金を供与していた。ここで〝親米派〟とは、当時のアメリカの最大関心事たる〝日米安保〟を、積極的に支持する政党会派のことであった。

「アメリカの民主主義は偽物の民主主義だ」――占領下の巣鴨プリズンでA級戦犯としてこう日記に記していた当の岸に、なぜアメリカはそれほどまで梃子入れしたのか。

疑いもなく、米ソ冷戦の展開の中でアメリカは、最も忠実な同盟者を求めていたのである。吉田退陣後に登場した鳩山政権は、対ソ関係の打開に乗り出した。それがダレスを怒らせた。しかも、アメリカに衝撃的だったのは、五七年――ちょうど佐藤が金を〝せびりに行った〟時戦われた自民党総裁選挙で――石橋内閣が誕生し、日中友好に向け、外交のかじ取りを始めたことである。

アメリカにはそれが、反米主義もしくは〝アメリカ離れ〟と映った。換言するなら、反共反ソ主義の一点で、岸とアメリカの指導者たちは考えが見事に一致したのである。皮肉にも、そのために日米関係が逆に阻害されるにもかかわらずである。

「田中（角栄）は、湯気の出るようなカネに手を突っ込む。そういうのが総理になると、危険な状況をつくりかねない」。生前、岸は、長女（故安倍晋太郎夫人）にこう語っていたという（原彬久『岸信介』）。

しかし、だからといって、戦後日本政治の金権化に関して、岸や佐藤に免罪符を与えることはできまい。「湯気の出るカネ」でなく、太平洋を渡った、もっと巨額な「冷たいカネ」を、もっと巧妙な仕組みで手に入れていたのだから。

しかも、億単位（当時）のカネが飛びかった五七年自民党総裁選こそ、戦後政治の金権化の分水嶺である。そして後の政治資金規正法改正案を〝骨抜き〟にした張本人こそ、佐藤であったことも、記憶に止めておいてよい。

戦後五〇年――。数々の証言が出てくるのは歓迎さるべきことだろうし、これからも出てこよう。

しかし私たちがそれら証言を、時代と歴史の文脈から切り離して取り上げるなら、ただ歪められた歴史を手にし、歴史の教訓から学ぶことはけっしてないだろう。

「五五年体制打破」の掛け声のもとで、安保堅持論と「金権政治化」が、またぞろ進められようとしている。

「日本はいつ自前のデモクラシーを持てるのか」。離日前に問いかけてきたマイケルの声が、私の耳の中でこだまし続けている。

13 米国の手のひらで踊る孫悟空

▼『Kyodo Weekly』一九九六年五月一三日

普天間返還の力学

普天間基地の全面返還の知らせを聞いて、一瞬やはりそうなったか、という思いが走った。すでに発表の二週間ほど前、米国務次官補代理が、沖縄の米軍基地の一部を返還してもよいとする意見を漏らしていている情報が流れていた。政策担当者が、外交交渉や政策決定の際、しばしば用いる観測気球（バロン・デッセ）ではないのか、と思っていたからだ。

しかも昨年来、民主党系シンクタンク・ブルッキングス研究所の畏友《いゆう》マイク・モチヅキ上級研究員が在沖米海兵隊一万九〇〇〇人は沖縄からハワイもしくは米本土に引き揚げても、海兵隊の作戦遂行能力になんらマイナスの効果は与えないとする報告を発表し、だから日米同盟を強化するためにも、トラブルの元である海兵隊の拠点・普天間基地を移転すべきことを示唆する内容の政策提言を行っていた。

マイクはクリントン政権発足時、大統領特別補佐官アンソニー・レイク教授の助言役を務め、同政権の数少ない対日政策ブレーンのひとりとなっていた。類似の分析が国務省やペンタゴンに形を変えて受容されたと見ることも十分できたのである。

だが、問題はその先にある。今回の合意にはモチヅキの提言に見られないいくつもの影がある。日米間の情報ギャップといってもよい。

周知のように「五年ないし七年以内」に返還されるタイムスケジュールには、返還に伴う財政コストを全額日本が負担するという（見方を変えれば一方的な条件であるのだが、それは別にしても）三つの但し書きが付けられている。

第一に同基地の飛行場諸機能は嘉手納、岩国両基地に移転統合され、第二に現存する在沖米軍基地のヘリポートは別途新たに建設され、第三に有事の米軍移動に関する共同研究が同時に開始されなくてはならない、とする但し書きだ。

これでは「全面返還」とはレトリックであって、正しくは「条件付き部分返還」とこそ呼ぶべきものではあるまいか。

ただ、合意発表時の日本のメディアは「二一世紀日米新時代の同盟」として、むしろプラスの評価を与えていたと要約をしてまず間違いあるまい。ついに日本は米国から沖縄基地返還の第一歩を手にしたというわけだ。

今回の合意はしばしば六九年沖縄返還合意との類似性が指摘され、あの時と同じように、日米双方の指導者たちの果敢なリーダーシップが称賛されたのである。合意直後の橋本内閣への支持率が急上昇したのも、むべなるかなであったろう。

外交音痴

しかし、すでに触れたように「全面返還」といってもそれは五年から七年先の話のことで、それも三条件付きである。しかも沖縄本島に限っても、普天間基地の機能は嘉手納に部分移転される。古くなった普天間基地を嘉手納や岩国に多分規模をさらに大きくして、間違いなくハイテク新鋭の基地機能の新設へと逆に統合・分化・強化を図ることを、これは意味しているのではあるまいか。「ヘリポート」と伝えられていたものの、実は日本で呼びならわされているヘリポートではない。小牧基地を含めた名古屋空港全体に匹敵する巨大なものであることが四月下旬に公表されるに至って、多くの人々は戸惑ったものだ。

「ずいぶん話が違うじゃないか」——共同宣言発表約二週間後の「天声人語」氏は、四月二九日付同欄に、この言葉で始まる見事な一文を寄せている。

まずは覇権国家アメリカという、世界に幾十もの基地を持ち、同盟条約の網を張りめぐらせてきた〝三蔵法師〟の手のひらで踊る〝孫悟空〟日本という構図が、日米関係ならぬ〝米日関係〟の現実を、最もよく伝えているはずだ。外交音痴とは、政府や外務当局だけでなく、日本のメディアや知識人たちにもまた言えるのであるまいか。

〝基地削減〟もしくは〝統合縮小〟というより〝基地ころがし〟もしくは〝統合強化〟というのが、今回の合意のむしろ実態である。私たちはその現実を、好むと好まざるとにかかわらず、見据えるところから始めるべきだ。それがないかぎり、二一世紀の米日関係の実りある再定義はできまい。

六九年沖縄返還の類推上に、今回の合意を位置づけては、事の本質を見失うだろう。

国際環境も、同盟の意味も一八〇度異なる状況下での今次の再定義は、むしろ国際社会の仕組みの何がどう変わっているのかという本質的部分の分析抜きに不可能だ。

六九年返還は、たとえ核つきであれ〝主権の移転〟を伴う文字通りの〝返還〟であった。しかし、今回のそれは、〝基地機能〟を他に移し、ハイテク強化したところにこそ隠された狙いがある。

まして極東有事体制への組み込みと、集団自衛権への踏み込みが要請されている。それは、ジグザグはあれ軍縮に向かう二一世紀世界の潮流に逆流することになりはしまいか。

求められているのは、よりソフトで多角的な危機管理体制であるはずだ。

米大統領選の影

今次の日米合意で見落とされていた最大のものはおそらく、日米双方の指導者を動かしていた内政上の配慮ではなかったろうか。歴史家の目で見たとき、九六年大統領選は、かつての四八年選挙と重なり合って見えてくる。

あの時も民主党政権は、二年前の中間選挙で、歴史上かつてない大敗を喫した。そのためにトルーマンは中道保守寄りへと、保守層取り込みのシフトを続けた。それが、軍産複合体への梃子入れと、リベラル流冷戦戦略への外交転換を促した。

いままた、歴史上かつてない大敗を中間選挙で喫したクリントン政権は、〝外交に不得手〟でぬえ的な優柔不断のイメージを払拭すべく、一連の積極外交路線に転じている。

　九一年ブッシュ訪日の失敗の教訓も織り込まれていた。クリントン・橋本会談がワシントンではなくカリフォルニアで開かれたのも、シリコンバレーのハイテク業界に秋波を送ってのことである。

　大統領選の決め手となる中間五％の浮動票をどちらがとるか、三蔵法師たちはその内政戦略の中に、沖縄と安保の〝再定義〟を入れている。

　真の意味での日米同盟の強化と、日米友好のために、私たちが乗り越えなくてはならないハードルはあまりに多い。ただ明らかなのは、私たちがいまだ自前の〝日米友好〟外交を手にしていない現実に、問題の根源があることではなかろうか。

▼『信濃毎日新聞』一九九六年七月二二日

14　活気を取り戻した米国

某月某日

　久方ぶりにアメリカの土を踏む。

　途中シカゴで乗り換え機が手間取り、ワシントンに一時間近く遅れて、日没寸前に着く。二〇年来の旧友が出迎えてくれる。わずか四カ月の滞在だが、喧騒《けんそう》の東京を離れるだけでも、ホッと息をする想《おも》いだ。

　緑でおおわれた森の中のハイウエーを抜けて四〇分余り、しゃれた郊外の住宅地に入る。一戸当たりの敷地は半エーカーから二エーカー、まるでお城のような邸宅が散在する。

　シカゴからワシントンまで、旅行中にもこの国の経済の活気が伝わってくる。

　いまや軍事超大国ソ連は敗れ、日本の経済力も底が割れた。米国にかなう敵はいない。そんな自信が、アメリカ人に見える。

数日前の独立記念日には、二十数年ぶりで花火が打ち上げられ、街は祭りで大にぎわいだった。まるで、「パクス・アメリカーナ」(アメリカによる平和)パート2の始まりを象徴するかのようだ。

某月某日

ワシントン駐在のジャーナリストと会う。クリントン再選はまず間違いない。日本で伝えられているより、クリントンははるかに強い。安定感すら見られる。

共和党は、あの手この手をつくしてスキャンダル探しをしている。それが逆に、次々と裏目に出ている。あら探しに終始するネガティブ・キャンペーンは、アメリカであれ日本であれ、結局は、政治不信を強めるだけだろう。

経済の活況は、ドル高・円安にもろにあらわれている。失業率は、ここ数年で最も低く、経済成長率は上昇し続けている。中間層の所得の目減りがあるとはいえ、この圧倒的な好況感がクリントン優勢の波を支えている。

ドル高は、単に「大統領選挙」現象の域を超えている。

それにしても二年前、上下両院と知事選の多数を制した、共和党行動右派の勝利とは何であったのか。「変わるアメリカ」と「変わらないアメリカ」——それが冷戦後の日米関係にどんな意味を持っているのか。そのせめぎ合う実態を、草の根にまで下り立って探り出していくこと——それが今回の四カ月の滞在のテーマだ。

某月某日

毎朝三〇分ほどバスに乗り、ホワイトハウスの前を過ぎて、ウィルソン国際学術研究所に通う。

議会から歩いて五分ほどのところ——エノラ・ゲイ号の原爆展で昨年大騒ぎしたスミソニアン博物館の建物群の真ん中に位置している。

この博物館自体、自然科学系の研究所機能を中心とし、ちょうど創設一五〇年に当たるという。彼我の日米間の「近代」の歴史の差に、改めて慄然《りつぜん》とする。

このウィルソン研究所は、二〇年前、超党派で誕生した、比較的若い、社会人文科学系の国立高等研究機関だ。国際部門と歴史部門に強く、シンクタンク的機能も兼ねている。

それにしても、わが経済大国日本に、なぜこれに類した研究機関がひとつとしていまだ存在しないのだろうか。

シンクタンクと称するものは、日本に山ほどある。だが、その大部分が、地方のものも含めて、銀行や証券会社の調査機関の延長でしかない。それをシンク・タンクと称する「日本の奇妙さ」を、ここにいるといっそう痛感する。

冷戦後世界の経済と政治を、再びリードし始めた米国の強さは、つまるところ、こうした知的インフラの生み出したものではないだろうか。

たとえその強さが、どんなに大きな醜さを抱えているにしてもである。

▼『信濃毎日新聞』一九九七年二月一七日

15 海外シンクタンク事情

昨年七月から一一月まで米国の首都ワシントンに滞在し、かの地の政策形成機関、いわゆるシンクタンクを訪問する機会に恵まれた。また先月下旬、東南アジア五カ国を歴訪し、興隆するアジアのシンクタンク事情を垣間見た。

改めて「昇らない太陽」日本の、知と政策の貧困のゆえんを痛感した。

「イデオロギーの時代」が終焉《しゅうえん》し、「政策の時代」が来ているというのに、その政策を考究し議論する場がわが国にない。それがバブル崩壊後の日本を、いまだ不況の淵《ふち》に沈め、冷戦崩壊後の進路を、不透明なままに打ちおいている。

満々と水をたたえた「知の泉」なのか、戦う「知の戦車」なのか――ワシントンだけでも一〇〇は優に超す、米国の「考えるタンク」には二様の意味がある。

たとえば、昨年、私が研究員暮らしをしたウッドロー・ウィルソン国際学術センターや合衆国平和研究所は、いずれも超党派議会決議で誕生し、連邦予算で運営の過半がまかなわれているものだが、そこでは特定の政策のあれこれを提案するより、その背後にある歴史や思想、国際関係の考究に力点をおいている。

連邦議会調査部局（CRS）や各大学附置の政策研究機関もそうだ。いずれもそれらは、政策の知恵と人材の供給を絶え間なく行っていくという意味でのシンクタンク「知の泉」である。

対して、日本でもよく知られるブルッキングス研究所や都市問題研究所を二大頂点とするいわば大タンクは、「知の泉」に機能を限定しているだけでない。

同時に、現実の政治争点を軸に、政府予算全体の代替案をも提示する。文字通りの「知の戦車」の機能を併せ持っている。

しかもその「知の戦車」群には、中小規模のものを軸に、二種類のタンクがしのぎを削っている。

ひとつは、主義主張や政党色を鮮明に打ち出し、民主・共和両党のいわば「知恵袋」となって政策実現を志向する一群である。

九二年大統領選挙でクリントン政権誕生の〝生みの親〟となった「進歩政策研究所」や、ライシュ前労働長官らの「経済政策研究所」、あるいは全米労組AFL・CIO附属の「労働技術研究所」が、その典型だ。

彼らは、かつて八〇年代レーガン政権期に影響力をふるったヘリテージ財団や、ケイトー研究所、キッシンジャーらの戦略国際研究所に代わって、今日活発な動きを見せている。

政権交代が、シンクタンクの政策立案戦略と連動し合っている。民主主義の活性化にとって、それら「知の戦車」群が、不可欠の役割を果たしている様には、羨望《せんぼう》の念を禁じえなかった。

そしていまひとつは、「考える」より「行動する」ことを軸として立法ロビイスト活動を展開するタンク群である。

消費者運動の先駆者ラルフ・ネーダー率いる「コモンコーズ」や「パブリック・シチズン」など、圧力団体にも分類されるタンクである。ここ数年、特にクリントン政権下で両者は、政治資金規制と医療改革法案の推進で、緊密な連携プレーを展開し、そこでもまた、市民のための政治の活性化の条件をつくり出している。

それら「行動する」戦車群のスタッフの六割以上が、シルバー、学生、女性のボランタリーから成っているのも見事だ。

ちなみにブルッキングス研究所など大タンク群の規模は、およそ大学並み、研究員数は二〜三〇〇名に達するのに対し、それら「行動する」戦車群ら中規模タンクの規模はそれより一桁下回る。

しかし、米国「市民社会」の強靭《きょうじん》さを支えているのは、それら中規模タンクの下支えをしている数百、数千の小規模タンク群だ。経済、税制、外交から環境、女性政策など諸領域に及び、活動形態も多彩だ。

そうした群小の市民諸集団、いわゆるNPOもしくはNGOがネットワークを張り巡らせ、政策をつくり社会を動かしていく。

二一世紀を目前にして、多民族国家アメリカが、混血のつくる多文化主義をバネに、経済力を復権せている背後には、「知のタンク」が幾層にも及んで機能する、隠された現実がある。しかもそのタンクが、いま興隆するアジアの「知と政策」の源泉となっている。

そしてそれが、疲弊した日本の官僚機構と好対照をなしつづけている

16 なぜ打ち出せぬ基地縮小策

▼『共同通信配信記事』一九九八年二月七日

〝第二の敗戦〟を、私たちはいま迎えようとしている。

単にそれは、金融経済のグローバルな国際競争で国家が機能不全に陥り、国益が巨大な損傷を被る現実だけを意味しているのではない。

外交・軍事でも、政治システムが機能せず、方向性を見いだせずに国費を浪費し、国土をいたずらに損傷し続けている。

事は単に、日本国土の〇・六%の沖縄に、在日米軍基地の七五%を押し付ける〝負担の偏在〟、または〝地方の無視〟にだけあるのではない。

そもそも基地を半世紀にわたり正当化する理由になってきたソ連邦が地上から消えているのに、なぜ基地縮小の代替策をいまだに打ち出すことができないのか。

古い普天間基地を最精鋭装備の海上ヘリ基地へ移し替えることは、基地の縮小移転でなく強化拡充であることを、私たちは繰り返し確認しておいてよい。

いや、事は単に、宜野湾市の中心、市の五一%強を占める基地を、自然環境と産業基盤を損傷してまで名護市沖に移設することの是非にだけあるのではない。

そもそも沖縄海兵隊を、ハワイやグアムに移駐させても、緊急発動機能を損なわないのであるなら、なぜその代替策を日本側から打ち出せないのか。

そこに外交の本領があるのに、その外交を、日本の政治システムは機能させることができない。

同盟関係にあることと、同盟国の要求を丸飲みすることとは別だ。

加えてバブルがはじけた日本に、外交安保を〝財政の聖域〟化しつづける余裕はそうあるまい。

すでに冷戦終結の一九九一年、日本は世界最大の兵器輸入大国に躍り出た。

一機一〇〇億円もするF15戦闘機を二〇〇機も買い続け、最新鋭の駆逐艦五〇隻、対潜哨戒機一〇〇機は、おのおの米第七艦隊の二倍と四倍強の保有数にも達している。

いったいその重武装を正当化できる脅威は、どこにあるのか。名護の海上ヘリ基地建設に伴う約一兆円の総予算を、なぜ私たちの税から拠出しなくてはならないのか。

たとえば、F15十数機を削減するだけで、三万人がなおも仮設住宅に住む神戸被災者の震災基金に充当できるのに、である。

重武装が民生を蚕食する先例は、八〇年代レーガン期の米国や、経済危機にあえぐ東南アジア、韓国の現在に見ることができる。

冷戦が終結したのに、その果実を手にできないアジア諸国が通貨危機に瀕し、その果実を手にした米国が活況に沸く現実を、私たちはもっと直視してよい。

国防予算で三八%、兵力で三三%、兵器調達費で六三%、おのおの対八五年比で削減した米国の見事な転換の中にこそ、皮肉にも日本外交の指針が隠されている。

いま、私たちに求められているのは、固い二国間同盟を、柔らかい多国間対話の場に移し替えることだ。

その上で、官の論理でなく民の論理、中央の指令でなく草の根の民意を、政策の主軸に据え替えていくことだ。

それが〝第二の敗戦〟から復興できる、日本政治のミニマムな条件であるはずだ。

17　ＮＰＴ体制にひそむ疑問

▼『信濃毎日新聞』一九九八年六月八日

南アジアで勃発《ぼっぱつ》した核危機は、冷戦後世界の安全保障のあり方を問い直している。

私たちがこれまで慣れ親しんできた〝安全保障〟の常識に深刻な疑問が投ぜられたと言いかえてもよい。冷戦終結後の米国一極支配の脆《もろ》さが、はしなくも露呈していると言ってもよい。

確かに、冷戦終結に伴うソ連邦の崩壊は、米ソ核軍拡競争を終わらせ、米国主導型の二一世紀世界秩序の誕生をもたらしたかのように見えた。

パクス・アメリカーナ（米国の力による平和）・パートⅡの世紀の始まりだと、人々はもてはやしさえしたものだ。

それは一方で、日本経済失速後の米国経済の活況によって支えられ、他方で唯一の核超大国の強大な軍事力によって支えられていると、みなされてきた。

そしてその核超大国・米国が主導するグローバルな安全保障が、現存の五大国に核保有を限定し、しかも今後の地上・地下核実験を禁止することによって確保されるものと、みなされてきた。

核保有国が五カ国に〝未来永劫《えいごう》〟限定されるとする改定ＮＰＴ（核拡散防止条約）が前者を、屋外のすべての核実験を禁止して核保有の芽をつむことを狙ったＣＴＢＴ（包括的核実験禁止条約）が後者を、おのおの保証するものとみなされてきた。

〝唯一の被爆国〟日本が、この二つの条約の締結と採択に反対して、国連で旗振り役を買い、非同盟諸国の説得に回ったことは、私たちの記憶に止めておいてよい。その時、多くの非同盟諸国が、何よりも米国自身による、核軍縮の推進とＣＴＢＴの批准を求めていたにもかかわらずである。

ともあれ冷戦終結後の国連で、九五年に改定NPTが、翌九六年にCTBTが、おのおの採択された。フランスと中国が、事前に数回の〝駆け込み〟地下核実験を繰り返しながら、最終的にはCTBTに約束通り署名した。

かくてNPT／CTBT体制に支えられた、米国主導型のパクス・アメリカーナ・パートⅡの幕開けを見たように思われたものである。

しかし、その〝アメリカの力による平和〟自体いくつもの虚構の上に立っていたことを、いま改めて確認しておかなくてはなるまい。

第一に、CTBTの発効の条件とされていた、インド、パキスタン、イスラエルが、当初からNPTへの加盟を拒否しつづけていたこと。

第二に、核保有五カ国が、屋外の爆発を伴わない〝臨界前実験〟やコンピューター・シミュレーションによって核開発を続行できる抜け穴を、CTBTが持っていること。

第三に、米国自身が、他国にCTBTを押しつけながら、自国では批准すらできず、しかも「核軍事技術の拡散」を防ぐとしていながら、現存核保有国に対して（たとえば英国の戦略原潜に核ミサイルを供与するなど）事実上の核の〝垂直的〟拡散を自ら進めていること。

米国が、イスラエルなど〝身内の同盟国〟の、核保有に対して〝寛容な〟姿勢を示してきたことも、同じ文脈の中でとらえることができるだろう。

冷戦後世界のNPT／CTBT体制による核軍事力の安全保障が、つまりは米国主導型の安全保障が、核五大国〝特権クラブ〟の安全保障にほかならないといわれるゆえんである。

その時改めて私たちは、軍事力によって安全保障を獲得するというこれまで慣れ親しんできた〝安全保障〟の常識自体がいま、問い直されていることに気づくはずだ。

いったいなぜ、膨大な飢餓人口を抱えた（一人当たりGDP＝国内総生産＝が三〇〇ドル余、つまり日本の一〇〇分の一しかない）インドが、核軍事力の保持に向かうのか。なぜ、識字率が三〇％に満たず、一〇〇〇人当たり日刊紙発行部数が九部しかないパキスタンで、財政支出を半減してまで核保有に踏み切るのか。

そしてなぜ〝唯一の被爆国〟日本が、南アジアの核危機によって核抑止体制が脅かされたとして（総額一兆円もする）米国のアジア〝戦域ミサイル防衛（ＴＭＤ）〟構想への共同参加に踏み切らなくてはならないのか。

いま問われているのは、私たちの外交のありようであり、〝軍事力が平和をつくる〟という私たちの常識ではないのか。それを、パクス・アメリカーナ・パートⅡのありようへの問い直しだといいかえてもよい。

18　アジアとの共生の道を閉ざすな

▼『朝日新聞』一九九九年三月六日

経済危機にあえぐ東アジア世界で。諸民族との相互依存と共生がこれまでになく求められているのに、その道を狭めようとしている——それが、新しい日米防衛協力のための指針（ガイドライン）、別名「戦争マニュアル」の本質ではあるまいか。

もともと旧ソ連の対日侵攻を前提につくられたガイドラインと日米安保体制自体、冷戦終結とともに縮減されるべき命運にあったはずだ。それが二一世紀アジアのもうひとつの未来を開く端緒であったはずだ。

だがいまペンタゴン（米国防総省）主導下に打ち出されているのは、一九七八年、核大国ソ連「膨張主義」論の上につくられた現行指針よりはるかに包括的で、戦時色濃い代物だ。それが一連の交戦法規の制定を日本に要請し続けている。

矛先はしかも、政府、自衛隊だけでなく、民間や自治体にも向けられている。安保が想定した対日侵攻「事態」だけでなく、朝鮮半島から台湾海峡に至る、文字通り「周辺事態」への戦争協力に及んでいる。

その改定なき安保の変質こそ、「周辺事態」を掲げながらその定義すらできない政府答弁の揺れの根元にある。不戦憲法のみならず、安保からさえ逸脱していると指摘されるゆえんだ。


ソ連が地上から消えたいま、なぜ「戦争マニュアル」なのか。なぜアジア諸民族と戦う戦時まがいの軍拡路線の再強化なのか。その疑問は、冷戦終結後の米国の、イラクやイラン、キューバ、北朝鮮など五カ国を「ならず者国家」と規定し、「二つの大規模地域戦争」戦略への転換に乗り出し、数兆円の戦域ミサイル防衛（ＴＭＤ）共同開発を求めてくる疑問と結びあう。

「冷戦終結の果実」を享受すべく、八八年以来九年間に国内基地三二一カ所を閉鎖し、軍事予算と兵員数を各々三割削減した米国の軍産複合体〃生き残り〃作戦と一極覇権支配の傲岸《ごうがん》とを、共に見ることもできる。

だが、指摘されるべきはむしろ「二・大規模地域戦争」戦略を東アジアに展開する、二重の過誤である。

第一に「民主化」によって平和と安全がつくられるとする「民主主義平和」論の、第二にその平和が外からの直接、間接の兵力投入と経済制裁で可能になるとする「封じ込め」論の、過誤である。いずれも、半世紀に及ぶ冷戦「勝利」のユーフォリア（陶酔感）の産物といってよい。

だが、旧ソ連や旧ユーゴスラビアの「民主化」が内戦と混乱を激化させたように、「民主化」は平和を保証しはしない。経済制裁と重爆撃下のイラクが世界八位の石油輸出国として生きのび、キューバが九四年以後プラス成長に転じたように、小国の「封じ込め」は民族主義を刺激し、権力基盤を逆に強化させていく。

しかも、ペンタゴン流読み込みは、東アジアの現実、特に北朝鮮と中国の軍事脅威の過大評価と重なり合っている。

北朝鮮の戦略位置をイラクと同一化し、朝鮮戦争時のそれに類推し、中国の軍事的脅威と共に過大評価する〝戦略的思考〟なるものの非現実性だ。

ソ連崩壊後の北朝鮮は、エネルギー源と市場を失い、工場稼働率を二、三〇%近くに下げ、異常気象下で食糧危機に瀕し、戦う体力すらない。

たとえば、空軍戦闘能力について北朝鮮は、米韓日三国が極東に展開する一〇〇機以上の精強なF16戦闘機のわずか二機相当分しか保有せず、老朽化した二世代前の潜水艦と戦車しか持たず、朝鮮戦争時の国内総生産（GDP）対韓優位差が、一対二〇以上にまで逆転されている。

「六〇年代、紅衛兵の時代を見る思いです。だから中国政府は、あの国がいま外資を求め、混合経済を導入しようとしている動きを育てたいのです」――昨年夏、飢餓線上の平壌から戻った私たちに、中国の要人はそう語ってくれた。

だがいま、その中国までをも仮想敵国として朝鮮有事と対中介入に備え、「戦争マニュアル」と戦時法規を制定しようとしている。

旅人のマントを脱がせることができるのは北風でなく太陽だ――危機下に北の同朋《どうほう》への支援と交流を強化し続ける金大中政権との提携を強め、その輪を中台に広げていく。それが二一世紀アジアとの共生をはかる道だ。そこにもうひとつの日米安保のありようが隠されている。

19　ブッシュ米新政権とアジア外交

▼『社会新報』二〇〇一年三月一四日

二一世紀の未来を語りながら、二一世紀の外交像 ― が見えてこない。軍事同盟を強調しながら、文化と経済が見えてこない。繰り返されるのは、道徳の復権と〝強いアメリカ〟への賛歌だ——。

新千年紀一月、大統領就任演説でシビリティ（礼節）と〝強いアメリカ〟の復権を謳《うた》ったブッシュ新政権の登場は、何を意味するのか。

それは、クリントン＝ゴア民主党政権の外交軍事戦略からの三様の転換を意味している。

軍事型封じ込めに

第一に、外交の軸足として経済中心戦略から軍事中心戦略への転換。

「問題は経済だ、この馬鹿者たちめが！」。この選挙キャンペーンで九二年、大統領の座をブッシュ・シニアから勝ち取り、三〇〇〇億ドルに上る財政赤字を黒字に変え、冷戦期軍事予算を三分の二に削減し、情報グローバル化戦略によって国力の復権に成功したクリントン外交戦略からの転換である。

その転換が、軍需産業やペンタゴンとの絆の強いラムズフェルド国防長官、チェイニー副大統領、パウエル国務長官らの旧レーガン＝ブッシュ共和党政権スタッフに加え、ロッキード・マーチン社元副社長の民主党・日系ミネタ運輸長官の登用によって象徴される。

第二に、外交の基調として関与／協調政策から抑止／威嚇《いかく》政策への転換。協力型安全保障外交から軍事型封じ込め外交への転換といい換えてよい。

ロシアや中国のような対極を取り込むため、それを戦略的パートナーと位置づけて米主導の覇権秩序に関与させ、組み込んでいく。その組み込みを通商と投資の相互依存によって保障し、資本主義への体制移行を軟着陸させる。

その関与政策から、冷戦期なじみの抑止／封じ込め戦略への転換が図られている。

「二重の相互主義」

共産主義ソ連が消滅し、中国の現代化が後戻りのきかないものになっているのに、古びた〝中国脅威論〟を持ち出し、それをイラクや北朝鮮など〝ならず者国家〟封じ込め戦略に転換させようとしている。

その転換が、中国重視から日米同盟／台湾重視への第三の外交戦略の転換と結び合って二重の相互主義でくくられようとしている。

ひとつは、対北朝鮮政策で。米国が北に対してKEDO（朝鮮エネルギー開発機構）や経済支援で譲歩するなら、北もまた核を含むWMD（大量破壊兵器）の開発査察などで米国側に譲歩すべきだとする相互主義。それは日本が日朝国交正常化に踏み切るためには、北が行方不明者／ら致〝疑惑〟で対日譲歩すべきだとする相互主義と通底する。

疑いもなくその相互主義は、ペリー・プロセスや太陽政策からの、そして何よりも、昨年六月ピョンヤンの南北首脳会談で開かれた半島緊張緩和と統一への道からの、後退を意味する。

二つは日米安保で。米国が〝有事〟に日本を防衛するけれども、代わりに日本は、対米軍事協力をもっと積極的に進めるべきだとする相互主義。

したがって、沖縄の海兵隊を含め、東アジアの米兵力現有規模は、固定的なものではなく、グアム、ハワイなどへの移駐を視野に入れ、むしろ米軍兵力の実質削減が勧められるだろう。

「集団的自衛権」へ

その代わりに日本は、自国兵力を強化し、最先端兵器の米国からの輸入をいっそう増大させる。同時に、米国の戦う「二つの大規模地域紛争」、特に、中東と極東での軍事協力へのコミットメントを深める。そのために憲法第九条を改め、中東や台湾海峡であれ、朝鮮であれ、米国とともに〝戦争〟ができる集団的自衛権の行使を認めるようにする。併せて極東有事に備えたTMD（戦域ミサイル防衛）と、NMD（米本土ミサイル防衛）の共同研究・開発・配備に数兆円規模に上る財政負担を含む対米協力を進めていく。

アーミテージ国防次官補が就任前、〝知日派〟を結集して作り上げた「アーミテージ報告」の中で、日米同盟を英米同盟並みに変え、同時に、日本が集団的自衛権を行使できるよう改憲を勧めたのは、この戦略転換の骨子を象徴している。冷戦型軍事力外交への逆走と言ってよい。

いったい、相互依存が深化し、冷戦思考が破たんし、軍事経済化のムダとムリが極大化している今日、なぜまたぞろ軍事力外交と軍事同盟の復権を図るのか。なぜ中国の現代化が進んでいるのに、台湾に攻撃用先端兵器を売り込むのか。

それは、電産複合体やペンタゴンを喜ばせるかもしれない。だが、そもそも相互依存の深化した今日、現代紛争のほとんどすべては、旧ソ連圏を含む非極世界の貧困や環境劣化、民族対立からくる内戦だ。その貧しい途上国世界の内戦に、最先端ハイテク兵器と軍事同盟強化で対処することは、木によって魚を求める類のものだろう。

諸民族との共生を

加えて文化と歴史のまったく異質な日米関係を、どうして英米関係になぞらえることができるのか。もしなぞらえるなら英国並みに日本も対米自立を図ることだ。そして、OSCE(欧州安保協力機構)のような多国間外交安保地域ネットを構築して軍縮を進め、英国並みに〃思いやり予算〃を現存規模の一〇〇分の一(!)に縮小し、英国並みに北朝鮮と国交を樹立することだ。

それが、二一世紀アジアで私たちが諸民族と共生できる道だ。けっして日米軍事同盟を強化し、改憲を進めることではあるまい。

二一世紀未来を語りながら、二一世紀世界の外交が見えてこない。〃強いアメリカ〃を謳いながら、その黄昏《たそがれ》を早めるブッシュ新政権下のアジア外交戦略の陥穽といわざるをえまい。

その意味でブッシュ新政権の登場は、冷戦後一〇年の米国経済復権に支えられた一極世界支配の黄昏の時を、米株価の下落と共に刻み続けるのではあるまいか。

20　一国覇権主義の危うさ

いま世界を妖怪《ようかい》が徘徊《はいかい》している。一国覇権主義の妖怪が――。

ベルリンの壁が崩壊し、冷戦が終結したあと人類は、地域紛争の頻発に悩まされながらも、それぞれの形で〝平和の配当〟を手にしてきた。それが、米国経済の復権と、ＥＵ（欧州連合）の結成や、中韓の台頭によって象徴されていた。

しかし二〇〇〇年大統領選挙のごたごたの末に登場した米国ブッシュ政権の下で、世界はいま、微妙な様変わりを呈している。冷戦が終結したのに再び冷戦時代へ逆戻りを見せ始めている。

世界は冷戦時代の過去を向きながら、ポスト冷戦後の未来に向かって走り始めたかのようだ。〝未来への逆走〟バック・トゥ・ザ・フューチャーだ。その逆走が、二つのトラックで展開している。

第一に、ミサイル防衛（ＭＤ）構想に集約される宇宙戦への逆走。第二に、ＣＴＢＴ（包括的核実験禁止条約）の〝死文化〟決定に象徴される核軍拡レースへの逆送。第三に、二酸化炭素（CO_2）排出量削減に関する先進国合意・京都議定書からの離脱に表出した、一国経済優先主義への逆送。

冷戦終結後の世界の基本的枠組みをつくる多国間合意を、自国〝国益〟優先のために反古《ほご》にする一方主義（ユニラテラリズム）の台頭である。その一方主義が、米国の核・宇宙兵器の圧倒的力のつくる覇権主義戦略と組み合わされている。そしてその軸に、北朝鮮やイラクなどの〝ならずもの国家〟やテロリストたち、さらには中国やロシアなどの〝無法行為〟を宇宙から爆撃できるとする、ミサイル防衛構

▼『信濃毎日新聞』二〇〇一年八月二七日

想がすえられている。

ピストルの弾をピストルの弾で撃ち落とす。しかも相手方の弾道ミサイルは、音速ジェット機の五倍の早さで飛んでくる弾だ。

かつてレーガン時代に流産したスターウォーズ計画や、父親ブッシュ大統領の時に構想され流産したGパルス計画の、冷戦後版である。

「パパ、ママ、見て見て。手を離しても倒れないよ」——ミサイル兵器の玩具《おもちゃ》を積み重ねて、子供室の窓からのぞき込む両親に呼びかけるブッシュ坊や——。米外交専門誌の最近号が揶揄《やゆ》する政治劇画に、ブッシュ・ジュニア外交の一国覇権主義の危うさが象徴されている。

その危うさに、中国やロシアはいち早く反発した。EU諸国は批判し、NATO（北大西洋条約機構）理事会すら留保を付けた。なぜ核軍縮が緒につき、軍拡の〝国益〟よりも地球環境保護の〝人類益〟のために、諸国家が共同対処しつつある時、あえて時計の針を逆戻りさせるのかと。その批判が、米国内のリベラル派の声と共鳴し合っている。

ただ皮肉なことに、戦後一貫して平和主義外交を掲げた唯一の被爆国・日本だけが、その危険なブッシュ覇権主義外交を支持し続けている。

「私は根っからの親米派だ」——先の訪米旅行でブッシュ外交にエールを送った小泉首相の言葉が、日米同盟基軸論の危うさを示している。日米安保五〇年目の今日に求められているのは、もうひとつの同盟のあり方であるはずだ。それが一国覇権主義の妖怪を見すえることのできる眼《め》と重なり合っている。

V

いま外交とは

〈自前の構想力を持て〉

イージス艦「きりしま」出港=毎日新聞社提供

年	月	動　き
1988	1	政府、大韓航空機事件で北朝鮮に制裁措置
	4	日米加欧 4 極通商会議が、保護主義に対抗する措置を検討
	5	牛肉・オレンジの日米交渉決裂
1989	11	ベルリンの壁崩壊
1990	8	湾岸危機勃発
	9	金丸元副総理らが北朝鮮訪問、国交樹立のための政府間交渉開始で合意
	10	政府が国連平和協力法案を国会に提出
1991	1	橋本蔵相が米側と多国籍軍への90億ドル追加支援で合意
	4	ソ連ゴルバチョフ大統領が来日
		日ソ共同声明、北方領土は 4 島を領土画定協議の対象とすることで合意
1992	6	PKO 協力法、国際緊急援助派遣改正が成立
	9	PKO による自衛隊カンボジア派遣部隊第一陣出発
1993	10	エリツィン・ロシア大統領が来日
	12	細川首相がコメの部分開放を表明
1994	7	村山首相、「安保堅持」を表明
	9	日本、ルワンダ難民救済のため自衛隊を派遣
1995	4	日米欧、ドル買いで協調介入
	9	沖縄で米海兵隊員ら 3 人が女子に暴行
1996	4	普天間飛行場の移転で合意。橋本・クリントン、日米安保共同宣言に署名
1997	4	米軍基地用地使用のための改正駐留軍用地特別措置法成立
	9	日米、新ガイドラインに合意
	12	京都で地球温暖化防止国際会議
1999	3	北朝鮮工作船 2 隻に海上自衛隊が初の海上警備行動
	5	周辺事態法成立
	12	政府が北朝鮮への制裁措置を解除
2000	6	森首相、ワシントンを訪問、ブッシュと首脳会談
	7	沖縄サミット開幕
	9	プーチン大統領来日
2001	4	日本政府、対中国セーフガード暫定発動
	12	北朝鮮不審船、日本領海に侵入
2002	1	日本シンガポール自由貿易協定調印
		東京でアフガン支援会議開催
	5	瀋陽総領事館に亡命者追い中国武装警官が無断侵入
	9	小泉首相訪朝、「日朝平壌宣言」に署名

Postscript

多角的安保の道

「ツチかフツか、わかりますか」――アジア経済研究所の武内進一さんは、ルワンダ現地でのインタビューの合い間に、きまってこう私にたずねた。

背が高く痩身で鼻高なのがツチ族で、背が低くずんぐり型がフツ族。フツ族が全人口の九割を占めているとされる。そのフツとツチを軸に、一九九四年フツによる大虐殺をはさんだ略史は、巷間次のようにしるされる。

まず植民地統治下で抑圧されたフツが、五〇年代末ベルギーからの独立とともにツチ支配を倒し、カイバンダ、ハビャリマナ両大統領下でフツ支配が続いたけれども、九〇年代に入り（北のウガンダ滞留の）ツチ中心のRDF（ルワンダ愛国戦線）が反攻に出て、九四年内戦が激化した。そしてフツによる、八〇万人を越すツチ族虐殺にもかかわらず、七月ツチは政権奪還に成功し、それに伴い、大量のフツ難民が、西のザイール、南のブルンジ、東のタンザニアへと流出した。〝被抑圧部族〟フツ受難の略史というべきか。

この時フランスは、フツ救済のためとして多国籍軍を派遣し、日本もまたそのあと激論の末、ザイール・ゴマ地区に、フツ難民保護の名目で、四〇〇人の自衛隊を派遣した。

気鋭のアフリカ専門家竹内さんによれば、ツチとフツの区別はそれほど判然としていない、その部族概念は、ルワンダ王国時代にもあったけれど、植民地時代になって明確な形で制度化されつくられたのだという。

毎夏、現地で農村調査を続けている同氏の強い誘いに甘えて、〇二年八月上旬、オックスフォードからナイロビ経由でルワンダに飛んだ。サハラ砂漠以南、アフリカ中央高地に位置する世界最貧国である。高度一五〇〇メートル、長野県の二倍ほどの国。首都キガリから農村調査先ブタレまで、でこぼこ道を車で走った。弾痕を随所に見る議事堂やブタレ大学や国際NGOから、街中《まちなか》のむせかえる市場やバナナ畑の泥土の農家までまわった。

確かに竹内さんのいう通り、ツチとフツは、截然と区別できない。同行のママラ先生も、ずんぐり型なのにフツでなくツチだ。紛争は、つくられた脅威に端を発している。

そこから私たちは、新しい疑問にぶち当たる。いったいあの虐殺とは何であったのか。なぜそもそも、冷戦終結後の九〇年代に入って内戦が勃発し激化したのか。

どうやら私たちは、部族抗争史観をつくる二項対立の陥穽に陥っているようだ。平和と戦争、文明と野蛮、民主主義と専制……。複雑に入り組んだ現実を、排除し合う対概念で単純化させる思考法である。一方が常に善で他方は悪だ。相手方は〝他者化〟され、他者の中に自己を見ようとしない。

「敵はやつらだ。やつらをやっつけろ!」の合い言葉が、民衆をツチ大虐殺へ走らせた現実が、その陥穽を示している。

だが私たちが、紛争を生み出した内側からの社会経済的要因と、外側からの国際関係的要因を視座に繰り込むなら、九〇年代黒い大陸を襲った紛争の現実が見えてくる。フツ難民保護の自衛隊が、虐殺の首謀者たちを逆に保護していた皮肉が見えてくる。

第一に、冷戦終結が、米ソ対決の舞台としてのアフリカの戦略価値を低下させながら、〃民主化〃の陶酔感《ユーフォリア》を生み、〃開発独裁〃体制への〃上から〃の支援をそいで現存体制を崩壊させ、貧困を加速させていた。

第二に、石油危機による累積債務化のもとでアフリカ諸国は、IMFや世界銀行からの援助と引き換えに構造調整プログラム(SAP)を受容し、「小さな政府」論を実践したけれども、それが格差と貧困を、ともに拡大させていた。

第三に、八〇年代以来の異常気象が一方で、環境を劣化させて飢餓を生み、他方で冷戦下の軍事化と冷戦後の〃兵器の氾濫〃が内戦状況を醸成した。コソボと同じように、ルワンダにもまたナタや斧だけでなく、大量の小型兵器が氾濫していた。

貧困と軍事化と、皮肉にも〃民主化〃が、内戦を紡ぎ出す。〃やつら〃と〃われら〃が峻別され、脅威をつくり上げる。そしてその脅威に対処し〃異形の他者〃を排除・せん滅すべく、紛争と虐殺のスパイラルが進行する。

いまなすべきは、紛争原因を事前に予防し除去することだ。軍事力の脅しや行使によってでなく、外交と社会経済的諸力によって緊張緩和をはかることだ。テロや北朝鮮の攻撃に備えるためにイージス艦を派遣することではない。「ならず者国家」であれ何であれ、アジアの隣人を〝他者化〟して脅威を煽り、有事立法を制定して日米同盟を強化することでもない。

私たちがなすべきは、他者の中に自己を見出し（拉致という国家犯罪に手を染めたのは〝やつら〟だけでなく百万単位で〝われら〟もやってきた！）、他者との間に共通公共空間をつくり上げることだ。それが、中世以来の外交の、本来の役割であるはずだ。そしてその外交を、社会経済的諸力と結び合わせることである。戦後五十有余年、私たちは何度〝赤い隣国〟が攻めてくる類の〝つくられた脅威〟論に、踊り踊らされてきたことだろう。

九〇年代中葉から私は、〝異形の他者〟を鍵概念とし、東アジアの冷戦起源と「戦後の原像」を読み解きながら、プロジェクトの軸を、アジア総合安保の構築へと移し始めた。かつてブラントやパルメによって提唱された、軍事力だけによらない包括的な共通安全保障の仕組み《レジーム》を、東アジアにどう実現していくのか。日米安保に代わる多角的安保をどう構築し、「人間の安全保障」につなげるのか。

貧困と飢えを除去し、紛争や危機を予防する〝もうひとつの安保〟への道である。その多角的安保をつくることができた時はじめてその中に、外交の真髄を見出すことができるはずだ。その外交への自前の構想力と欠落とが、以下のコラムで問い直されていく。

コラム

1 いま外交とは何か

安全保障は酸素のようなものだ、なくなってはじめて死活的重要性を知るはずだ——ナイ米国防次官補の日米安保絶対主義論のさわりの一節である。東アジアでその酸素は、一〇万人の米軍を不可欠の要素とし、うち韓国に三万六〇〇〇人、日本に四万七〇〇〇人。その構想は向こう一〇年間維持されるべきだと主張する。

しかし、頻発する米兵の犯罪や、騒音にさらされる沖縄にとって、安保酸素論はいまや「悪い冗談」でしかあるまい。

世界第二の核大国ソ連が潜在脅威だった冷戦下なら、安保の負荷も受忍できたろう。だが今日、その核大国も地上にない。当の米国すら、一九八八年以来三二一カ所に及ぶ基地閉鎖を進めている。しかも在沖米海兵隊一万八〇〇〇人は、ハワイや米本土からでも対中東戦略を含む軍事戦略機能を十二分に果たしうる。

確かに、冷戦後のアジアで中国と朝鮮民主主義人民共和国（北朝鮮）の脅威が喧伝《けんでん》される。安保は、日本の軍事大国化を防ぐ「びんの栓」だとも主張される。だが日本の軍事費は今日、中国の総国家予算の約七割に達し、北朝鮮のそれは韓国のわずか五分の一でしかない。日本はいまや安保の要請に忠実(?!)にこたえた結果、世界第二、第三の正真正銘の軍事大国、兵器輸入大国にまで急成長している。安保はもはや、逆に軍事大国化を培養する「びん」自体と化しているのではないか。

軍事同盟という制度は、現代兵器の高度資本技術

▼『朝日新聞』一九九八年一月八日

集約化のために、軍産官複合体の毒素を内外に広めながら、危機を逆にあおり立てていく。

その毒素が、ソ連崩壊と米国の衰退の原因となり、その毒素から免れたことが、戦後五〇年の日本の繁栄を生み出した。その「歴史の教訓」を、冷戦後の今日私たちはもっとかみしめ直してよい。


三年半の戦乱の末にボスニア和平が成立した。それは、国連に認知された「国際化された軍事力」の役割の重要性を、改めて示唆している。

だが、だからといって、紛争の発端が、イラク戦争の時と同じように、兵器の不足でなくその氾濫《はんらん》と、何より「外交の失敗」にあった現実を見落としてはなるまい。国家予算比で旧ユーゴスラビアは世界四位の兵器大国で、しかも兵器工場の八割が「侵略者」旧セルビアに集中していたのである。

そしてもし、スロベニアとクロアチアの独立に、ドイツとヨーロッパ共同体（ＥＣ）が早すぎた承認をしていなければ、多民族国家の四分五裂を回避する方途もあったはずだ。またあの時、旧ユーゴ社会主義の民主化と市場経済化を、米国が性急に促していなければ、体制転換に伴う混乱と秩序解体の道を、避ける手だてもあったろう。

バルカンの悲劇はその意味で、再共産主義化に揺れる今日のロシアの悲劇とも通底する。同時に、開放下の中国や「閉鎖国家」北朝鮮の近未来に対して、とるべき外交ととらざるべき外交のありようを、指し示している。安保か非武装中立か、安保堅持か独自防衛かという二者択一論の怠惰に、私たちの政策思考をゆだねるべきではない。

好むと好まざるとにかかわらず、日本は、ボーダーレスな世界で外交の継続性を前提に、日米友好を基軸としていかざるをえない。その時浮上する課題は、いかに安保の重武装化を薄め、日米二国間のハードな軍事安保を、アジア太平洋の多角的でソフトな枠組みに組み替えていくかだ。そのためにまず、次期中期防衛力整備計画に盛り込まれた二五兆円の膨大な軍費の、可能なかぎりの軍縮を進めることである。

内にあってそれは、なお脆弱な国内諸基盤に振り向けられるし、構造不況下の中小企業、高齢化と高度技術化社会に向けた福祉・科学教育、いまだ最緊急の震災復旧に及ぶ。

外にあっては、台頭するアジアの開放と成長に向けて、民衆の目線に立った社会経済文化協力をもっと推進することができる。それをアジア多角安保の軸にすえることだ。

政官業一体化の下で、「政治を喪失した」五五年体制崩壊後の日本が、未来の展望を切り開くためには、その「もうひとつの外交」の構想力を組み立てるしかない。その時初めて、政治は復権し、二一世紀の条件を手にできるはずである。

▼『世界』一九九〇年六月

2 フルンゼの大爆笑

モスクワのフルンゼ参謀学院は、エリート将校の養成所だ。日本で言えばさしづめ、かつての陸士か海兵のようなものだろう。その学院の教室で、名うての日本人防衛問題担当記者と、学生たちとのあいだで、次のような会話がかわされている。

学生のひとり「日本陸軍は何を脅威として備えておられるか」。

記者「もちろんソ連陸軍の北海道侵攻に備えている」。

学生たち「大爆笑」。

同記者が急いで言葉をつなげ、「自衛隊がソ連に敵意を持っているわけではない。巨大な軍事力を持つ隣国を、一応の防衛の対象として考えるのはやむをえないことです」と弁明しても、学生たちの笑いの波は引くことがなかったという（AERA, 1990. 3. 30. p. 11)。

この会話のやり取りは、いくつかの興味ある事実を指し示している。それも、私たちが〝日米基軸論〟のなかで意識の外に追いやってきた事実を、である。

第一に、ソ連と軍部エリートたちのあいだですらもはや、米ソ対決を、戦略論の中心にすえて戦争と軍事を考えることはしなくなっていること。〝米ソの時代〟は、軍事的にももはや過去のものとなりつつある。

確かに、米ソが〝核のダモクレスの剣〟に支えられた危機下で対決し合っているという軍事観に立つなら、日本の突出し続ける軍事力は、アメリカの対ソ戦力を補完するものとして位置づけられるだろう。日本の自衛隊が、巨大な軍事力を持つ〝北方の熊〟ソ連の北海道侵攻に備えているという見方はその時応分の説得力を持っている。

しかし、〝ベルリンの壁〟が崩壊し、米ソが敵対国から友好国へと変貌し続けてやまない今日、アメリカの対ソ戦力の補完物として日本の自衛隊を位置づける見方は、ますます〝現代の化石〟のようなものになっていかざるをえまい。

米ソがもはや、潜在的であれ顕在的であれ、敵対国でなく友好国へと変わり始めているという冷厳な現実は、米国民の世論調査の結果によく示されている。

ここ数年、米国の民間調査機関やマスメディアが世論調査を行うたびごとに、「アメリカの安全保障にとって最大の脅威はどこか?」という問いに「ソ連」と答える米国民の数は、漸減し続けている。それと対照的に、「日本」を最大の脅威だと答える国民が着実に増え、アメリカの安全にとってのソ連と日本の位置は、この一年で完全に逆転し、逆にその差が開き続けている。〝ソ連脅威論〟から〝日本脅威論〟へと、米国民の意識のあからさまな転換である。

たとえば、昨年夏のビジネス・ウィーク誌の調査によれば、ソ連を脅威と答えたものはわずか二二%にまで減少し、反対に六八%が、日本を最大の脅威だと答えている。

このところ、米軍高官たちが、在日米軍は、日本の軍事大国化を防止する〝ビンの栓〟のようなものだとする類の発言をし、日本側関係者をあわてさせているのも、むべなるかなと思わせる、米世論の対日観の変化だ。そしてその変化の裏には、対ソ観の巨大な変化が隠されている。

ソ連はもはや敵でない、ペレストロイカに援助し、民主化の動きが逆転しないようゴルバチョフを支援し、軍縮を進めよう、米ソが軍事的に対決し合うヤルタ体制下の世界ではもはやない、互いに経済的に協力し合うポスト・ヤルタの世界だ――対ソ認識と世界像におけるこの一八〇度の転換が、世紀末の米国外交の機軸を貫いている。それなのに日本はいったいなぜ、米国の〝幻〟の対ソ戦略網の補完物として自衛隊を位置づけ、世界第三位の巨額の軍拡予算を組み続けるのか。

ソ連の北海道侵攻に備えて軍拡予算を組み、自衛隊を増強し続けるというわが政府の、まことに時代離れした〝政策哲学〟が、フルンゼ参謀学院のエリートたちの〝大爆笑〟を買った背後には、しかし第二の、もっと深刻な、軍事常識の欠落がある。

かつてソ連脅威論を説き、いまなおその金看板を降ろさず、自衛力強化論を論じ続ける岡崎久彦・元外務省情報局長をはじめとする偏狭な〝日米基軸〟論者たちにおける〝戦略的思考〟なるものの薄っぺらさを、浮上させる次のような軍事常識の欠落が見え隠れしている。すなわち、よしんばソ連の北海道侵攻という非常事態に対してわが国が〝防御〟に繰り出したとしても、その〝防御〟が現実の戦争でまったく意味を持たないという、軍事常識の欠落だ。

「日ソもし戦わば」の時、ソ連が恰好の標的とするのは、わが政府が誇る精強な日本軍でも、在日米軍でもない。むしろ、日本海沿岸の原発であるはずだ。その原発をたたくためには、核の引き金に手をかける必要はない。数発の通常ロケット弾で十分だ。

何よりもそれは、米国の対ソ核報復を引き出さずにすむ。それも、敦賀か若狭の原発を一基か二基たたくだけで、中京から京阪神に及ぶ日本の中枢機能の半分を完全に廃墟と化すことができる。

首都機能を残したまま中枢部をたたく――なんと理想的な限定戦争のシナリオではないか。あとは、対日ブラフ（脅し）をかけてお好みの条件を日本から引き出せばそれでよいだろう。

いったい、この軍事常識を承知の上で、日本政府は、日本海沿岸にいくつもの原発基地を密集させているのだろうか。

敵正面に、最も脆弱な中枢機能を裸のまま差し出すという、この〝神秘なる東洋の国〟の奇怪な〝戦略的思考〟とは、いったい何であるのか。

フルンゼ参謀学院のエリートたちの「大爆笑」の意味を、私たちは繰り返し自問しなくてはならない時が来ているようだ。

▼『世界』一九九〇年七月

3 迷走し始めた日米安保

難産の末に誕生した日米安保も、歳四〇に達しようとしている。人間にたとえるなら、〝不惑の歳〟に到達するわけだ。しかし〝不惑の歳〟に達したはずの人間が、その表面の落ち着きぶりに反して、内面でますます迷い続けることがしばしばあるように、日米安保もどうやら〝迷走の季節〟に入り始めたようだ。

人間の場合と同じように、外交の場合もまた〝迷走〟は、〝環境の変化〟の関数だ。環境の変化が激しければ激しいほど、迷走指数は高くなり、逆に不惑指数は低くなる。東欧変革の波がもたらした国際環境の激変こそ、日米安保を、変わる時代状況と国際環境とに、およそ似つかわしくないものへと変え始め、安保それ自体の〝迷走〟をいまや引き出している原因だ。

それにしても日米安保とは、そもそも何であったのか。私たちはそれがけっして、このところ一部の学者やジャーナリストたちが指摘し始めているのと違って、その出発点で二重の目的を持っていたのではなかったことを、まず確認しておかなくてはならない。

〝二重の目的〟とは、一方ではソ連やその〝第五列〟とされた中国、北朝鮮などの共産主義国からの脅威に対処するためという〝表〟の目的であり、他方では、日本の軍事大国化を抑止するためという〝裏〟の目的である。

確かに、米国の対日占領政策は当初、日本の軍事大国化の抑止を、主要目的としていた。だが周知のように、米ソの冷戦の開始は、米国にとっての日本の戦略的価値を高め、米国の指導者たちは、ソ連の共産主義者たちが、限定的であれ全面的であれ、世界侵略に乗り出したととらえ始めた。だからこそソ連が東欧を席巻し、〝中共〟を支援し、朝鮮戦争に踏み切ったのだとする仮構《フィクション》に立って、ソ連とその同盟国を〝仮想敵国〟に仕立て上げることができたのである。

日本を共産主義の〝赤い魔手〟から救え！　そのために日本を再武装させ、武装の足らざるところを〝同盟〟によって補完せよ。安保と日本の〝武装体制〟化とが、かくて米ソ冷戦によって〝シャムの双生児〟のように生み落されることになったのだ。

その意味では日米安保は、当初から首尾一貫して、ソ連と共産主義の脅威に対処するために策定されていたのである。もし二重の目的があったとするなら、それは、ひとつには安保が、共産主義国からの直接侵略と間接侵略との――外からの侵攻と内からの内乱との――二様の脅威に対処するためであったし、二つには、軍事安保と経済安保との――米日関係における軍事面での提携強化と経済面でのそれとの――二様の目的であっただろう。

言うまでもなく、一九六〇年の安保改定で書き加えられた経済協力条項――いわゆる二条安保――は、経済安保としての特質を、安保に付与するものであった。だが、そうした二重性にもかかわらず、安保の本質が、当初から首尾一貫してソ連と共産主義の脅威に対処するためであったことは、どれほど強調してもしすぎることはない。よしんば安保堅持論者たちが、仮想敵国の主軸を、米国の言いなりになって、ソ連から中国に変えたり、中国から北朝鮮に変えたりしてきたにしてもである。

安保の本質をそう正確に把握した時、私たちは、近時、米国の軍関係者や国務省筋で出始めている〝安保＝びんの栓〟論の虚構性に気づくはずだ。日米安保は、日本の軍事大国化を抑止するための〝びんの栓〟の役割を果たす、だからこそ安保は堅持されなくてはならないとするその手の議論は、つまるところ安保が、ペレストロイカと〝ベルリンの壁〟の崩壊によって引き出された〝冷戦終結〟下の国際環境で、本来の目的を喪失したためにつくられた〝迷走の産物〟――もしくは巨大な軍産複合体の既得権益擁護のための方便――にすぎないのではあるまいか。

もし本気で日本の軍事大国化を憂慮し阻止したいというのなら、なぜ米国は、日本に兵器を売り込み続けるのか。なぜ自衛隊という軍隊の、強化でなく弱体化を、いや弱体化でなくとも〝現状凍結〟を、真剣に提案してこないのか。

日米安保〝表と裏〟論にしろ、安保〝びんの栓〟論にしろ、この手の議論に巣食う自家撞着の危うさに、私たちはどれほど注意してもしすぎることはあるまい。

そしてその自家撞着の危うさは、単に政府与党の外交の貧困によってばかりでなく、野党外交の壮大な欠落によってもまた、今後ますます強められていくはずだ。その意味で〝ベルリンの壁〟崩壊後の、世紀転換期の今日求められているのは、軍縮と経済の時代の到来を前にしてその現実を直視し、その現実を東アジアに定着させる、もうひとつの〝外交の方途〟であるはずだ。

もし野党が、真剣に政権をとろうとするなら、日米安保の議論を、単に日米関係という狭いコップの中の議論にとどめておくべきでない。広く東アジアの多角的安全保障機構をどうすべきかという文脈の中におきかえるべきだ。そのためには、GNPの増大と共に軍事費を自動的かつ正確に増大させていく〝一％枠〟堅持などという錦の御旗はまず下ろし、大胆かつ慎重な〝日本の軍縮〟構想を提示すべきである。少なくとも、軍事費凍結策を打ち出すべきである。

その上でたとえば、南北両朝鮮の〝クロス承認〟

論を、野党の側からこそ提案すべき時が、いま来ているとみなすことも十分できるはずだ。世紀転換期の波は、いま北朝鮮をも襲い、北の側から〝クロス承認〟論が打ち返されてこないと、誰が保証できよう。かくして安保はますます〝迷走〟を強め、それを現代の壮大な化石と化す至高の方途がつくられていく。

4　北方領土のリアリズム

▼『世界』一九九〇年一〇月

北方領土問題の解決の道が見え始めてきたようだ。四十数年にわたり硬直し続けてきた日ソ関係も、領土問題の解決をひとつの契機として、いまようやく打開のきざしがあらわれ始めている。

とはいえ、日本側の領土問題の対応にはなお、いぜんとして奇妙なかたくなさが残り続けているようだ。一言でいえばそのかたくなさは、「四島返還・入口論」に集約されるだろう。すなわち、ソ連は日本に、クナシリ、エトロフを含めた四島を返還すべきだ、そしてその返還が日ソ国交回復の〝入口〟であって、それなくして日ソ間の平和条約はもちろん、経済協力もありえない――というものである。

去る七月二五日、自民党内切っての「ソ連通」桜内衆議院議長が、モスクワにゴルバチョフ大統領を訪問し、大統領の訪日を求めて訴えたのが、まさに「四島返還・入口論」という、日本の伝統的対ソ政策論であった。だからこそゴルバチョフは桜内氏に「(ソ連が北方四島を平和的に支配している)戦後の現実を尊重しなければならない」と、氏の主張を突っぱね、「領土問題解決だけを日本が求めてくるなら」訪日予定は、再考せざるをえない、「なんのためにあなたは私に会いに来たのか」と不興の意をあらわにしたというのである。

もっとも、領土問題に関するかぎり、自民党と外務省が主張し続ける「四島返還」論など、見ようによってはまだましなのかもしれない。たとえば共産党は、あいも変わらず全千島返還という古びたレコードを回し続けているし、野党第一党たる社会党もまた、内部で再考の動きが出始めているにせよ、いまだ全千島返還論に固執し続けている。

いったい、四島ですらかんたんに返還してもらうことができない「戦後の現実」があるのに、カムチャッカ半島の先端に至る全千島二二島を、「日本固有」の領土だとして返還要求のプログラムを組み立てる、その国際感覚のなさを、私たちはどう見るべきなのか。

その点でいえば、二島返還論でとりあえず妥協すべきだとアドバルーンを打ちあげた自民党のドン・金丸氏や、日ソ関係の正常化を、朝鮮半島（つまりは北朝鮮と）の正常化と組み合わせるべきだと主張する安倍氏など、ポスト海部（?）をねらう旧型保守政治家たちのほうが、（反ソ反共主義になおしがみつく）民社党を含む、野党の各政治集団より、もっと柔軟な、ポスト・モダン風外交感覚を持っている。

〝国境なき世界〟――ボーダーレスな地球社会――が現出し始めているというのに、いつまで旧世界の感覚で、外交に対応し続けるというのか。外交感覚のポスト・モダンへの転換なくして、野党の政権獲得の可能性など「夢のまた夢」でしかないだろう。

そもそも領土問題についていえば、あまりに多くの神話が、われら大和民族の歴史教科書と国際感覚の中に、しみ込み続けている。

第一に、変転きわまりない国際政治の世界には、「固有の領土」なる観念も原則も本来ありうるものでない。

もし「固有の領土」なる観念があってその原則に依拠できるというのなら、統一ドイツは、ポーランド国土の西側半分を手にできる権利を持っているし、新生ハンガリーは、これまたルーマニア領土の半分以上をプレ・ヤルタ体制下の「固有の領土」だと主張できるはずだ。逆にソ連の「固有の領土」は、モスクワ周辺でしかなくなる恐れもあるし、アメリカのそれは、一三州しかなくなってしまう。

ソ連「帝国主義」を批判するなら、それ以前に私たちは、自国の「帝国主義」を自己批判し、少なくともアイヌ・モシリたちが、民族自決の原則に従って、かつての先住地域たる千島の領有権を、正式(!?)に申し立てている事実を忘れてはなるまい。

いや、だからこそ私たちは、「近代国民国家」成立以後の歴史のなかで、少なくとも最も最近に締結した国家間の契約——つまりは条約——を何よりも尊重しなくてはならないのだということになる。

なぜ私たちの政府は、講和条約二条C項で「千島列島に対するすべての権利、権限及び請求権を放棄する」と誓約したのに、なおもその「千島列島」の中には、クナシリ、エトロフを含む北方四島は含まれていない「南千島は千島にあらず」という、白馬でない馬は馬でない式の詭弁を、弄し続けるのか。

碩学たちが見事に分析しているように、日本政府が「白馬、馬にあらず論」の根拠としている一八七五年の樺太・千島交換条約の（日本語訳文でなく）フランス語正文では、『クリル』群島中にクナシリ、エトロフは含まれているし、その二〇年前の安政条約でも両島は「クリル」諸島の一部とされている。

いやいや、もう歴史考証主義も法律論もたくさんだ。私たちがダンスを始めなくてはならないとするなら、四十数年前、領土が事実上引き渡された時点に立ち戻って、ダンスを始めなくてはならない。それが、外交を規定するリアリズムというものだ。

幸か不幸かしかし、その外交の現実感覚を、国民のほうが先取りし、ボーダーレスな地球社会で生きるしなやかさを手にし始めているようだ。

ソ連に最も近接している北海道民の意識調査によれば、「当面は二島返還で、国後、択捉返還の道も残す」とする現実派が四八％を超え、「粘り強く四島返還を要求すべし」とする理想派二六％を大幅に上回り、全千島返還派はわずか六％余りでしかない（『北海道新聞』一九八九年一月一日付）。

その意味で、私たちに求められているのは、粘り強い国民外交の啓蒙運動なのかもしれない。

5 外交の美学とは

▼『世界』一九九〇年一一月

語呂合わせをあえてするなら、リリシズムのないリアリズムはエゴイズムでしかない。そしてエゴイズムはいつも、リゴリズムなきリアリズムからやってくる。

中東貢献策で揺れ動く日本外交が、つまるところ経済超大国ニッポンのエゴイズム外交でしかないという海外からの批判は、わが国に、リリシズムとリゴリズムとからくる〝美学〟がないことのあらわれだと言えないだろうか。

〝美学〟なきリアリズム外交——それがわが外交の本質だ。「吉田ドクトリンは永遠なり」として、たとえ日米関係の堅持なるものに最大の価値をおき続け、戦後保守外交の現実主義性をほめたたえにしても、そのリアリズムなるものがエゴイズムの別名でしかないことは、日本の中東貢献策を通じて、今後ますますあからさまにされていくのではないだろうか。

周知のようにわが国は、すったもんだのあげく、その重い腰を上げてようやく八月二九日、医療団派遣や多国籍軍への一〇億ドルの資金供与を骨子とする「中東貢献策」を打ち出すことができた。

「カネは出すけどヒトは出さない」、いやそのカネすら出し渋っているではないのか、という米国からくる批判に応えて、政府が打ち出したこの中東貢献策は、憲法と自衛隊法に体現された「平和国家」ニッポンの国是の許容する枠内で可能な、ぎりぎりの対応策であったと言えるかもしれない。その意味で、政府のこの中東貢献策は、それ自体もっと高く評価されてよいだろう。

海部内閣はこの二週間後の九月一四日、さらに中東貢献策の第二弾として、多国籍軍への追加支援一〇億ドル、トルコ、エジプト、ヨルダンの紛争周辺三か国への援助二〇億ドルの拠出を決めた。先に決定された一〇億ドルと合わせて、支援総額は四〇億ドルにもなる。しかしそれなのに、なぜこの一連の支援策に対する内外の評価が思ったほど高くなく、逆に米国側の対日不満が燃え続け、その不満の火に油を注ぐ皮肉な結果を生み出し始めているのか。


確かに米国は十数万の兵力をすでに派遣し、英、仏もまた駆逐艦や空母を派遣している。しかし、イタリアは、自国地上軍は砂漠戦の訓練を受けていないとして、今回は地上軍を送らないと決定しているし、デンマークは、長距離航海能力のある海軍艦船の半分を派遣すると一時表明したものの、派遣されてきたのはコルベット艦一隻にすぎなかった。

それに西ドイツは、艦船を送るという約束にもかかわらず、憲法上の制約から、その約束は取り消されたまま今日に至っている。そしてそれらEC全加盟国が、束になって拠出してきた支援総額が、なお二〇億ドルに充たないとするなら、わが国が打ち出している四〇億ドルの支援は、たとえ日本の対中東原油への依存度が相対的に高い事実を勘案したにしても、それなりに評価されてしかるべきだろう。それなのになぜそれが評価されにくいのか。いや逆に、最大の盟友であるはずの米国内で、いっそうの対日批判の火が燃え続けているのか。

考えてみればしかし、これもごく当然のことであるのかもしれない。というのも日本の行動は、かつて同じように、今回もまたなんの自己主張も伴わず、相も変わらず、米国の要請を受けたあとで、すったもんだのあげくの行動でしかないのだから。私たちはたとえ、他人からどんな豪華な食事をおごってもらったにしても、そのおごりが、こちらから頼んだあげくに、相手が財布のひもを解いた類のおごりであったなら、感謝の念はもちろんのこと、素晴らしい食事の味もまたいっぺんに吹き飛んでしまうにちがいない。

たとえて言えば、日本外交のスタイルは、そんな類のものでないだろうか。何よりも自己主張を好む米国人とつき合うコツは、自らも自己主張することである。それなのにただ米国の言いなりになっている。その〝顔のない経済超大国〟の立居振舞いに、このかつての超大国は、激しいいらだちを、心底感じ続けているにちがいない。

日本が貧乏で、食事のたびに、金持ちのパトロンが憐憫の情を示しておごり続けてくれた、六〇年代までであったなら、それでもよかったろう。いや逆に、米国の国益は日本の国益として、ただひたすらに自己主張を消し取り、〝顔〟を持たないことが、米国の自尊心をくすぐり続ける処世術であったかもしれない。

しかし、いまやパトロンの財布の底が見え始めている。いや、底が見えているばかりか、底に大きな穴があき、二〇〇〇億ドルの財政借金は、減るどころか増え続けている。そしてそれと対蹠的に、わが方が、そのかつてのパトロンより、明らかに金持ちになっている。それにもかかわらず、なぜ日本は、相手にせかされなければ、カネを出すことすらいさぎよしとしないのか。なんと見苦しい〝美学なき外交〟と言わざるをえないだろう。しかもその陰で巨大企業が、米国の土地を買い占め、ロックフェラー・ビルからグッチのハンドバックまで日本人の買い漁りの対象と化している。その総額は、年額数百億ドルに達しているだろう。それなのになぜ日本人は〝ただ酒〟を飲み続けるのか。

貧していたころ、われらには、「平和国家」ニッポンという高い理想があったし、国連外交を軸とする外交三原則なる自己主張もそれなりにあった。しかしいまや、本来の仮想敵国ソ連が「潜在的友人」となり、脅威が消えたというのに、なおも軍拡を続けている。せめてわれらはこの奇態をまず改めることから始めなくてはならない。そして「平和国家」のリゴリズムに徹し、愚直と言われようと「国連外交」のリリシズムの旗を掲げて、ポスト・ヤルタの非軍事的貢献への道を、もっと独自に模索すべきではないのか。

6　日本も平和戦略を

▼『信濃毎日新聞』一九九一年九月三〇日

軍拡の時代が、冷戦と共に終焉した。

各国が、国境の壁を高くし、巨大で精強な兵器を、軍人たちと共に国境や基地に配備し、仮想敵国の脅威に対処する時代は、米ソを含む先進国社会に関するかぎり、終焉した。それゆえにこそいま、先進国はこぞって〝軍縮競争〟に参加し、〝剣をすきに鋳造し直す〟ことに懸命になっている。

もちろん、軍縮競争のテンポについて、各国に違いがあるのは当然だろう。たとえば、独、仏、英はすでに八〇年代中葉――いまだレーガン米政権が対ソ脅威論をぶちあげていたころ――から〝ソ連脅威〟は減少しているとの立場に立ち、軍備凍結もしくは漸減に乗り出していた。

それが八〇年代核軍縮の波をつくり、欧州配備〝中距離核〟を中心とするＩＮＦ全廃条約から〝通常兵器削減〟条約締結の一連の動きを引き出していた。

この動きの背景には、軍備そのものに伴う〝壮大なムダ〟への認識と〝恐るべき危険〟への恐怖があった。ヒロシマ・ナガサキに代わってチェルノブイリが、ソ連を含む欧州諸国を〝軍備の時代〟の終焉へと走らせている。

それに、兵器と軍人が食いつぶす膨大な〝国富の浪費〟をあげるなら、いまや軍縮競争の時代が二一世紀の基本構造をつくるものであることは、あまりに明らかだ。

それが、今般のブッシュ米大統領による地上戦術核全廃構想を含めた核戦力の大幅削減につながっている。そこでは、米本土外に配備された戦術核、海洋配備の巡航ミサイルや多目標弾頭（ＭＩＲＶ）の解体、廃絶も提案されている。

これにより、戦略兵器削減交渉（STARTⅡ）がいっそう加速されるだろう。また、朝鮮半島の核軍縮の動きも促し続けるだろう。しかもそれは、ソ連帝国の崩壊に伴って浮上した核管理問題の対応と正確に結び合っている。

湾岸戦争にもかかわらず、いや逆にそれゆえに、いま改めて軍縮競争への具体的シナリオが、真剣な政策論議を呼んでいる。冷戦終焉の〝平和の配当〟をいかにすべきか。さきごろ来日したロパーチン・ロシア共和国軍事副長官は、ソ連の現行軍事費を約三分の二から半分にまで縮小し、核戦力は約八〇％を削減すべきだとする軍縮構想を示し、現在、連邦と各共和国間とで、核管理一元化構想と共にそれが討議されていることを明らかにした。

疑いもなく〝ソ連帝国の解体〟は〝ソ連の脅威の解体〟を意味し、軍縮競争がそこでもまた進められていることを示している。

なぜしかし、わが国でだけ軍縮論議が出てこないのか。

今年発表の防衛白書ははじめて、ソ連を仮想敵国とする文言を削除した。当たり前の遅すぎた削除だ。それも、ペンタゴンの昨年発表の削除に、ただ一年遅れで追随しただけの話でしかない。

その証拠に、政府防衛庁はなおも、一機一〇〇億円以上もするF15――使いもしない戦闘爆撃機――一八〇数機をつくり続け、他の超高価な兵器類と共に増強し続けている。もちろん、防衛予算の削減はいっさい進められていない。

国際貢献策論議の不毛の源泉は、そこにあるのではないだろうか。

昨年一一月、多国籍軍への後方支援を盛り込んだ国連平和協力法案が廃案となって一〇カ月後、またぞろ国連平和維持活動（PKO）協力法案が国会に上程されている。しかも昨年のそれと違って今度は、自衛隊をPKF（国連平和維持軍）として海外に派遣する、事実上の「自衛隊派遣法」をその実質としている。

国連に日本はもっと協力すべきだし、PKOへの参加協力を、日本はもっと積極的に進めるべきだ。ポスト冷戦の、国際強制力機能を最もよく担いうるのは、国連でしかないのだから。それゆえ日本は、よく北欧やドイツにならって、独自のPKO部隊を構築し、カネだけでなくヒトもまた送るべきだ。退役自衛官の協力関与すら十分考慮してもよい。

だがそのすべての前提に〝日本の軍縮〟がある。なぜ日本は、独自の平和戦略を手にできないのか。そこにPKO論議の不毛のいっさいが隠されている。

▼『信濃毎日新聞』一九九一年一二月九日

7　問い直される国際感覚

宮沢政権に対する国民の期待と失望は、奇妙にも相半ばしている。

例えば、ある新聞調査によると、同政権に対する支持率三七・五%、不支持率三七・二%。この調査が、PKO法案強行採決直後であったことを考えるなら、支持率三七・五%はかならずしも低いものとは言えないかもしれない。同時に、国民の反応はむしろ、現実の政治よりワンサイクル遅れてあらわれることを考えるなら、早くも宮沢政権の将来に黄信号が点滅し始めたと見てもよい。

私たちはその時、かつて竹下内閣がほぼ同じような支持率三六・九%で出発していながら、政策への対応と国民の声を見誤って消費税導入をはかり、支持率一〇%台に急落していった過去を想起しておいてよい。

だが、ここでむしろ興味をひかれるのは、支持層の約半数が、支持理由の第一に「国際感覚がある」と答えていながら、不支持層のこれまた半数が、その理由の第一に「実行力がない」と答えていることだ。

　ボーダーレスな国際化の波の中で、日本の新たな役割が内外から強く求められている。その時代の変《へん》貌《ぼう》が、「国際感覚」にあふれた宰相の登場を要請している。にもかかわらず国民の多くは、その宰相の力量に、政権発足早々、疑問を投げ掛けている、多くの期待を寄せながら、期待が失望に終わるのを、ふつうの市民がふつうの感覚ですでに予期している。

　もしそうであるなら私たちは、同じ新聞調査で、その宮沢政権に何を望むかの問いに対して、複数回答で最大の答えが「福祉の充実」を挙げて四六・五％を記録し、続いて三〇％内外のところに、政治改革、環境政策、土地問題、税制改革、教育改革、農業改革——つまりは一連の国内諸問題がひしめきあっている現実に、新鮮な驚きを感じざるをえまい。

　国際派宰相が、ボーターレスな世界の中で山積する国内問題を処理しなくてならない歴史の皮肉がここにある。

　このことはしかし、国民が「私生活主義」に埋没していることのあらわれと見るべきではない。国際化が進展し、国境の壁が低くなればなるほど、国民は、自らの生活の実質的豊かさに、遅ればせながらも深刻な疑問を投げ掛け始めたあらわれと見るべきだ。

　昨年九月の連合所属組合員一万人の調査によれば、日本で「労働の努力が報われている」「環境保全に努めている」「所得分配が公平である」の各問いに対して、「あまりそう思わない」「まったく思わない」と答えた人が、軒並み八二％を超えている現実が、日本の政治の貧困を象徴していると言えないだろうか。

　いや、日本が「豊かな文化を育てているか」の問いに対して、六九％がそう思わないと答えているのを見ると、政治の貧困が文化の貧困とさえ重合している、日本人による日本像が浮き彫りにされてくるはずだ。

　そしてそれは、湾岸戦争の〝勝利〟で大パレードを繰り広げ、再選間違いなしとされたブッシュ政権が、いまや貧困の増大や福祉の欠落を指摘され、山積する国内問題を解決できず支持率五割を割るに至った、太平洋の向こう側の状況と通底している。

ボーダレスな世界が、民草の心を外から内へ逆流させる歴史の皮肉がここにもある。

同時にそれは、湾岸戦争の〝勝利〟という外交で巨大な簿点を得たかに見えたのに、いまや〝戦勝〟ばかりか〝戦争〟の意味すら疑われ始めたブッシュ政権と同じように、外交に得意なはずの宮沢政権が、PKO法案という、外交の最大懸案事項でつまずき始めた状況を想起させるはずだ。

真珠湾攻撃五〇年目――いまだ日本と日本人は、国際社会の中で生きることのすべを手にするに至っていない国際感覚そのものが問い直されていると言えるのかもしれない。

▼『世界』一九九二年一月

8 真珠湾五〇年目の現実

「第二の真珠湾」は、日米摩擦がどんなに熾烈化しても起こりえないだろう。

一部の日米の国際政治学者たちが、二〇世紀初頭の諸国家間の相互依存――とりわけ貿易上の相互依存――は、二〇世紀末のそれよりも深かったと皮相にも〝理論〟づけているにもかかわらず、現実には、真珠湾以後、とりわけ六〇年代以後、諸国家間の貿易を軸にした相互依存は深化し続けている。それに、カネとヒトと情報とテクノロジーの相互依存が加わり、もはや相互浸透と形容してしかるべき現実が、深まり続けている。「相互依存の終焉」と言ってもよい。

右であれ左であり、現実を知らない理論家たちの〝理論〟が、現実によって先追いされている状況が、ここにもある。

　しかし理論家が頭でっかちの空論をもてあそび、変貌し続ける現実を読みとれなかったとしても、実害はせいぜい狭い学者ムラにしか及ばないだろう。もし政治家が、その変貌する現実を読み切れず、国家間外交の論理で危機に対処し、つまりは「終焉せざる相互依存」の論理のなかで対処し続けるなら、実害は、永田町ムラにとどまらず、広く民草の隅々に及び、被害の規模はウン十倍にもなるだろう。

　真珠湾攻撃から五〇年後――。いま私たちは、皮肉にも再びかつてと同じように、国際的孤立化状況に陥っている。そしてかつてと同じように、いままた孤立から脱却の道を、親英米派による新旧の覇権国家との外交調整に求め続けている。そのために私たちは「第二の真珠湾」の陥穽にはまり始めているのではあるまいか。

　五〇年前も私たちは、列強――先進国――の一角を占めていたにもかかわらず、アングロ・サクソンを軸としたABCD包囲網下で、国際的孤立に陥っていた。外交の打つ手打つ手が裏目に出て、そのあげく真珠湾の巨大な罠に自らかかっていったと、要約してもさして間違いあるまい。

　あの時と同じように、日本は、先進国の一員でありながら、再びアングロ・サクソンを軸とした先進OECD国家からなる、いわばOECD包囲網下で国際的孤立を深めている。米国の対日修正主義者やクレッソンらの声高な〝日本たたき〟は言うに及ばず、いまやかつての同盟国ドイツからすら日本たたきが浮上している。その日本たたきが、三〇年代と同じように、中国やアジア諸国からする対日批判と結び合っている。

　五〇年前のあの時、日本は深まる孤立から脱却するために、近衛や野村吉三郎駐米大使ら親英米派による対米和解に活路を見出そうとした。真珠湾に先立つ、近衛の対米和平工作やハル野村ノートがそのあらわれだ。敗戦必至の四五年二月、平河町で近衛が畏友吉田茂と共に、天皇に宛てて和平を勧めるべくしたためた近衛上奏文や、その親英米派〝臣茂〟による和平工作もまた、覇権国家との外交の復権に

〝孤立からの脱却〟を求めた試みと位置づけてよい。

「国体護持の立前より最も憂うべきは敗戦より敗戦に伴うて起ることあるべき革命に候」の一文で始まる近衛上奏文にこそ、内側のありようを問うことない、親英米派の外交哲学が集約されている。

五〇年後の今日、いままた親英米派ならぬ親米派の手になる、日米安保基軸論による外交の調整に、孤立からの脱却が試みられている。本格的な国際派にして親米派――吉田の弟子にして保守本流の嫡子――宮沢が、真珠湾攻撃五〇年目の今日登場したのも、時代の同じ対応のあらわれと見てよい。

あの時と同じように、彼ら親英米派――親米派――は、孤立の本質が日本社会の内側の異質さにこそあるのを十分理解できず、それゆえに、日本の内からする体制のありように変革が求められている現実を理解できず、いままた孤立脱却の方途を、ただ覇権国家との外交に見出そうとしているのではあるまいか。

対日修正主義者は言うに及ばず、クレッソンやコールらによる、日本たたきの本質は、日本の体制のありようの異質さ、いやいびつさにある。かつての〝チープ・レーバー〟に代わって、いま過労死が、異様な日本社会と、市民を踏み台にした重商主義国家との象徴の言葉として欧米世界に流布している。国際社会のルールに従うことない体制が問いただされ、内側の変革が求められている。

なぜ西側諸国家が、自然環境の保護につとめているのに、日本では、あり余るゴルフ場やリゾート乱開発による自然破壊が許容され続けるのか。なぜ、バブルによって巨大企業が、政府の保護の下で富み、政財官学の一体化した癒着が巨大なエニグマ（謎）のように肥大化するのか。なぜ、女性や外国人労働者に平等の権利が与えられず、なぜサラリーマンたちの、年間実質（西側諸国家より）一〇〇〇時間を超える超過労働が許容されるのか。なぜ、ロサンゼルスやハワイの土地やパラマウント映画を高価で買い漁ることができるのに、その金満国家の企業社会の市民たちは、〝アリ小屋〟に住み続けるのか。いやなぜ、巨大な重商主義国家のエニグマを支える〝系列〟が栄え、系列をつくる高級官僚の九八％までが、一大学の一、二の学部卒業生によって独占される教育制度や、アリの如く働く企業戦士を生む教育と社会が、変わることなく存続しうるのか。

天皇を頂点としたイエ社会の変革と、市民社会の復権とが、いま外側から求められている。皮肉なことにしかし、三〇年代と同じように九〇年代の今日も、親英米政権は、覇権国家との国家間外交の論理によってしか事態を捉え切っていない。

相互浸透がつくるボーダレスな社会が日本に求め続けるグローバル・ジャスティスの内なる適用が、求められるというのに、その内なる変革への眼が欠落し続けている。そこに真珠湾五〇年目の悲劇がある。

▼『信濃毎日新聞』一九九二年五月一八日

9 ＰＫＯ論議の短絡的発想

「小学二年の時のことですよ。日本人教師が、私たちに百何人かの天皇の名前を暗唱させたのですが、私はできなかった。教師は、私を何度もなぐり続けた。それがもとで、左の耳はいまも聞こえないのですよ」。

一昨年の一〇月、錦秋の北京の国際シンポジウムが終わった日に、参加者の何人かが万里の長城に登った。

月から見える地球上のただひとつの建造物といわれる、延々とどこまでも続く長城の、長い坂道をあえぎあえぎ登りながら、シンガポールの著名な知日派ジャーナリストが私に語ってくれた言葉だ。

ＰＫＯ（国連平和維持活動）論議が盛んになるたびに、その初老の温顔なジャーナリストの言葉が、長城に吹きつける大陸の風と共に、私の耳によみがえってくる。

湾岸戦争の渦中に開かれた「二一世紀に向かう日本」と題する会議は、日本の政界代表も加えた多彩なものだった。

しかし、そこで心底私が驚かされたのは、当時政府が国会に上程し始めた「国連平和協力（ＰＫＯ）法案」に対する、中国人参加者たちの激しい反発と批判の言葉だった。

あの温厚な大陸中国人が、あれほど厳しい言葉を口にしたのが、不明にも私には意外なことだった。

ひとつにそれは、当時の日本のマスメディアが、アジア人たちのナマの対日批判をいつのころからか紙面に載せることがほとんどなくなっていたためでもあったろう。

よしんば日本自衛隊の海外派遣に対する批判がアジア人から出されても、たかだかそれは、経済援助と見返りに出された〝外交のバーゲニング（取引き）〟を本質の一部としている、そんなイメージが私の心の中にできていたためなのかもしれない。

あの時上程されたＰＫＯ法案は、結局、憲法上の問題や実践上の障害や国内世論の反発で廃案になった。

当時の海部首相の官邸の電話が〝ブッシュホン〟と皮肉られたほど、政府の対応に自主性の影が見られなかったのも、世論の支持を手にできなかった一因だったのだろう。

周知のように、そのいわゆる旧ＰＫＯ法案が廃案になった時、自公民三党で、将来「自衛隊とは別個の組織でＰＫＯをつくる」ことに合意を見ていたのだが、今回再度上程されたＰＫＯ法案の最大の特徴のひとつは、この自公民合意を反古《ほご》にしたことにある。

しかも反古にしながら、改めて自公民三党を軸に、自衛隊、つまり日本軍を海外に派遣できる道を、制度化することにある。

私もまた、日本がいつまでも一国平和主義と一国繁栄主義の砦《とりで》で孤高（!?）を守るのをよしとする立場はとらない。

ＧＮＰ一人当たりで米国をしのぐ経済超大国にな

った日本が、いつまでもグローバルな安全保障問題に無関心でいるのが評価されるわけはあるまい。そして私たちは、単にカネやモノばかりでなく、ヒトもまた海外に派遣し、国際貢献にもっと多くの力をさかなくてはならない時に来ている。

しかしだからといって、ヒトの派遣を、ただちに自衛隊派遣に結びつける発想は、あまりにも安易な短絡ではあるまいか。

人的貢献の道は、自衛隊派遣以外にもあり余るほどある。なぜ、どう憲法を読みかえても容認されることのない海外派兵の道に短絡させるのか。医療、建設、警察から選挙監視団や後方支援に至る多様な道がある。

それを「国際緊急派遣部隊」として制度化すべきだ。そしてそれは、自衛隊と別組織のものであらざるをえまい。

発想の最大の陥穽は、世界第二の軍事費大国に急成長した巨大な自衛隊の〝縮小削減〟を考慮しない〝昨日の世界〟の論理で、転換期の日本外交の進路を選択しようとしているところにある。

▼『西日本新聞』一九九二年六月一八日

10　平和主義外交の終わりを憂う

戦後日本の転機となるＰＫＯ法が、社会党、社民連議員一四一名の議員辞職願提出の上で採決された。その異様な事態に強い憂いを覚える。

なぜ議会はもっと審議をつくさなかったのか。なぜ広汎な国民的合意をうる妥協の道を、模索しなかったのか。

九二年六月一五日——この日、日本は自国軍（自衛隊）を海外に派兵する道を開く端緒をつかんだ——後世の歴史家はこうしるすのではないだろうか。

武力によらずに経済と民生の発展をはかる戦後外交

の終焉を、それは意味しているはずだ。

「なぜ日本の野党は議事妨害（フィリバスター）を、しないのか。議員が何時間も、ときに十数時間も質疑演説し、法案の抱える問題点を国民の前に明らかにする。併せて事実上の審議末了に持ち込む手だよ」——米国人ジャーナリストは、こう私に問い返した。

少数党の意見は最大限尊重されなくてはならない——〝少数派との合意による多数決（コンカレント・マジョリティ）〟を、民主主義の原点にすえる米国人の眼から見れば、十分な国会論議もせずにただ牛歩戦術を展開し、あげくに議員総辞職願提出をした〝少数党〟の行動は、噴飯ものに見えるかもしれない。

しかし、牛歩や議員辞職の不毛さを嘆く前に、なぜわが議会の議案審議時間がかくも短く、議長職権濫用がかくも寛大に許されるのかを、嘆くべきだ。併せて日本の議会の年間開会日数が、米議会の半分以下である、議会制度の事実上の〝空白の長さ〟をむしろ嘆くべきではないのか。

専門家の立場から見れば、ＰＫＯ法をめぐる疑問点はあまりに多い。そしての疑問点が十分解明されないまま、議会を通過する、異様さこそ嘆かるべきではないのか。

憲法をどう読み返してもそこから自国軍を海外に派兵して正当化できる根拠を手にすることはできまい。

それはただ、民意を反映しない現行の〝違憲〟選挙区制を放置したまま総選挙を繰り返すことが、憲法の空洞化を推し進めるのにつながるように、憲法をないがしろにする政治風土をひそやかに培い続けるに違いあるまい。

反対派の側には対案がない、いつも反対のための反対だ——そんな文脈で、たとえば米国の日本政治研究の第一人者カーチス・コロンビア大教授は、ＰＫＯ軍事協力の道を日本はとるべきでないと政府案を批判しながらも、次のように、反対派をも批判する。

「社会党をはじめ、自衛隊を送るのに反対する人たちは、結局反対するだけで、それに代わるものを何もいっていない。……日本は何をすべきかという議論がない。ＰＫＯをやるかやらないかだけの話ですね」。

しかし、この少数派批判はかならずしも正しくない。四月二七日の参議院本会議で——実に遅ればせながら——社会党は連合参議院、社民連との協議を踏まえて、もうひとつのＰＫＯ法案を提出しているのだから。それは、自衛隊と別個の「常設組織」として、国連平和維持活動等に従事する、非軍事、民生、文民のＰＫＯ創設の法案である。

冷戦終結後の今日、国連の平和維持機能の果たす役割は、ますます増大してくるだろう。そしてそれに「経済大国」日本が、積極的に貢献することは、幾重にも求められなくてはならないだろう。だからこそ、いまＰＫＯなのである。

しかしいま見落とされているのは、軍事以外にいくつものＰＫＯ協力の道が多様にある現実だ。軍事協力は、その協力の一部であってすべてではない。

それなのに、たとえＰＫＦ（平和維持軍）三年凍結の但し書きがつけられたとはいえ、あたかもそれがすべてであるかのように、ＰＫＯ軍事協力の道が開かれる、危うさを持っている。

なぜ政府は、医療、教育、土木建設、警察、行政など多様な文民、非軍事協力のきめ細かな国連協力に政策の照準を合わせようとしないのだろう。

ＰＫＯを、軍事に近づけて見る日本流ＰＫＯ論は、昨年五月の国連ＰＫＯ特別委員会での、フィンランド案に対する日本の、反対修正要求に、はしなくも露呈している。

「平和維持活動の多くの分野で、文民の展開を強化できる。それゆえ国連事務総長は、適当と認める場合全般にわたり文民を用いるよう要請する」としたフィンランド案に対して、日本は前者の文民活動強化条項を削除し、加えて後者の条項を「文民利用の検討を継続する」とまで変えて、文民活動への消極性を明らかにしていたのである。

冷戦が終結し〝仮想敵国〟ソ連が消滅した今日、

日本がなすべきことはなにより、日本自身の軍縮であるはずだ。それを、貧弱な福祉、生活、文化予算にまわすことである。それが「生活大国」日本のとる道であるはずだ。

欧米各国が軒並み軍縮を進めているのに、日本だけが軍拡をつづけ、世界第二の〝軍事費大国〟でありつづけている。その日本の近未来を恐れる声が、いま欧米やアジアで生まれている。

それならば私たちは、もっと幅広い、草の根の国際協力のための活動を、軍縮とともにねばり強く進めるべきではないのか。それは同時に、冷戦終結の現実を読み違えた現行PKO法の切り開く軍事大国化への道を抑止するミニマムな条件へと化していくはずである。

11 「外交にリアリズム」とは何か

▼『信濃毎日新聞』一九九五年六月一九日

カナダのハリファクスのサミットが終わった。

波乱の予想された自動車部品調達をめぐる日米摩擦も、結局サミット以後の日米交渉の場にゆだねられることになった。カナダが仲介して、EUを含む四極自動車会談がセットされようとしたが、橋本通産相が応ぜず、幻の会談に終わった。

問題は今後二二日から開かれるジュネーブの日米次官級協議に持ち越されることになる。

日米交渉が決裂した五月初旬のカナダ西海岸ウィスラーから、カンター・橋本の日米通商担当トップが火花を散らしたパリのOECD閣僚会議をへて、いまハリファクスから舞台は再びヨーロッパに移される。

米国側は、現地調達率引き上げを条件に、日本メーカーによる米国製部品購入目標金額の上積み要求を撤回する妥協案を固めつつあるとも伝えられ、交渉は余談を許さない。

周知のようにすでに米国側は、日本市場の閉鎖性を理由に、WTO（世界貿易機関）への提訴を決め、三〇一条に基づく対日制裁を発表した。これに対し、日本側も、WTOへの逆提訴を発表。米側の三〇一条はWTOで〝クロ〟と認定されると、強気発言を繰り返している。

ハリファクスでの四極自動車会談が流れたのも、そうした日本側の強気の読みのためなのだろう。

だが、事柄は、日本側が読むように、それほど単純なものでないだろう。

米国側は管理貿易で、日本側は自由貿易の原則に従っている――この日本の主張はどこまで世界に通用するのだろうか。

仮に三〇一条発動が、WTOのルール違反と認定された時、米議会からWTO無用論や撤退論が噴出してくることは間違いあるまい。いったいそのリスクを冒してまで、日本は何を手にしようとしているのか。

いや、カンターが明らかにしたように、日本政府が提訴した制裁問題と、米側が提訴する日本市場の閉鎖性の問題とを、同じパネル（紛争処理委員会）に併合させたとき、逆に日本市場の閉鎖性の問題が、前面に浮上してくることは間違いあるまい。

EUは、米国の三〇一条に異を唱えながらも、日本市場は閉鎖的だとして市場開放を求めている。

その時いったい、WTOで日本が期待するような勝利を手にできるのだろうか。そもそも日本は、この対米交渉で何を求め、何を実現しようとしているのか。

この一連の報道を追い続けるうちに、それがいつのまにか、私の脳裡で、五〇年前――敗戦直前の日本外交と二重写しになり始めていた。

あの時日本が戦争に勝利する可能性は完全に失われていた。

真珠湾攻撃のあと、戦果を挙げたのは緒戦の七カ月間までで、そのあと急坂を転げるように敗戦への道をたどり続けた。同盟国イタリアは二年前に、ドイツはその年の五月に降伏し、ソ連はすでに中立条約不延長を通告していた。四月一日には米軍が沖縄に上陸し、阿鼻叫喚《あびきょうかん》のうちに六月下旬、同島は陥落した。敗戦は秒読みの段階に入っていた。

その前後に、日本は対ソ和平交渉に望みを託す。そして日ソ中三国提携を持ちかけながら、〝国体の護持〟と、満州国の〝独立〟保持、フィリピンの対米〝返還〟、中国での米国利権の容認を条件に――つまりは〝国体〟とそれを支える（朝鮮、台湾を含む）植民地確保を条件に――対米英和平のあっせんを、ソ連に依頼する。そのソ連が拒否のシグナルを送り続けたにもかかわらずである。

日本が和平交渉の非現実性を知り、降伏への一歩を踏み出すのは、実に八月九日のことであった。

外交とは可能性の技術である。何が可能で何が不可能か。何を求め、何を実現するのか。その時、日本政府がなすべきはむしろ、円高不況にどう対応し、産業空洞化にどう対処するのかの重たい課題であるはずだ。

声高な外交交渉は、いたずらに国際的孤立を促すだけだろう。米国国民の九八％が、世界で最も死活的利益を持っている国は日本だと答えながら、その米国の死活的利益に最大の脅威を与えている国もまた日本だ、と国民の六七％が答える世論の現実を、私たちはもっと直視しなくてはならない。

敗戦五〇年目の今日、あらためて私たちは「外交にリアリズム」とは何かを、考える時が来ている。

▼『信濃毎日新聞』一九九五年一一月六日

12　安保堅持の必要性に議論を

いま沖縄と安保をめぐって、久方ぶりに外交論議――がくすぶり始めている。

この数年——九三年七月〝非自民〟政権成立以来——とりわけ社会党が政権に参画して以来、外交と安保が、もはや政治的争点の場でなくなった。そのことは、昨年六月、村山社会党党首が首相になって、早々と〝安保容認〟ならぬ〝安保堅持〟を打ち出したことによって、いっそう際立つことになった。

戦時内閣ならともかく、平時にあって与野党が、打って一丸となり〝同一の外交政策〟を掲げるというのは、民主主義国家にあってけっして尋常のことではあるまい。

この数年、新聞や政治家たちが〝対抗軸〟と〝争点〟探しにやっきとなっているのも、つまるところ〝ある争点〟を〝なきがごとき争点〟へと変えたための当然の帰結、もしくは〝茶番〟でしかない。

国土のわずか〇・六%しかない沖縄県に、日本全土の七五%の基地がおかれている。したがって、日本全土に駐留する四万七〇〇〇の米兵の大部分が、その狭い一県で射撃訓練や演習に日夜励む——。

いったい何のための基地で、何のための演習なのか。そもそも敵はどこにいるというのか。

周知のように、共産主義ソ連邦は解体し消滅した。一九五一年につくられてから四〇年余り、六〇年改定からでも三五年間、日本外交の基軸とされてきた〝日米安保〟なるものの存在理由——もしくは主敵——は、いまや地上にない。

〝冷たい戦争〟の戦時が終わったというのに、なぜ平時下で、まったく同じ規模の——いやそれよりもっと多くの——兵力と基地と、何よりも〝軍事同盟〟を必要とするのか。

もう少し数字を追ってみよう。

確かに、米国防総省が今年二月二日に発表した「日米安全保障関係報告」の中で、日本国内の基地・施設の〝整理統合〟が掲げられ、七二年の沖縄本土返還以来、在沖米軍基地の数は、八三から四〇に半減したとされる。そしてそれは、六〇年以来の、日本全土の基地の数の半減に照応している。すなわち、一九六〇年の二四三から、九四年には一三八へと半減している。

しかし、それは基地の数だけの話だ。

延べ面積で見るなら、日本全土の基地は、六〇年の三億三六〇〇平方メートル（約一億坪）から、八〇年四億八五〇〇平方メートルをへて、九四年には実に九億八三〇〇平方メートルへと、三倍にも拡大し続けているのだ。

冷戦後の今日、中国の脅威をうたうのもよいだろう。

だが、少なくとも、中国の軍事支出が、八五年から九三年までの八年間に七・〇七％（SIPRI資料による）増大していたのに、同じ期間、韓国のそれは五一・六三％、日本のそれは二九・七六％の増大を見せ、さらに九四年の中国の軍事支出が、日本のそれの三分の一でしかない事実は、押さえておいたほうがよい。

「もし中国が現在のようなペースでの経済成長を持続させていくなら、次世紀初めごろまでには世界で第二の経済国家になっているだろう。当然、中国の軍事力も強化される」。

クリントン政権内のペリー国防長官のブレーンとして、米アジア政策の中心的役割を担う、ジョゼフ・ナイ国防次官補（ハーバード大教授）の「米軍の撤退など論外だ」と題する論文のさわりの一節だ。

そのナイが、いままたペリーや、CIAで過去二年間日本専門家としてナイの助言役をつとめた（ハーバードでのナイの同僚）エズラ・ボーゲル教授らと共に、沖縄基地の縮小と日米地位協定の見直しに反対し、日米安保のいっそうの正当性と拡延を、説きつづけている。

そのボーゲルが、いま日米安保の必要性について、日本の若い世代が疑問を持ち始めているのは、ひとえに「日本の政治家が安保堅持の理由をきちんと説明してこなかった」からだとまで、言い切っている。

いったい、ナイやボーゲル、あるいはペリーらの主張が、どこまで正しいのか。私たちはこの際、安保そのものの〝堅持〟の必要性を、むしろ徹底して議論すべきではないのか。

米本土内ですら、一〇〇近い基地が閉鎖され、向こう一〇年近くのあいだに、対GNP比で軍事予算を半減する構想を、クリントンが打ち出しているのに、なぜ〝平時〟のアジア太平洋で、〝戦時〟と同じ一〇万の、日本本土に四万七〇〇〇の、米軍を駐留させておかなくてはならないのか。

少なくとも彼らは、米軍最大の精鋭部隊と世界の半分を制して余りある基地機能とを、平時下の沖縄におき続ける軍事的合理性を、明確に説明すべき義務がある。そしてそれが、いったい〝日本の安全〟を守る〝日米安保〟と背理するのかしないのか、それこそその「理由をきちんと」説明しなくてはなるまい。

その時改めて、ボーゲル、ナイらいわゆるハーバード学派を批判して「安保の平和的解体」を勧めるもう一群の知日派知識人チャルマーズ・ジョンソンらの次のような言葉の重みが浮上してくるはずだ。

「米国政府は、時代遅れの安全保障政策が、日本における健全でリベラルな民主主義を促進することはなく逆に反動的で視野の狭い政治的リーダーシップを強化するだけだという現実を、認識すべきである」。

政界再編後の「五五年体制終焉」なるものの意味が、ようやく見え始めてきたようだ。連合政権下の外交の貧困が、その現実を指し示している。

13　いまこそ「唯武器論」再検証

▼『信濃毎日新聞』一九九六年五月二〇日

一カ月前、日米両政府が、沖縄普天間飛行場の返還合意に達したとき、日本の大新聞はこぞってそれを歓迎し、両国首脳の政治的決断を高く評価したものだ。だれもが動かないと思っていた山がついに動いたと、感動の筆を、その社説でふるっていたのである。

しかし、あれから一カ月余りたった今日、いったいあの返還合意とは何であったのか、あらためて米国外交のしたたかさ――とわが外交の危うさ――に人々は気づき始めている。

いや、したたかな外交が、同盟国日本の市民や極東アジアの安全に寄与し、世界秩序にとって有意な機能を果たすなら、歓迎して余りあるだろう。

だがもしそれが、日本国内の基地を、あたかも大福もちを横に広げただけの「基地返還」ならぬ「基地ころがし」を糊塗《こと》するためのものであったのなら、けっして歓迎すべき類のものではあるまい。

たとえば、普天間返還の条件とされた、新たに建設される「ヘリポート」が、小牧基地を含む名古屋空港の広さほどもある実態が、合意一週間後に明らかにされるに至った時、なぜいま、それほど巨大な軍用航空基地の新設が必要なのか、基地公害に悩む市民の目で何度もとらえかえす視点が求められてくるはずだ。

日米友好が、日本外交の基軸たるべきことは、どれだけ強調してもし過ぎることはあるまい。そして、冷戦終結後の不安定な東アジアで安保が、応分の機能を果たしている現実を、多くの国民は認めるにやぶさかであるまい。

だからこそ私たちの政府は、数年後に数十兆円にのぼる赤字を、次世代に残すほどの財政窮状下にありながらなお、年間四兆円以上もの軍事費を、国家の基本法に反してまでも、支出し続けているのだと、強弁することもできる。

そしてだからこそ私たちは、在日米軍に対して、日米地位協定二四条に反してまでも、その経費の七割、年間四八〇〇億円以上もの経費を〝思いやり予算〟として負担しているのだと、弁明することもできる。

だが私たちは、同盟関係にあることと、今のような形で基地を置き続けることとを、等価関係に置いてはならない、友好関係にあることと、巨額な思いやり予算を負担することとを、等置してはならない。

米国が全世界に張りめぐらせている同盟五十数カ国のうちで、一万人以上の兵士を駐留させている国は、世界にわずか五カ国しかない。一万一〇〇〇人の米兵を置く英国を除いて、いずれも第二次大戦後、米国が占領下においた国々だ。

そしてその五カ国が払っている〃思いやり予算〃は、例えば英国が日本の一〇〇分の一、（日本と似た立場にある）ドイツですら、わずか二〇分の一でしかない。「寛大なるかな日本」である。

今般想定される基地移設に必要な費用は全額、日本政府が持つことが合意されたのだが、その額は、五〇〇〇億から一兆円にのぼり、「住専」を上回る。その重い負担が、「住専」と共に今後国民にのしかかってくるのである。

いったいそれほど多額のカネを使い、最新鋭の兵器を買い、その兵器のために先端情報機能を備えた新たな基地の強化、建設を今日なぜ行い続けなければならないのか。

多くの専門家の指摘を待つまでもなく、中台危機や朝鮮半島有事に求められる兵器や兵力は、現有するそれの一〇分の一以下でしかないにもかかわらずである。

いま私たちに求められているのは、武器が安全と秩序をつくるという「唯武器論」の再検証だろう。国民二人にひとりが銃を持つ米国社会を「国際社会」に投影することの再検証だと言いかえてもよい。

イデオロギーが終焉したからといって、外交にタカもハトもなくなったわけではない。いま改めて問い直されているのは、軍事覇権主義という、形を変えたイデオロギーの虚妄ではあるまいか。その虚妄に同調し続ける日本外交の危うさが指摘されるゆえんである。

▼『信濃毎日新聞』一九九七年九月一五日

14 日米安保〃軍事化〃の是非

「謝罪」と「友好」——この四文字の呪縛《じゅばく》から、私たちもまた自らを解放しなくてはならない時が来ているだろう。日中復交二五周年を迎えたいま、日本外交はもはや〝過去〟を懺悔《ざんげ》するのでなく〝未来〟を共に語る時が来てよいはずだ。

すでに経済協力に関して見ても、七九年に始まった四次にわたる円借款等を合わせて、九五年まで一兆七〇〇〇億円以上が供与されている。いまや中国は、日本の政府開発援助（ＯＤＡ）の最大供与国であるし、両国間貿易も、正常化当時にくらべて三〇倍、年間三〇〇億ドルを超えるに至っている。

しかるに、中国での世論調査によれば、「最も嫌いな国」として日本をあげる若者が六割を超えている。かつての抗日戦の経験を残す年配者たちばかりでなく、なぜ若者たちにとっても日本は嫌われる国なのか。そしてなぜ日本外交に〝未来〟を開くことができないのか。

どうやらそれは、この国に相応の品格が欠けているところから来ているのではあるまいか。外交に自前の〝顔〟がないことに、それはあらわれていると言いかえてもよいだろう。

たとえば、日米防衛協力のための指針（ガイドライン）見直しに関連して、梶山官房長官（当時）が〝周辺有事〟には「台湾海峡も含まれる」と発言したことをめぐる、日本外交の不透明さがそれだろう。

一国の官房長官の発言を、首相が否定して釈明する——その政策の不整合性をここでは問うまい。むしろ重たい問いは、なぜいま日本が、周辺有事に向けた〝共同作戦〟の有事法制を事細かく作り直さなくてはならないのか、日米安保の〝軍事化〟の是非にこそあるだろう。しかも米国側が日本に求めている〝交戦準備〟法制は、四〇項目に及んでいる。

お隣の中国からすれば「なぜ貴国は、わが国の内政問題である台湾問題に、米国と共同で介入し派兵する準備をあえていまするのか」という問い直してくるのは、当然のことではあるまいか。

なにしろ日中両国は二五年前、国交正常化に踏み切ったとき、中国の内政に干渉せず、しかも相互に武力もしくは武力の脅しに訴えないことを「共同声明」の中で確認し合っているのだから。

たとえ官房長官発言を首相が北京で否定し釈明したにしても、ワシントンでは「周辺有事」の中に、中台危機の勃発《ぼっぱつ》を想定し、朝鮮有事と共に中台有事に備えて「日米共同作戦」態勢を整備強化しようとしているのなら、中国の日本に対する不信と懸念は、当然のことではなかろうか。

だが事の本質はそれだけに止まるまい。むしろ、安保ガイドライン見直しなるものが想定する二つの脅威――中国と北朝鮮の脅威――が、真実、実態のある脅威なのかどうかという一点に絞られていく。

たとえば、飢えに襲われ続けている北朝鮮が、韓国へ軍事進攻するなどという事態が、なぜ想定できるのか。

年一人平均四時間――北の空軍パイロットの飛行訓練時間（九二年）――を、米軍二四〇時間、日本・韓国約一五〇時間と比べると、いかにこの戦略想定が、現実離れしたものかがわかるだろう。

北の脅威のシンボルのようにされてきたノドン１号についても同じだ。名前自体、米国が勝手につけたコードネームだが、その実態があまりに希薄だ。射程一〇〇〇キロ以上をねらう弾道ミサイルというだけで、詳細は写真を含めいっさい公表されていない。発射実験なるものも、九三年五月末に日本海に向けた一回限りしかなく、それも米国だけの情報だ。なにしろその映像すら公表されていない。

かつて八〇年代のソ連脅威論の時と同じように、今般もまたペンタゴン（米国防総省）予算確保のためのもの、それも戦域ミサイル防衛構想がらみのものだと推定することもできるだろう。

いったい、日本の軍事費が中国の全国家予算の六割に相当（九三年）する現実を、私たちはどうとらえるのか。

精強な日本自衛隊の前では、中国の空・海軍は、巨人の前にたたずむ小人のごときひ弱な存在といっても過言ではあるまい。まして地球を何度も皆殺しできる核を今日も保有している米国が、なぜいま改めてペンタゴンの音頭のもとに、周辺有事を叫び始めているのか。

自前の外交を持つことのない日本外交の貧困――それがロッキード有罪議員を行財政改革担当の大臣にすえる第二次橋本内閣の現在と結びついている。

▼『社会新報』一九九七年八月二七日

15 〝自前の外交〟持たぬ日本

日中国交正常化二五周年を迎えるこの九月に、再び私たちは、かつて犯した誤りを繰り返し始めているのではないのか。

四半世紀前の日中国交正常化に踏み切った時ですら、それは私たち自身の選択によるものではなかった。

ありていに言えば、前年五月のキッシンジャー訪中によって全貌《ぼう》が明らかになった〝米中和解〟を、日本がバスに乗り遅れまいとして〝後追い〟したにすぎなかったのではなかったか。

戦後半世紀あまり、日本外交の軌跡は、若干の例外はあれ、ほぼこれと同じパターンを踏襲している。外圧、それも米国からの外圧によって、日本の進路を、右にせよ左にせよ変えていく。その軌跡が、いままたガイドライン見直しをめぐる日本政府の対応に表出している。

「周辺有事」とは戦争

「有事となれば、戦車で建物を踏みにじることも、民有地に陣地を構築することもある。防衛目的なら一定の私権は制限できる包括的な法律を定めるべきだ」。七月末の衆院議員会館で、栗栖元統幕議長が、有事法制制定に向けた自論をこう展開したという(『朝日新聞』八月一八日付)。

冷戦が終焉し、半世紀にわたって仮想敵国としてきた〝共産主義ソ連〟が消滅したというのに、なぜいま有事法制なのか。

「ガイドライン」と称している「日米防衛協力のための指針」とは、つまるところ日米共同作戦の〝戦争マニュアル〟だ。そのことは、ガイドラインが米国でウォー・マニュアルと呼称されていることに示されている。

しかも今般の「中間報告」で「周辺事態における協力」が繰り返し謳われ、それを軸に四〇項目の〝有事法制〟項目がしるされている。いったい「周辺事態」で、どんな戦争を戦うというのか。

非現実的な有事想定

「われわれは、当面、北朝鮮の脅威を阻止し、アジア太平洋地域の安定を維持するために、米軍一〇万人を駐留させ続けなければならない」(九七年度版・米国防報告)。二年前の九五年二月に、ジョゼフ・ナイ国防次官補(当時)の手になる「東アジア戦略報告」は、〝米軍一〇万人維持〟論の根拠を、このように〝朝鮮有事〟論に求めて言った。

北朝鮮が、近未来になんらかの形で〝崩壊〟の危機に瀕《ひん》し、南に侵攻して勃発する〝第二次朝鮮戦争〟に、日米は共同で対処すべきというわけだ。

だがいったい、朝鮮半島で勃発する内戦に、日本がなぜ直接関与しなくてはならないのか。多くの論者が指摘するように、北が手にしている軍事能力は、南進を決断するにあまりにも貧困だ。年一人平均四時間——北の空軍パイロットの飛行訓練時間(九二年)を、米軍二四〇時間、日本、韓国約一五〇時間と比べると、いかにこの戦略想定が、現実離れしたものかがわかるだろう。

加えて、米軍事当局者がけっして否定しない〝台湾有事〟を、〝周辺事態〟に含めていることのおかしさだ。

冷戦後の唯一の覇権国家として、共産主義崩壊後の民主主義市場経済を「拡大」し、そのためにアメリカが「関与する」——米国の「関与と拡大の国家安全保障戦略」を、私たちは、私たち自身の〝国益〟からとらえ返すべき時が、いま来ているはずだ。

〝自前の外交〟の欠落の上に、いま私たちの日米関係が迷走し始めている。

16 「法治」骨抜きの欠陥法案

▼『朝日新聞』一九九八年六月二三日

――「日米安保再定義」の本質は何ですか。

「冷戦が終わって、米国は、全世界で覇権秩序を維持しようとする新しい戦略を取り始めた。本来なら、軍縮、同盟体制の解消、希薄化に進むはずだが、国防総省と軍需産業界の軍産複合体の国内的圧力が非常に強かったと私は見る。米国内で縮小を続ける軍事基地と軍備予算を補填するために、もう一度、外の世界に脅威を作り直す必要があった。そのアジア版だと見ていいのではないか」。

「国防総省主導型の、対日政策の再定義と言ってよい。機軸になるのは、この五〇年間彼らの思考の基本をなしてきた最悪事態分析、つまり想定される最も悪いケースに備えて対処する考え方で、それが危機管理だというわけです。しかし、現実に、朝鮮半島にしろ台湾海峡にしろ、国防総省が考えているような危機があるのかということを、私たちはとらえ直さなければいけない」。

――そんなことは起こらないと考えますか。

「結論から言うと、国防総省の想定はおどろおどろしい。たとえば朝鮮半島。朝鮮民主主義人民共和国（北朝鮮）は一九九一年以来、石油供給源を断たれ、いまは北京からもらっている。エネルギー源を持たずして、どうやって戦争ができるんですか。湾岸戦争と同じような形の戦争を朝鮮半島に想定し、四〇項目の軍事協力を日本が行うことが、許容されるのかということです。膨大な予算を食い、憲法に違反し、日米安保条約にも違約している」。

――この間の日本政府の動きをどう見ますか。

「非常に不幸な事態だった。自民党政権が解体し、野党第一勢力の社会党が政治的な地歩を失って、与党の中に埋没していくという展開だった。政治家の議論が国内政治に集中する中で、外からの対日外交要求を受けて立つ政治的基盤が、事実上なくなった。これは政治改革論議の最大の欠陥だった」。

「与党にとっても、不幸だった。戦後の政治史を見ると、自民党政治の巧みさは、『日本の国内で承認されません』という言い方を、対日軍事要求に対する外交交渉パワーにしたことだ。外交は、交渉パワーがなければ成立しない。国家間の取引なのだから」。

――周辺事態法案の問題点は。

「第一に、地方自治体、民間企業を含めた軍事協力を細かく制定していながら、それが発動する周辺事態の定義がはっきりしていない。近代法の基本原理にのっとっていない欠陥法案と言いたい。第二に、国民の権利義務をこれだけ制限する法を作る以上、少なくとも国会の承認を得る規定がなければいけない」。

「政府は強制ではないというが、拒否する正当な理由を説明する責任を企業や自治体の側が持つというわけだから、これは事実上の脅しだ。法治国家の基本原理を骨抜きにするようなことを続けていくと、文化自体の衰退につながっていきますよ」。

聞き手・本田優（朝日新聞編集委員）

▼『信濃毎日新聞』一九九八年一一月二三日

17 〝いろは〟忘れた日ロ外交

願望と現実は、きびしく峻別《しゅんべつ》されなくてはならない。それは〝外交のいろは〟だ。とりわけ外交交渉に際して、当事者はそのことをもっと銘記すべきだろう。

しかし、この一両年の日ロ間の平和条約締結に向けた外交交渉を見ていると、その〝いろは〟が忘れ去られているようだ。

いや、忘れられているのは、外交当事者たる政府首脳や外交当局ばかりでない。何よりも外交問題を議論するメディアや、いわゆるロシア問題専門家たちについても言えよう。〝論語読みの論語知らず〟なのか。地域専門家特有の陥穽《かんせい》におちいっているように思えてならない。


「領土返還合意なる」――去る四月、川奈での橋本・エリツィン会談後、交渉の成果を三大全国紙のひとつが、そんな見出しを打って報道した。

別の全国紙に至っては、その時もっと念入りに、次のように返還熱をあおり立てたものだ。

すなわち、川奈会談を、かつてエトロフ以南のいわゆる北方四島の日本領有を定めた一八五五年の下田会談になぞらえた。そしてあの時のプチャーチンをエリツィンに、日本側全権・川路聖謨《としあきら》を橋本になぞらえ、あの時と同じようにネクタイをはずした当事者が、あの時と同じように領有権帰属方式ではなく国境線画定方式によって、両国間の外交懸案の解決の道筋をつけたというのである。

しかし、川奈会談でロシア側が与えた解決へのサインはただひとつ――「私はこの問題に対して楽観主義的である」というエリツィンの回答でしかなかった。

そしていままた、先ごろの小渕・エリツィン会談の後、日本のメディアは「『領土交渉』加速で合意」なる大見出しで、両国間のモスクワ宣言を報道し、なおも北方領土返還の可能性の小さくないことを示唆し続けているかのようである。

確かに、同宣言で「平和条約交渉を加速させる」ことが合意され、両国間の共同経済活動を推進させる委員会と共に、国境画定に関する委員会を設置することがうたわれた。

しかしそれだけであって、それ以上でない。むしろ、今回のモスクワ会談でいっそう明確になったのは、北方四島返還の可能性が、たとえ国境線画定方式によったにせよ、限りなくゼロに近いという現実ではなかろうか。

「あなた方はなぜ、この前の戦争で数万人住んでいたかもしれないが、ああいう小さな島に固執するのですか」。

シュミット元西独首相は、昨秋沖縄の講演会でそう聴衆に問いかけた。

「東京［永田町］の人たちは耳にするのを嫌うのですが、そう私は東京で何度も言ってきました。ドイツはこの前の戦争で領土の三分の一を失い、一八〇〇万人のドイツ人が何百年と住んでいた故郷からドイツに引き揚げてきました。しかしこの事について私たちは、それはもう終わったことだとして、二度と口にしません。しかも、それがドイツの領土でないという条約に、私たちは署名し、そして署名した後二度と『われわれの領土であった』と主張したことはありません」。

シュミット元首相はさらに問いかける。「なぜあなた方は、ロシアやカザフスタンで豊かに眠る石油や天然ガスの共同開発をしようとしないのですか。なぜあなた方は、領土に固執し続けるだけで、隣国と二一世紀に向けた共生をはかろうとしないのですか」。

「四島返還に賛成する」三%。「まず二島」五%。「共同管理」ですら賛成論は一九%でしかない。北方四島に関するロシア側世論調査の最新の結果だ。九〇年の調査結果となんら変わることがない。

――ロシアが四島を返すことができるのはただ「強大な大国に戻った時だけですよ」。改革派の論客ボービンのこの言葉が、おそらく、ありうる領土返還の可能性のぎりぎりの線だろう。

ましてなぜ、経済危機下で国家財政が破綻《はたん》し、民族主義が復権し高揚している最中に、領土返還に応ずることなどありうるのだろうか。

すでに昨年来エリツィン政権は「レーム・ダック〈死に体〉」同然の政権へと化し続けている。

未来に願望をかけるのは自由である。しかし願望を現実と混同してはならない。

その〝外交のいろは〟を私たちが忘れた時、現実からもっと手ひどいしっぺ返しを受けることになる歴史の先例を、繰り返し想起しておいてよい。

主権と領土に固執する一九世紀的古典外交から自由になることなしに、国際社会で私たちは、共生の道を歩むことはできないだろう。

18　軍事グローバル化の中の新ガイドライン

▼『ジャーナリスト』第四九四号、一九九九年五月二五日

コソボ空爆の悲劇は、新ガイドライン下の戦争マニュアル・周辺事態法等の近未来を指し示している。

　第一に、民間人や病院であれ、住宅や大使館であれ、周辺事態法が発動された時、戦争の被害は、無差別・民間施設等に及び、多くの無告の民が、最先端兵器の犠牲となるだろう。

　それはアジアの〝平和な海〟に大量の難民を流出させざるをえまい。

　第二に、NATO軍のような同盟国軍であれ、国連多国籍軍であれ、いずれにせよ周辺事態法が発動された時、空爆や船舶臨検（つまり海上封鎖）に支援協力する自衛隊は、自衛のための戦力ではもはやなく、米国の前方展開戦略下で軍事グローバル化を進めるための〝将棋の駒〟でしかなくなるだろう。それはわが国軍を、ペンタゴンの傭兵と化していかざるをえまい。

　そして第三に、朝鮮半島であれ台湾海峡や、はたまたチベットであれ、周辺事態法が発動された時、〝人道主義とデモクラシー〟の大義名分下に私たちの国が、アジアの大規模地域紛争に加担し、後方支援し、いずれ派兵する愚を犯さざるをえなくなるだろう。

　すでに、コソボ紛争に自衛隊を派兵する動きが、その愚を先取りしている。

　それは、朝鮮や中国などアジアの諸民族と私たちとの共生の途を狭め、閉ざすことになりはしまいか。

だからこそ、周辺事態法のような戦争マニュアルを事前につくり、有事法制を含めた〝危機管理〟策を進めるべきだ、ということにはならない。だから日米安保に〝ＴＭＤ（戦略防衛網）の牙〟を持たせ、最先端兵器の抑止力によって〝危機〟勃発を防ぐべきだということにはならない。それは、本末転倒の論理ではないか。

　幻の危機を煽って危機をつくり、その危機に軍事で対応する愚である。

　コソボの悲劇をアジアで繰り返させてはならない。私たちはすでにそれを、二十数年にわたってベトナムで見てきたし、半世紀前のヒロシマで見たはずある。

　いまこそ、戦後日本の繁栄と平和をつくった脱軍事化の賢慮に学ぶべき時だ。

19　拉致解決交渉の出口で

▼『信濃毎日新聞』二〇〇〇年一一月六日
　歴史が動く時、その歯車は一気に回転する。ちょうど谷あいのいくつもの伏流が一つに重なり合って奔流と化していく時のようにである。

　六月、遅い春のピョンヤンで南北首脳会談が開かれてから半年後の今、半島分断の壁が音を立てて崩れ始めている。

　ドイツ統一から一〇年――。ユーラシア大陸の東端でもまた、和解と統一の流れが加速され続けている。米朝修好は、大統領選挙で民主、共和のどちらの党が勝っても、時間の問題でしかあるまい。早ければクリントン政権の最後を飾る外交成果として、遅くとも次期政権の最初を彩る外交課題として、記録されるだろう。

米国の動向もさることながら、すでにイタリアが北朝鮮（朝鮮民主主義人民共和国）と国交樹立で合意したのをはじめ、英独などＥＵ（欧州連合）諸国の多くが、北との国交正常化に向けて踏み出している。この流れは不可逆的なものだ。もはや引き返すことのできない「ポイント・オブ・ノーリターン」を超えている。

「日朝交渉が遅れているのでなく、北朝鮮が意図して遅らせている」、「（ノドン・ミサイルなどの懸案事項を解決することが重要で、バスに）乗り遅れているから急ごうと焦ってはならない」——と外交評論家の岡本行夫氏は、オルブライト国務長官訪朝後の新聞紙上で私たちに説いている（『朝日新聞』一〇月二六日付）。

岡本氏によれば、何より必要なのは、米国が日本、韓国との「対北同盟」の緊密化を強化することであって、たとえば米朝修好を進めても、北は「体制は何も変えていない」のだから、脅威は残り続けることになる。

変わることのない北朝鮮脅威論だ。それはかつて、「ジリ貧かドカ貧か、体制が徐々に崩壊するか、突然南進してくるか、二つにひとつだ」と説き続けた専門家たちの北朝鮮像の延長線上にある。その北朝鮮像と脅威論の中軸に、ミサイルと拉致《らち》少女の二つの〝疑惑〟が置かれ続けている。

だが、今やだれの眼《め》にも明らかなように、「ジリ貧」も「ドカ貧」もない。そもそも六〇年代の旧ソ連兵器を軸にした北が、日本や韓国を含めた、米国による最精強の軍事力と比較して〝脅威〟になどなりようもないことを、私たちは繰り返し想起しておいてよい。その意味で、ノドンもテポドンも、かつてのソ連脅威論の時と同じように〝幻の脅威〟でしかない。それなのに、いまだ北のミサイルの脅威を、国交正常化の入り口にすえようとしている。

まして、なぜまたぞろ〝拉致疑惑〟なのだろうか。亡命者からの〝また聞き〟を唯一の証拠として九七年二月に急浮上した〝横田めぐみさん拉致〟なるものを、国家間交渉の入り口に置く外交感覚こそが問われなくてはなるまい。もし問題の真の解決を望むなら、交渉の入り口でなく出口にこそすえられなくてはなるまい。それが、真の外交感覚ではあるまいか。正常化なくして〝国家テロ〟はおよそ解決不能なのだから。

「日本からやってくる朝鮮問題の専門家たちは、シンポジウムで口を開くと、テポドンと拉致少女なのです。しかも、『北に圧力をかけてくれ』と米国側に頼み込むのです」。ワシントンの国務省首席担当官である旧友は、先日もそう私に嘆いたものだ。

世界が変わり続けるのに変わることのできない日本――。その日本の外交こそが「失われた一〇年」をもたらしたのではなかったか。なぜ私たちは、もっと幅広く大胆な東アジアの二一世紀像を描くことができないのか。

「日本はいつも後ろ向きのことしかしないネ」。そう言い足した国務省の旧友の言葉が、一〇月まで二カ月間のワシントン滞在から帰った今も、私の耳に残り続けている。

▼『信濃毎日新聞』二〇〇一年二月五日

20　集団的自衛権と真の国益

集団的自衛権――マジック・ワードのように浮かんでは消え、消えては浮かぶこのコトバが、いまやブッシュ新政権下の来日関係を読み解く鍵《かぎ》となり始めたようだ。

早くも先ごろ、新政権下の対アジア戦略の中心を担うとされる〝知日派〟アーミテージ国務副長官候補が、訪米した山崎拓・元自民党政調会長に「日本が集団的自衛権の行使を可能にするよう」求めたと伝えられる。

それに先立ち、昨年暮れ、鳩山由紀夫民主党代表が、憲法九条改正の根拠として、「集団的自衛権を日本が行使できるようにする」ことだと述べ、自説の〝論憲〟すなわち改憲の立場を鮮明にした。

太平洋を越えて〝知日派〟と〝知米派〟とが——鳩山氏をそうとらえるならの前提付きだが——奇しくもエールを投げ合った構図だ。あるいは海を越えた〝タカ派〟連合の構図というべきか。

それにしてもいったい、この集団的自衛権とは何であるのか。

人はだれでも他人から襲われた時、反撃できる。たとえ殺しても正当化される、正当防衛の権利、すなわち自衛権である。生まれながらにして持つ〝自然法上の権利〟とされる。

国家もまた同じように自衛権を持つ。憲法がどう規定しようと、国際法上容認された権利である。憲法第九条が〝交戦権〟を否定しながら〝自衛のための戦力〟は持ちうる、と解釈できる余地はそこから出てくる。

しかし、友人が襲われた時でも反撃に出て、殺すことかできるかとなると、そうはいかない。まして〝襲われる〟脅威があると勝手に考えた時でも、共に反撃し殺すことが認められるかに及んでは、疑問符はもっと大きくなる。

しかも〝襲われる〟と想定している友人は、いまだ七〇〇〇発以上もの長距離核ミサイルを持ち、その一発一発が広島型原爆の数百倍の必殺力を持っているとしたなら、その友人を救うため反撃に出て殺す〝権利〟をあえて憲法に明記し行使する理由はどこにあるのか。

集団的自衛権の〝いかがわしさ〟はそこにある。国際法上それが〝権利〟として容認されてこなかったのも、むべなるかなといわざるをえまい。しかも核大国・ソ連が地球上にもはや存在しない今日においてはである。

冷戦後頻発する戦争のほとんどすべては、民族間の内戦だ。途上国世界の紛争である。その多くが、貧困や飢餓と環境劣化から来ている。それは、私たちの国の安全を〝襲う〟脅威などと連動させることの到底できない代物だ。

集団的自衛権のいかがわしさは、論憲論ならぬ改憲論のいかがわしさに通底する。

「永久の友も永久の敵もいない。あるのは永久の真の国益だけだ」――英国の名外交官パーマーストン卿の言葉を、私たちは繰り返しかみしめ直してよい。

同盟とは、すべてを相手にゆだねることではない。多角的な安保と経済の仕組みをつくることなしに日本は、二一世紀アジアと共生できまい。その共生なしに、私たちの経済の再生もありえまい。

そのためには、核とドルの呪縛《じゅばく》から自らを解き放つことではないのか、そして総額二五兆円もの次期防（次期中期防衛力整備計画）の見直しを、八十数億円の外交機密費の見直しと共に始めることだ。なにしろ〝ヘリ空母〟二隻と空中給油機四機の代金二八〇〇億円だけでも、一〇〇人収容の特別養護老人ホーム六六〇施設ができるのだから。

いかがわしい集団的自衛権と真の国益とを、まず区別し、外交とは何かを考えることこそ、海の向こうの新政権とのつきあいの第一歩ではなかろうか。

▼『ポリシーフォーラム21』二〇〇二年七月一日

21　いまODA基本法をつくる秋

「土下座とはこういうふうにするもんだ」――佐藤優・前主任分析官が外務省の課長に実演してみせたという。もちろん鈴木宗男議員の前でである。その鈴木にも佐藤にも司直の手が及んだけれども、鈴木は議員のままだ。しかも、佐藤が鈴木と共に進めようとしていた二島先行返還論の〝政策としての正当性〟がいま主張され、日露間の懸案打開の現実策を打ち出した外交上の手腕と識見が高く評価されようとしている。

しかし、それなら鈴木が、二島の旧地権者から地権を買い漁りつづけていた現実はどう評価されるのか。いやそもそも、ソ連邦解体後の民族主義の吹き荒れるロシアで、国土の数千分の一であれ、領土を旧敵国・日本に引き渡す政策自体、どれだけ現実性をもっていたと言えるのか。

なおも二島返還の現実の可能性があったとするなら、わずかにゴルバチョフ下で華麗な新思考外交が進められ、ソ連邦自体が残存し、クレムリンが十分な独裁機能を享受していた時期であったろう。遺憾ながらそれ以後、二島であれ、まして四島であれ、旧領土の返還を求める外交は、ただ屋根に登って月を望む類の非外交へと変貌したのではなかったろうか。それは、現実を謳いながら現実と乖離する、旧型外交の貧困を象徴している。

「ケニアのダム援助などゴミみたいなものですョ」──ある研究会でこう断じたリベラル派政治学者の言葉が一面の真理を突きながらもなお、その貧困と重なり合っている。

ケニア発電事業に供与された円借款は第一期分だけで六九億七八〇〇万円（！）。しかも建設〝監理〟費用として日本工営㈱に一八億七〇〇〇万円が支払われている。実際の工事に一切関与しないのに、である。そしてそのすべてが、外務省と国際協力銀行を介在させ、そのすべてに国会が介在しない。しかも日本工営は、戦後一貫して、岸信介から鈴木宗男に至る自民党利権人脈を全稼働させ、東南アジア賠償から中央アジア、アフリカ、ロシア支援に至るODA関連利権のほぼすべてにかかわっている。そしてその過程で日本は、世界最大のODA供与国に成り上がっている。

であるなら、せめて私たちはいま（けっしてゴミなどでない！）膨大な額のODA予算を国会で監査できる仕組みを、「ODA基本法」の制定を通じてつくり上げる秋ではないのか。それが、北方領土返還論に見る外交論の幻想から私たちを解き放って、真の構造改革に至る第一歩であるはずだ。

VI

混迷する日本

〈第二の戦後改革を〉

靖国参拝に向かう小泉首相（2003年1月14日）=時事通信社提供

年	月	動　き
1988	6	自民党が税制抜本改革大綱を決定。大手情報産業リクルート問題が判明
	12	税制改革6法案可決、成立。消費税実施は89年4月から
1989	1	昭和天皇崩御・新元号「平成」が施行
	4	消費税がスタート。竹下首相がリクルート事件の責任を取って退陣
1990	2	第39回衆院選、自民党275議席で勝利
1991	1	日本政府、多国籍軍に自衛隊輸送機の派遣決定。 11　宮沢内閣成立
1992	6	PKO 協力法、国際緊急援助派遣改正が成立
	8	金丸信が東京佐川急便から5億円受領で自民党副総裁辞任
1993	6	宮沢内閣不信任案が自民党一部の賛成で可決、衆議院解散
	7	衆院選、自民党過半数を割り、敗北。55年体制終わる。 7野党1会派が非自民連立政権で合意、首相に日本新党細川代表を決定
1994	4	細川内閣、総辞職、連立与党は衆参両院で羽田孜を新首相に指名
	6	羽田内閣、総辞職表明。自民・社会・さきがけ連立政権発足
	12	新進党が衆参両院議員214人で発足
1995	1	阪神大震災、死者は6000人を超える。地下鉄サリン事件
	12	高速増殖炉「もんじゅ」から液体ナトリウム漏れ、運転中止
1996	1	村山首相退陣、橋本内閣成立
	2	政府が住専処理法案を閣議決定、国会提出
1997	6	神戸市須磨区小学生殺害事件
	11	山一證券、自主廃業決定。北海道拓殖銀行破綻
1998	3	大蔵省・日銀の接待汚職で大蔵省幹部ら5人逮捕。 7　小渕政権発足
	10	日本長期信用銀行が金融再生法に基づき国有化へ
1999	1	自自連立小渕改造内閣発足。 4　東京都知事に石原慎太郎当選
	10	自自公連立の小渕再改造内閣発足。住友銀行とさくら銀行が全面提携
2000	2	憲法調査会発足
	4	自公、自由党との連立を解消。小渕内閣総辞職、森喜朗、自公保連立政権発足
	9	日米安保協議会で新ガイドライン
	10	長野県知事に田中康夫氏当選
2001	1	中央省庁統廃合。外務省職員による不祥事発覚始まる
	4	小泉純一郎内閣発足。日本、中国農産物にセイフガード暫定発効
	8	小泉首相靖国参拝。失業率、78年来初の5％台
	10	テロ対策特別措置法成立
2002	4	田中真紀子外相更迭
	6	鈴木宗男議員逮捕さる

Postscript

再生の戦略を求める

「夢はかならずかなう」――そう連呼するソウルの若者たちの熱気はどこから来ているのか。年末から年初にかけて半月余り、ソウルに滞在し、いまや日本はこの隣邦に、経済だけでなく政治でも越されてしまったとの想いを、強くせざるをえなかった。

この国では政治が生きている。単にそれは、太陽政策と庶民政治（何という懐かしい言葉よ！）をスローガンに掲げた進歩派の盧武鉉《ノムヒョン》が、保守派のハンナラ党・李会昌《イフェチャン》を、大方の予想を裏切って破り、大統領に当選したからだけでない。

もちろん、九七年秋に始まるＩＭＦ管理下の緊縮財政危機を、金大中政権下一年で乗り切って、財閥解体を進め、消費税率ゼロを堅持し財政出動で国内消費を喚起させ、外貨準備高を五倍増させ、次年度六％経済成長率を見込むに至った好況ぶりだけにあるのでもない。

政治を変え、経済に道筋をつける市民の活力が、若者を動かし、世代を越えて蠢動している。「しかたがない」と政治の痛みに耐える姿はこの国にない。政治が痛みを押しつけるなら政治を変え経済を変える、その市民の熱気と自信が、この国を動かし続けている。

発端は、昨年六月のワールドカップにあったと、口々にいう。あの時赤シャツの韓国チームが、大方の予想をはるかに裏切って世界四強の一角に食い込んだ。数十万の市民が大通りを埋めつくした。「夢はかならずかなう」——熱狂した市民たちが連呼し始めたのである。

その言葉がインターネットを飛びかい、ネット上で若者たちが作った勝手連的な応援団「ノサモ（盧武鉉を愛する人たちの会）」が巻き起こした旋風に乗って、若い庶民派——〝地域政治〟解消のため節を曲げることのない〝ばかの盧武鉉〟と揶揄された候補——が大統領の座を射止めた。そして年末の公約実現のため中・大選挙区制への改定を進めようとしている。

時にIT革命の勝利と称される。ブロードバンド（大容量高速通信）の世帯普及率六八％——十数％の日本を段違いに抜き世界一を誇る。韓国IT社会化の帰結といってよい。

しかもオンライン上の「ネット選挙」のひ弱さを、オフラインの市民運動が補填した。その市民運動を、優に二〇は越すシンクタンクとNPO（非営利市民団体）が推し進め、知識人や学生、弁護士や市民が支え、寄付金免税措置がそのNPOを活性化させている。

「世界化《セゲワ》（グローバル化）はマイナスにもプラスにも働くのです。金大中政権下で私たちは〝知識基盤社会〟化を進めたのです」——韓国随一の知日派・池明観《チミョンガン》教授はこうほほえみながら続けた。「北朝鮮に対する太陽政策の継承を主張した若い指導者の登場は、金大中大統領のプラスの世界化政策の副産物ですよ」。

「夢はかならずかなう」――いまその言葉が、在韓米軍地位協定（ＳＯＦＡ）改訂を求める市民運動を突き動かしている。装甲車で二人の少女をひき殺した軍属に無罪判決を出したアメリカに抗議し、少女の死を悼んで、連日のようにろうそくデモが繰り広げられている。ネットで参集した市民が、手に手にろうそくを持ち、夜空に向けて突き上げる。アリランのメロディとともに「夢はかならずかなう」と静かに唱う。

若者と市民たちのしなやかな熱気が、韓国の民主化を進め、経済の活性化をつくり出す。その隣邦のありようが、私たちの師表として立ちあらわれ始めている。それなのになぜ私たちの国で、経済の活性化も政治の民主化も見えてこないのだろうか。

「国民は小泉改革の中に天国を夢見て、地獄を見ることになるだろう」――世論とメディアの圧倒的支援を得て小泉政権が誕生した当時から私は、そう予測しいい続けてきた。あれから二年近い歳月が来ようとしているのに、いまだ構造改革も景気回復も片鱗すら見えてこない。いったいなぜ私たちは、この長い停滞からはい上がることができないのか。

何よりもそれは、小泉改革に収斂される再生プログラムが、ことごとく逆向きのものだからである。すでに破綻したレーガン・サッチャリズムという――小さな政府と市場化と逆進税制とを主軸とする――ネオリベラル流改革モデルに範を求めるかぎり、それは、失業と社会不安を増大させ、貧富の差を拡大させて、国内消費を冷え込ませていかざるをえまい。

本来とるべき再生戦略は、民の力を強め、社会資本を豊かなものにするものでなくてはならないはずだ。そしてその戦略は、社会民主主義的な再生プログラムに収斂されていくはずだ。それなのに日本では、そのプログラムを編み出し実践できる対抗勢力が、現実の政治世界で欠落している。しかもその欠落を、小選挙区制導入の九三年政治改革によって自らつくり出している。その意味で私たちの課題は、単に経済失政だけでなく、政治改革――とそれを唱導したメディアと知――の失敗をも、どう反転させるかに及んでいる。

具体的政策でいえば、まずデフレ・スパイラルを食い止めるべく円安とインフレ目標政策の導入に踏み切ること。そして巨大官僚国家をしなやかな市民型分権国家に変えて、選挙制度〝再改革〟を推し進めること。マクロな国際関係の視座に立っていえば、八五年プラザ合意と八八年ＢＩＳ規制の受容に象徴されるアメリカ流グローバリズムの罠から脱し、ドルと核のつくる帝国の呪縛から自らを解き放つことである。

再生の戦略をどうつくるのか――世紀転換期をはさんで私は、アジアとグローバルな視座の中で政策研究を進めながら、その政策研究を同時代史の読み直しに基礎づけるという。〝二足のわらじ〟をはいて、ひとつの小さなシンクタンクと二つの学会の設立にかかわり合った。

それにしてもいったい、アメリカン・スタンダードから離脱して私たちが、グローバル化をプラスに転生させるためにどんな公共政策が求められているのか。そしてそれが〝もうひとつの同時代史〟のどんな読み直しを求め、来年の課題であるアジア共同体とかかわり合っていくのか。その知と政策のあり方のせめぎ合いが、以下のコラムで示されていくはずだ。

コラム

1　「昇らない太陽」日本

▼『信濃毎日新聞』一九九六年九月二三日

「日本の政治は永田町だけ。せいぜい行っても中野までネ」。

セイヤー教授は肩をすくめていう。六階の研究室の窓からは、マサチューセッツ通りが見える。十数分歩けばホワイトハウスである。

そのワシントンから見ていると、日本政治の異様さが否応なしに目につく。いや異様なのはいまや政治だけでない。かつて「アズ・ナンバーワン」とほめそやされた経済や社会、文化すらをも含む〝日本株式会社〟の総体、つまりは「日本というシステム」にまで及んでいる。

「だれがだれとどこで会ったとか、そんな記事ばかりネ。わが国では記事にすらならない。どこにも市民がいない。地方もない」。

教授の日本批判のボルテージは上がるばかりだ。

「ナカソネ・プロフェッサーシップ」の肩書を持つ氏は、日本政治の内部、とりわけ保守政界の動向にめっぽう詳しい。しかし同時に氏は、熱心な（？）民主党員で、隠れた日本社会党びいきでもあった。

「まったくわからないのが社会党、いまの社民党ですヨ。もちろん新党もさっぱり。政策も争点も、まるで見えてこないのですヨ」。

机のかたわらにうず高く積まれた政党機関誌やパンフレットを取り出しながら、氏はため息をつく。

かつて、ライシャワーの高弟、日本研究家第二世代として、戦争直後の「占領改革」に燃える日本に滞在し、戦後民主主義の発展に夢をふくらませていたころの、氏の若き日の姿をほうふつさせる。

そんな氏にとって、おそらく最も心躍らせたのが、八九年参議院選挙で与野党逆転を見た日ではなかったろうか。

あの時、くっきりと鮮明に浮び上がった〝争点型政治〟を、なぜ日本人は、〝政策〟へとつなげていかなかったのだろう。

アメリカから日本政治を見ていると〝争点〟も〝政策〟もない、国民不在の政治しか見えてこない。二極にしろ三極にしろ、与野党は何を争点として戦っているのか。それが見えてこない。そしてその争点と政策のない政治の貧困が、メディアと文化の貧困につながっている。


「昇らない太陽」――日本をそう評する議論がいまこの国で台頭し始めている。

もはや、かの有名なＭＯＦ（大蔵省）神話もＭＩＴＩ（通産）神話もついえてしまった。世界で最も有能にして練達とされた官僚たちの〝無能さ〟と〝腐敗〟が、政治家たちのそれと共に、どうやら「昇らない太陽」の元凶のひとつであることが、この国の辛らつな若手日本研究者たちのあいだで指摘され始めている。

そしてその行き着く先が、文化を含めた「日本というシステム」の鎖国体質であるようだ。それが、彼らにとっていまだ「ポスト近代」に、いや「近代」にする至ることのできないタテ型社会をつくる〝学閥〟を含む多様な〝閥〟秩序の異様さにつながっている。


「政界五摂家!?　信じられナーイ。なぜ二一世紀がそこに来ているのに、二世や四世や女婿の政治家がはこびるのですか」。

それが、ＮＨＫ日曜ドラマで、吉宗や秀吉が、のっぺらぼうの英雄礼賛論のまま放送される文化の卑小さとつながっている。

「日本システム」の鎖国体質は、指紋押なつ制度から記者クラブ、外国人雇用問題など社会のほぼすべてのレベルに及んでいる。

たとえばなぜワシントンで、日本人記者が米人記者とまったく対等に政治家や官僚に取材し、記者会見に出ることができるのに、日本でそれが、外国人記者に許されないのか。いや日本人に対してすら、そのクラブ制度が適用され続けている。

疑いもなくそれは、日本のメディアにおける権力への批判の矛先を鈍らせる。そして批判なきところに市民政治はない。異質さを許容できないところに、多様な文化が花咲くことはない。

「多文化主義」が、世紀末米国の文化と政治を貫き始めた新しい流れだ。多様さを許容し〝人種のるつぼ〟の中で多元的で寛容で、しかしもっと人間的で性差のない社会をつくり上げていく。

その新しい世紀への胎動が、大統領選挙の底流で脈打っている。その流れをどう切りひらいていくのか。

二年前、共和党行動右派に制せられた米政界を、もう一度中道リベラルへと揺り戻す流れが、いま渦巻き続けている。

その彼我の二つの国の文化の違いが、太平洋を越えて向かいあう二つの国の政治――そして多分経済――の落差を際立たせている。

「昇らない太陽」はいつまた昇り始めるのか。

▼『信濃毎日新聞』一九八九年三月一三日

2　リ疑惑と「政治の貧困」

リクルート疑惑は、ついに保守中枢にまで及び始めたようだ。

三月六日、真藤前NTT会長逮捕の報を受けて、伊東自民党総務会長は、事の重大さを率直に認め、成り行きを「息をつめて見守っている」と語った。さらにその三日後には「自民党首脳は国民に謝るべきだ」とまで言い切り、保守体制に巣食う政財官（と学）の癒着に切開手術のメスを入れる必要を示唆していた。

保守の良心がまだ生きていると見るべきか、そこまで政治が腐敗の極みに達したと見るべきか。

人々はただ、その手術のメスが、中曽根前首相と政界中枢にどこまで迫りうるのか、耳目をそばだて、まさに「息をつめて見守っている」。

それにしても、時流に流されることなく時流を見すえることの至難さと大切さを、ここ数カ月の政界の動きほど、如実に示したものはないだろう。

つい数カ月前まで、この国の知識人たちの多くが、中曽根礼賛論のハーモニーを見事に奏で続けていたことを、私はいま複雑な思いで想起している。

中曽根礼賛論は、単にその前首相のブレーンとなった知識人たちばかりでなく、むしろそれ以外の、若手中堅世代の政治学者たちによって華やかにぶち上げられた。

いわく中曽根氏は、かつての右翼ナショナリストから近代的な国際主義者へ変貌《ぼう》をとげた。「転向」には、左が右に変わる事例ばかりでなく、右が「左転向」する事例だってあるのだ、と。

その近代的な国際主義者としての中曽根礼賛論が、氏が推し進めていた一連の行政と軍拡とに対する賛歌へとつなげられた。その他方で、政権党を批判することの愚が説かれ、権力批判を続けてきたところにこそ、戦後日本の政治学が「国民の信用を失わしめた」真因なのだと説かれた。

もちろん、八六年のダブル選挙での自民党の圧勝は、彼らにとって新しい時代の先駆けとして積極的に評価され、新しい型の日本型デモクラシーの誕生だとお告げされた。

しかし、リクルート疑惑の進展は、人々をしてようやく、中曽根流〝戦後総決算〟政治が何であり、氏の下で進められていた行革が何であったのか、問い直させ始めている。

事は、一政治家の評価にとどまるものでなく、八〇年代に登場した〝保守政治〟の本質の評価にまで及ぶものであるはずだ。

たとえば〝官有地払い下げ〟と民営化とに始まる一連の行財政改革とは、真実何であったのか。

一方でそれは、土地急騰を生み、人々が額に汗して働くことの虚《むな》しさを、庶民たちのあいだに強めていたはずだ。他方で、労組の二大拠点――国鉄と電電――の解体をもたらし、デモクラシーを支える「拮抗力《きっこうりょく》」の軸を引き裂き、民主政治の基盤の解体を促していた。

確かに、新聞報道によれば、JR各社と日本貨物鉄道株式会社なるものの八七年度総利益は五〇三億円の黒字を計上し、国鉄の万年赤字経営は改善されたように、国民は思い込んでいる。

しかし現実には、経済学者・伊東光晴氏の指摘(雑誌『世界』一九八九年四月号)によれば、過去の国鉄の負債の多くが清算事業団に棚上げされている。八七年度赤字は二兆三一五一億円というかつてない額に達し、JR各社の黒字を差し引いても、かつての国鉄時代の赤字一兆六〇〇〇~八〇〇〇億円とくらべものにならない経営悪化の現実が隠されている。


加えて、労働条件の強化と、凄惨《せいさん》な首切り・人事配転の現実が進行している様が――次々に出る不当労働行為の判決を通して――明らかにされている。

いったい、だれのための民活で、なんのための行革であったのか。


いまや、世界第三位にまで名実ともに相なった軍事大国ニッポンの、衰えるところない軍拡については、言うを待たない。

ソ連社会が変貌《ぼう》し、経済のペレストロイカを進めて〝経済後進国〟から脱しようと軍縮を進め、デタントの波が東アジアにまで及んでいるというのに、なぜ「世界第三位の軍拡」なのか。

韓国とソ連の合弁企業第一号契約が先ごろ成立した。ベトナムとインドネシアが石油共同開発事業に乗り出し、中ソが全面和解へと踏み切った。

そしてソ連は、東アジアから一五〇基のSS20を撤去することを、INF全廃条約で同意し、昨年一二月には、同地区から二〇万の兵力の一方的削減を提案している。

それなのになぜ「世界第三位の軍拡」なのか。国際感覚を喪失した〝国際主義〟宰相の下で累積した兵器のショッピング・リストは、後年度負担の名によるツケ買いでふくらみ、いまや、日米摩擦の新たなタネに化け始めている。

▼『信濃毎日新聞』一九八九年七月一七日

3 アルシュの孤独な影

アルシュ・サミットの開会前、宇野首相はついに、サミット出席の首脳のだれひとりと会見できなかった。

ミッテランとの会見も、直前に先方から取り消された。GNPでもODAでもいまや世界一を記録する国の首相として、まことに異例のことであったろう。

首相周辺にただようアルシュの孤独な影――それは、ひとり宇野氏個人の問題であるまい。国際社会に投影された今日の日本の影ではないだろうか。

いま欧米では、これまでの日本像が崩れ始めている。虚像としての日本像と現実との差が、慎重に腑分けされ始めている。

アズ・ナンバーワンとして紹介され称賛されてきたかつての日本像――そこでは、日本的特質なるもののほぼいっさいが評価され称賛されていた。

いわく、勤勉を生む儒教精神。いわく、労使協調による日本的経営と高等教育による民度の高さ。いわく、通産省主導下の官民一体型輸出振興策と市場保護政策。いわく、包括政党として国民の要求を満遍なく吸い上げる自民党政治と、それを支える族議員と後援会システムの知恵。いわく、日米安保で軍備にカネをかけず、安全を手にしてきた対米協調外交の知恵――。

ジャパン・アズ・ナンバーワンに描かれたこの日本像は、ほぼそのままポール・ケネディの「大国の興亡」論の中の大国像に重ね合わされ、私たちの心にうずくナショナリズムをくすぐり続けた。そしてそれら、日本型社会の特異さこそ、日本を経済超大国に引き上げ、二一世紀のリーダーに押し上げる要因だとする、日本論が展開されていた。

その特質を、中曽根ブレーン学者たちは、日本型イエ社会の特質と呼び、その政治の成熟を、八六年体制に求め、衆参ダブル選挙での自民圧勝を称賛した。八六年体制こそ、国際国家ニッポンの政治の指標だと説き、その定着を謳歌した。

しかしその〝体制〟そのものが、三年の歳月を経ずに音をたてて崩れ始めている。

リクルート汚職の発覚が、中曽根民活の裏の現実と、一党支配の生み出す政治腐敗をあらわにし、三％消費税の実施が、階層間格差拡大の現実を垣間見せている。しかも、日米安保基軸論は、激しく変わる国際社会の現実との齟齬を広げ、日本型イエ社会の光でなく影が、相貌《そうぼう》をあらわにし始めたのである。その長い影こそ、今日、日本を〝世界の孤児〟へと追いやり始めているものではないだろうか。

もはや日本をまねるべきでない――新・知日派ジェームズ・ファローズの次のような逆説的警句の重みを、私たちはもっとかみしめてよい。

「日本をまねよう。まず政治をごまかし、都市部の票の重みを軽くして一党が単独支配を確立する。それからあらゆる物価を二倍に引き上げ、収入は据えおく。さらに国境を封鎖して人種的一体性を賛美し、女性の仕事を七、八割方減らす。加えて生徒には質問させない教育制度を確立する。そうすれば、アメリカも貿易黒字国になれること、まず間違いない」。

ファローズにならって、アメリカ人より年間二五四時間余分に働く超過労働と、貧困な都市・社会資本を付け加えることもできるだろう。

アルシュの孤独な影――それがいま国際国家・日本の条件を改めて問い直している。

4 政権〝受け皿〟の貧困

▼『信濃毎日新聞』一九九〇年二月二六日

自民党が息を吹きかえした。

政権の存続すら危ぶまれていたのに、追加公認を含めて二八六議席、安定多数をはるかに上回る勝利だ。

他方、野党はといえば、社会党ひとり「飛躍的勝利」を手にしたものの、公、共、民社は軒並み票を大幅に減らした。しかも、社会党が獲得した一三九議席も、昭和四〇年代まで（総議席数が今日より三〇近くも少ない時点で）常に一四〇議席をとっていたことを考えるなら、言われるほどの「勝利」ではけっしてあるまい。

政権獲得という「山が動く」かに見えていたのに、なぜ山が遠のいてしまったのか。昨年夏の与野党逆転をつくり出した、有権者たちのフィーバーは、どこに行ったというのか。

それは、けっして二百数十億円にのぼる企業献金を先借りし、かつてない企業ぐるみ選挙を展開した自民党の選挙戦術の巧みさにだけあったのではない。あるいは、地方利益を掘り起こしてドブ板選挙に徹した、自民党の〝選挙上手〟にだけあったのではない。

選挙直前、なお態度を決めかねていた、三割から四割に達する〝浮気な〟有権者たちの行動を最後に決めさせたのは、〝政権の受け皿〟としての野党の側に対し、有権者たちが感じた漠たる不満感と〝頼りなさ〟ではなかったろうか。

しばしば指摘されるように、五党首テレビ討論会で、民社党の永末委員長は、野党間で共通の政策も政権構想もできていないことを突かれて、「われわれ四党が過半数を取れば、一晩のうちにまとめる」と言ったが、その永末氏の言葉の中に、野党側の政権構想の恐るべき貧困さが象徴されている。
民社、公明の両党は、今次の選挙にあって、おそらくは先の参議院選挙での〝社会党ひとり勝ち〟に懲りて、四野党間の協調よりもむしろ異質さを強調し続けた。そしてそれが最も際立っていたのが、永末氏の先の発言と裏腹に、民社党であったと言われても仕方あるまい。

基本政策についてすら合意ができず、政権取りの構想すら描けない野党連合に、有権者はどうして政権を託しえようか。

しかもいまや日本は国際社会で、さまざまな指導的役割を期待されている。ペレストロイカと東欧変革の波が、国際構造を根底から変え始めようとしているのに、しかも他方で、同盟国アメリカの〝日本たたき〟が強まり続けているのに、いっこうに、日本の外交と内政に青写真を描くことのない野党連合に、国民はどうして政権を託しえようか。

政権構想の貧困は、政策の貧困と裏腹の関係にある。

有権者たちはもはや、消費税反対だけでは動かされない。〝したたかな〟有権者たちは、消費税のあとの税制改革の全体像の提示を、野党の側に求め続けていたはずだ。

巨大な企業がニューヨークやロスのビルや土地を買いあさることができるのに、なぜ日本のサラリーマンたちは、都市近郊に庭つきのまともな家一軒持てないのか。

いまや焦眉《しょび》の問題となっている政治改革やコメ問題、安保政策についても同じだ。

敵失や大言壮語によって有権者を動かすことのできる時代は終わった。もっときめ細かで、もっと骨太な政策がいま求められている。それなくして日本の政治は、欧米の政治家たちに「三流の政治」だといつまでも軽蔑され続けることだろう。

5 バブル政治の崩壊

バブル経済の崩壊が、バブル政治の崩壊を連動させている。

政治は本来、民意の集約としてあるべきものであるはずだ。

しかしいま白日の下に曝されつつある日本政治の実態は、政治権力がカネの多寡によって決められる構造だ。権力を手にしたものが、同時に巨万の富を手にできる仕組みだ。

少なくとも〝政治の主人〟であるはずのふつうの市民が、束になっても手にできない富が、選挙のたびにふくれあがる。そしてそれを、数億円のワリシンや何億円もの金塊に変え、一日七〇〇万円単位のマージャン賭金に変えて政治資金のモチ代として自党議員らに配ることもできる。

そこに表出する日本政治の構造は、民意の集約などでなく、カネの集約を本質とする現実だ。

いったい、志の高い若者たちのだれがそんな政治に参画し、政治を暮らしに戻すべく、汗水流すことなどできようか。

太平洋の向こう岸でクリントンら若い戦後世代が〝市民第一主義〟を掲げて、政治の変革に乗り出し続けているいま、改めて彼我のデモクラシーの落差に、ただ愕然とする。

もちろんかつてなら、こうした日本政治の実態は、近代政治学者よろしく、日本型民主主義の欠陥として分析できたかもしれない。保守支配で時に噴出する吹出物ととらえることもできたかもしれない。四年前、リクルート疑惑のとき、日本政治分析家たちが一様に、五五年体制の〝制度疲労〟と評した位置づけが、そのひとつの表現だったろう。

▼『北海道新聞』一九九三年三月二三日

だがいま明らかにされつつある腐敗の実態は、吹出物が単に、自社二大政党制の疲労からくるウミなどでない現実だ。ウミが全身にまわり制度自体を機能不全にするガンへと化した、保守一党支配体制の現実だ。

もっとも私たちは、崩壊したソ連共産主義がそうであったように、すべての一党支配が、市民社会のひ弱さ、もしくは野党の無力さに支えられている現実も、忘れてはなるまい。

しかし野党の無力さを批判する前に、そもそもその無力な存在を生む主因のひとつだった日本政治の金権化を、何より強く指弾しなくてはならなかったはずだ。

政治の金権化こそ、与党にせよ野党にせよ、真に志ある有能な政治家を生むことのできないシステムを、構造化させた根源であるからだ。

ヨーロッパの国々で、一人の政治家が国政選挙に出るのに必要なカネが邦価で一〇〇万から二〇〇万。日本では数億。この彼我の違いが、日本政治の貧困と腐敗を生む根底にある。それが、市民のための政治、つまりはデモクラシーの空洞化を、引き出し続けている。

金丸的政治の崩壊は、同時に小沢調査会に象徴される、ここ一両年の政界再編論の底の浅さ、もしくは壮大な陥穽をあらわにしているだろう。それが、政界再編論と組み合わされた形で突出した政治改革論と、さらには改憲論の、隠された落し穴を指し示している。

リクルート疑惑が市民たちに突きつけた政治改革の要諦は、〝政治をカネのかからないもの〟に変えることにあったはずである。

それがいつのまにか、選挙制度改革にすりかえられ、しかもその軸に小選挙区制導入がすえられるに至った。何人もの世にいう高名な政治学者や政治評論家、そして政治記者たちまでもが、民間政治臨調なるものに結果として協力し、改革の本質を、巧みなコトバとメディアの操作によって市民の眼からそらせるに至っている。

そのあげくの果てに、改憲論の登場である。

金丸的政治、つまりはバブル政治の崩壊がもたらした最大の功績は、皮肉にも、ここ数年、政治を論評し民間臨調に馳せ参じた〝日本政治のプロ〟たちのバブルのような底の浅さをあらわにしていることにあるのかもしれない。

　同時にそれは、メディアを含めた、言論と知の衰退をも、あらわにしているはずである。

　その意味でいま私たちに問い直されているのは、バブル政治の中で批判能力を欠き、真の意味での政策能力を欠いた哀しき日本文化の現実だと言いかえてもよい。

　民意の集約としての政治を取り戻すために、私たちはまず隗より始めなくてはならないときに来ている。

6　丸山真男が問い続けるもの

▼『毎日新聞』一九九二年三月三〇日
京洛の街に紅葉が散り始めたころのはずだ。

大学二年の晩春に安保闘争が終息した。挫折のあとのアンニュイの中で私は、大学をやめようとひそかに考えていた。そんな中でこの一冊の本に出会った。

　倦怠感のためばかりでなかったかもしれない。ごつごつしたドイツ語と、屁理屈《へりくつ》をこねればどうにでも解釈できる、重箱の隅をつく法犬儒学に心底嫌気がさしていたためでもあったはずだ。

　京洛の山に囲まれて動かない、重たい雲のような雰囲気が、内と外を取り巻いていた。

　安保のあと池田内閣が登場して、高度成長路線をぶち上げた。元A級戦犯首相の高姿勢を一八〇度変え、人心掌握に見事に成功し、分裂した野党の無力さが逆に印象づけられ始めた。

　かつての「安保文学者の会」の論客・江藤淳氏が

「国家権力の敷居の高さ」を説き、それを「安保の教訓」につなげていたころだ。氏の『アメリカと私』をむさぼり読みながらも、その教訓と、戦後教育の中で手にした「土着の民主主義」とのあいだに、妙な違和感だけが残り続けた。

　いま思えば、その「権力の敷居の高さ」を所与のもの――「ある」もの――としてとらえる世界像こそ、日本知識人の、戦前から戦後に至る変わることない、権力と権威に対する弱さの信条告白ではなかったろうか。

　改めてこの一書を読み返したとき、むせかえるような熱い息づかいが、私の心を打つ。

　権力とか国家を、「である」ものとして見るのではない――。「自由は置き物のようにそこにあるのではなく、自由になろうとすることによってはじめて自由でありうる」とする著者の主張が、浩瀚《こうかん》な日本思想史研究に支えられて、ポスト戦後の今日に警鐘を鳴らし続けている。言葉の真の意味でのリベラリズムと言ってよいだろう。

　「権利の上に眠る者は救済されない、それが時効の意味だ」。わかり易くそう説くことによって著者は、現在に安住することの危うさをつき、「である」論理から「する」論理への転換の中に、近代精神の枠を位置づけ直している。

　右であれ左であれ、いっさいの権力と権威を疑い問い正す。躍動する若い精神がそこにある。それが、「自らの中にも巣食う偏見」と権威への甘受を放擲することによって可能になる。

　リベラルはその時、ものごとを根底《ラディカル》から問う姿勢と通底し、変えることへの強靭《きょうじん》でしなやかな心と結び合うはずだ。

　あれから三〇年、数百、数千の新書が刊行されながらなお、戦後ニッポンは、多様な価値のせめぎ合う〝ササラ〟文化でなく、仲間うちだけの学者ムラの〝タコツボ〟文化の中で、知の衰退を生み続け、政治の貧困を増殖させている。

　それが壁崩壊後の世界で、本書『日本の思想』（岩波新書）をしてますます重たい光を放させ続けている。

7 日本モデル論の破綻

▼『信濃毎日新聞』一九九三年一月四日

吹きすさぶ世界複合不況の木枯らしが、冷戦のユーフォリア（勝利の陶酔感）をなえさせ続けている。

二年前であったなら、私たちは壁の崩壊にシャンペンを抜き、資本主義の勝利を高らかにうたうこともできたはずだ。

いや一年半前であってもなお私たちの多くは、軍事評論家たちと共に、湾岸戦争の勝利を祈り、冷戦後世界の秩序維持能力としての、米国の力とハイテク兵器の圧倒的強さに、敬意を表していたはずだ。

そしてなお一年前の今日でも、ソ連学者たちと共に〝新ロシア八月革命〟の勝利の余韻に酔って、市場経済化と民主化のオプティミズムをうたっていたはずである。

色あせ始めたとはいえ、未来はバラ色に彩られていた。

そのバラ色の延長上に、欧州統合の生む〝権力政治の終焉〟を大胆にも――しかし誤って――予兆し続けていた。

だがいまやそのいずれのユーフォリアも、束の間のそれでしかなかった現実に、人々は眼を覚まし始めている。

なぜなのか。何を私たちは見失い、何を歪《ゆが》めてきたのか。私たちの世界像の過誤の根底に、何があったというのか。

あらゆる世界像がそうであるように、歪められた世界像は、私たち自身の自画像の歪みの反映だ。

ちょうど、よしのずいから世界を見るように、私たちもまた鏡に映った虚構の自画像を通して、地球社会をばらばらに分断し、歴史と民族にひそむ複雑さを捨象し、いつのまにか地球の全体像を歪めていたのではなかったろうか。

　ギリシャ神話の青年ナルシスが、水面に映る自分に見ほれて、湖水に落ちた故事と類似の過誤だと言いかえてもよい。


　その意味で、私たちがいま批判と自省の眼を向けるべきは、私たちを陶酔させてきた日本モデル論であるはずだ。

　資本主義体制のモデルとして、わが国は世界に冠たるシステムを持っている。資本主義化を模索するロシア東欧であれ、産業競争力低下に苦悩する米欧であれ、日本資本主義は、システムとして模倣されるに足るモデルだ——。

　基本的に一民族一宗教からなる日本の特殊性がそこでは捨象された。特殊が普遍に通ずることが強弁された。

　民族と宗教の織りなす複雑さが、帝国解体後の世界に〝もうひとつの権力政治と紛争〟を噴出させる冷たい現実が等閑視された。西欧より年間六〇〇時間も働いて過労死する生産システムが称賛された。自民党一党体制を支える金権と腐敗が、〝派閥民主主義〟として正当化され、族議員の跳梁跋扈《ちょうりょうばっこ》すら、制度として是認された。

　世界最高額に達したわがODA（政府開発援助）や、地域開発の切り札とされたリゾート法が、内外の地球環境を破壊しつづける現実が過小評価された。

　もちろん、ポスト冷戦下の地球軍縮の流れに抗して世界第三の軍事大国に急成長させ、米国の軍産複合体を横支えする日本外交が、自衛隊PKO化と〝平和外交〟の大義名分によって正当化され続けた。

　そしていまユーフォリアの消滅である。バブルがはじけ、佐川スキャンダルで政治改革ひとつできない日本が、なぜ資本主義システムのモデルたりうるのか。

　混沌《とん》にあえぐ世紀末の地球社会の縮図が、羅針盤を失った日本社会に凝縮している。

　その意味で、自画像にひそむ特殊と普遍を腑《ふ》分けし、現状肯定から変革の道に転換する大胆な試みの中にこそ、一条の未来への光が見えてくるはずだ。

8　小選挙区制のための会期延長許さない

▼『新婦人しんぶん』一九九三年六月一七日

——いったいなぜ政治改革の中心が、選挙制度いじりなのでしょうか。

「アメリカでは、一〇年ごとの国勢調査にあわせて選挙区割をし直しています。各州から選出される議員の数を調査にもとづいて変え、いわゆる一票の格差は、最大選挙区と最小選挙区の差が、一対一・二ぐらいにまで縮まるようにするのです。選挙改革の本質を追及するなら、なぜ、その差が一対一に限りなく近い選挙区割にしていく動きが出てこないのでしょうか。

「そして連用制なるものをかついだ人間の政治感覚の甘さを指摘したいと思う。彼らは、五〇〇のうち三〇〇を小選挙区制にすると言いますが、小選挙区制の三〇〇議席をシミュレーションすると、自民党は二五〇ぐらいの議席を取れることになります。

「政治改革論者の人たちは、〝日本の政治の腐敗は政権交代がないところからくる、政権交代をするには選挙改革が必要で、現行の中選挙区制を改めるべきだ〟〝小選挙区制だとひとつの選挙区からひとりを選ぶから政策論争になる〟と言います。しかし、日本の近代史を見ても、戦前の小選挙区制下でいかに金権政治が行われたか。もし本気で、選挙制度改革によって政権交代を実現しようというのなら、なぜ連用制で比例代表部分を四〇〇や五〇〇にしないのか。三〇〇を小選挙区制に与えたら、政権交代は永遠に不可能なシステムがこれによってできるという、歴史の汚点をつくることになります。知識人や日本の政治学者たち、とりわけリベラルといわれている人たちまでが、なぜこのような連用制の具体的政策立案に当たっているのか。なぜ日本のジャーナリズムはそれを批判しないのでしょう。

「アメリカで政治改革と言えば、金権政治をいかに押さえるか、族議員的なものをいかに追放するか、政治資金をどう規制するのかということです。日本だって政治改革をしようというなら、まず、この政治資金の問題に絞ってやるべきでしょう」。

▼『信濃毎日新聞』一九九四年四月二五日

9 政権交代のファルス

時代の流れが変わるというのは、昨今のような時をいうのかもしれない。

昨年六月の自民党分裂のあと、総選挙を経て成立した細川内閣は、首相自身の辞任によって倒れた。多くの人々の予想を裏切る、事態の早すぎる展開だったのかもしれない。

後継首班指名の帰趨が容易に決まらなかった最大の理由は、言うまでもなくそれが、政界再編のいわゆる第二幕と連動しているからである。

自民党支配の終焉という、第一幕の最大目標が、少なくとも数のレベルで達せられ、定着したいま、改めてその終焉の意味が、質つまりは政策のレベルで求められ始めている。

確かに細川政権の登場は、自民党的政治手法と政策に代わる新しい風を日本政治に吹き込んだはずだ。その新しい風を追い風として、連立内閣は、すったもんだの末に、政治改革法とコメ部分開放の決断をした。

いや新しい風は、昨年末のシアトルのAPECの外交舞台で、マフラーを首に巻きつけた〝青年宰相〟の語り口の柔らかさに象徴されたように、政策よりパフォーマンスの新しさにこそ、本質があったと言うべきかもしれない。そしてそこに、変わることのできない日本政治の悲劇があるのかもしれない。

そもそも、八派連合政権の仕掛け人たる小沢一郎自身が、金・竹・小の呼び名に象徴され、最も自民党的なるものを体現した政治家であるのだから、政治の新しさが、しょせんパフォーマンスに限られざるをえなかったのは、当然のことだったのかもしれない。

新しい政策の一致があって、八派連合ができたわけでない。新しい政治勢力が台頭して、新政権ができたわけでもない。

よしんば八派連合の絆となった連立協定があったにしろ、それは、とらえようによってはどうにも解釈できる余地を残し、逆にその解釈と実現をめぐって、亀裂を昂じさせざるをえない本質を、今日に至るも持ち続けている。

まして、連立政権内のいわゆる一・一ラインに象徴される部分が、いわゆる自民党的なるものよりもっと守旧的な体質と政策に支えられたものであることを考えるなら、連立の亀裂は、早晩迎えざるをえないものだと言えるはずだ。

亀裂の本格的な波は、多くの政界スズメが語っているように、今秋から来春にかけて、各党派に及んでいくに違いない。

ポスト冷戦の世界は、疑いもなく、市民社会の真の豊かさが何であるのか、そしてそれをどう実現すべきかを問い求めている。

国境の壁が限りなく低くなり、相互浸透が高まるほど、それぞれの国家の内なる社会のありよう、つまりは歪みが、問い直されざるをえまい。

経済のバブルがはじけ、長期不況にあえぐいま、私たちは改めて、豊かさの本質を問い直し、それを支えて生む政治と外交のあり方を求めなくてはならない。

「殿様とはこんなものか」。先ごろの日米首脳会談のあとでクリントンが側近に漏らしたというこの言葉の皮肉を、私たちはもっと真剣に受け止めてよい。「生活者の政治」を掲げ、「併用制」を選挙公約とし、地方分権をうたって登場したにもかかわらず、そのいずれをも裏切り続けて退陣した第一次「非自民」連立政権をどう評価すべきなのか。

政争あって政策のない今日の政権交代劇を、国民はただしらけ切って見ている。その現実をまず、選良なるものは見すえるべきだ。

政治家に政見のない日本政治の現実は、経済を容易に浮揚させず、そこから突出してくる「税負担」増だけが、気づいたら国民の肩に重くのしかかって、内需拡大と経済の浮揚に水を差し続ける近未来の到来を、私たちはどうして歓迎できるのか。

時代の流れが変わっているのに、その流れを入れる政治の器をつくり出せない、日本政治と政論家たちの、壮大なファルス（喜劇）と呼ぶべきなのかもしれない。

▼『信濃毎日新聞』一九九四年六月二六日

10 政策なき政争いつまで

政争はあるけれども政策はない。合従連衡はあるけれど、それを支える哲学がない。「五五年体制」終焉後の、日本政治の暗影が、少数連立政権総辞職後の空白を覆いつくしている。

平成不況は脱出の糸口をつかみかね、円高対応も朝鮮政策も、何ひとつ打ち出せない。いったい新生党主導下の連合政権とは何であったのか。

変貌する内外の情勢下で打ち出さるべき政策をめぐる議論が、これほど求められているのに、それすら展開できない連合政権の不毛さを浮き彫りにさせている。

そもそも先の総選挙の選択自体が、有権者にとって、壮大な虚構の上に築き上げられていたとするなら、その虚構を問い直す、解散＝総選挙こそ、取るべき道だったのかもしれない。

国民の多くは、小沢流もしくは「一・一」流政治手法の危うさを知らなかったろう。そしてよもや野党第一党が、選挙公約を反古にして小選挙区法案に乗りかえるなど、想定できなかったはずだ。

今日の日本政治に求められているのは、対抗勢力の健全さだ。それなくして国民は、真の争点を手にできず、政治は政争の具に堕していかざるをえまい。

健全な対抗勢力という、民主主義の梃子をいかにしてつくり、それをどんな政策で支え合うのか。

総辞職が加速させた政界再編第二幕の中心課題は、この一点に収斂されていくだろう。その時、亀裂の波は、繰り返し既成政党の壁に及んでいかざるをえまい。

新たに登場する連合政権が、どんな形であれ、長期的な意味でむしろ「選挙管理内閣」の役割を担うべきことこそ、いまもっとも望まれる政治のありようなのかもしれない。

水面下で胎動している政策課題は、三つに集約されよう。第一に、国民負担増を求める消費税率アップを含めた増税路線をとるべきか否か。第二に、政治腐敗防止を政治改革の中心にすえるべきか否か。第三に、非軍事・民生の国際貢献と緊張緩和外交を軸にすべきか否か。この三つの政策課題を軸に、政界は保守守旧派対リベラル社民勢力との対抗関係へと分極化されていくのではあるまいか。その時はじめて、「五五年体制」終焉後の日本政治の基軸が定まっていくはずだ。

▼『信濃毎日新聞』一九九四年七月二五日

11　村山政権の意味

ナポリ・サミットで、村山首相はクリントン大統領と差しで会談した。

自らの貧しい生い立ちを語り、若き日の社会運動の過去を話し、日本の政治と経済の今日を変える必要を諄々《じゅんじゅん》と説いた。

若い大統領は、官僚たちのメモも見ずに話しつづけるこの村山の話に驚き、いたく共感したらしい。アル中の義父と麻薬中毒の弟を持ち、貧しい幼少期を送った大統領にとって、これまでのどの日本の首相とも異質な〝社会主義者〟の登場に、強い共鳴板を見出すことができたのは、当然のことであったのかもしれない。

少なくともそこから引き出される連立政権論は、モンデール駐日大使やクリストファー国務長官ら大使館や国務省筋のそれとは異質なものだ。

「新しい政権の〝正統性〟を容認する」という大使の名言（⁉）にしろ、社会党委員長の首班指名を「きわめて異常」で「細心の注意をもって見守らなければならない」とした国務長官の発言にしろ、彼らの内なる〝帝国意識〟を問わず語らずに表出させたものだったろう。

同時にそれは、社会党をマルクス・レーニン主義的な革命政党と等置して〝危険分子〟とみなす、米国流リベラリズムの狭隘《きょうあい》な民主主義観の限界を露呈している。

言葉をかえるなら、民主党であれ共和党であれ、米国はなお、冷戦体制――と五五年体制――の遺制から脱け切ることができていないことを、それは示しているのかもしれない。

その意味で、社会民主主義を党是として掲げる諸政党が、保守党と合従連衡を繰り返しながら、大勢力をなす西欧諸国家にとって、自社連立政権の誕生は、むしろ遅すぎる登場であったろう。社会党首班政権を「むしろ日本政治の成熟」のあらわれと報ずる欧州各紙の報道が、その（米国とは異質な）リベラリズム像を象徴している。

とはいえ、日本社会党にとってそれは、遅ればせの変身であったはずだ。いや、戦後結党当時への本卦返《ほんけがえ》りとむしろみなすこともできるだろう。

当時、同党の英語名は、社会民主党であり、西欧流社民主義を党是と掲げていた。だからこそ、一九四七年、片山哲は、修正資本主義を主張する芦田均の民主党と、農本主義的な三木武夫の国協党と連立して、社会党主導下の連立内閣を組むことができたのである。

バルカン政治家三木武夫の国協党を、武村正義の新党さきがけに、河野洋平の自民党を芦田均の民主党に照応させるなら、草の根ポピュリズムと「働く庶民」階層に本来基盤をおいていた、半世紀前の社会党への先祖返りの当然の帰結として、自社さ政権の登場を位置づけることができるはずだ。

逆に言えば、四八年以後、米ソ冷戦の展開の中でソ連東欧流社会主義に傾斜し〝革命政党〟と自己規定した、五五年体制下の旧型社会党像から、いまようやくにして脱却できた帰結とみなすこともできるはずだ。

小選挙区制導入のシンクタンク・民間政治臨調のリーダー佐々木毅・東大教授によれば、自社連立政権の登場は、「五五年体制」への逆戻りであり、歴史への逆行だそうだ。

だが、この見方はあまりにも皮相なものでしかあるまい。

そこからは、政界再編第二幕の波が、旧型の自民党と旧型の社会党に亀裂を加え、各々《おのおの》の（冷戦・五五年体制下の）古い政策への変答を求め続ける、変貌する歴史と世界への視座が欠落している。

そしてそこには、「一・一」ラインに象徴された新生党主導下の細川・羽田政権が、改憲国権派に収斂しながら、さきがけを繋《つな》ぎ手とする自社連立政権が護憲民権派に収斂する、政界再編第二幕以後の、日本政治の新しい展開への視座が欠落しているはずだ。

ナポリでクリントンが村山の中に見た、保守であれ革新であれ、草の根ポピュリズムの新しい政治の胎動を、どう育て、どんな形で、政権交代可能な民主主義の成熟へつなげていくのか、そのことが、いま改めて民意に求められている。

12 ジャーナリズムと知の衰退

▼『信濃毎日新聞』一九九五年二月六日

独立後のリトアニア共和国の首都ビリニュスには「スギハラ通り」がある。

ナチの迫害から逃れて国外脱出をはかる数千のユダヤ人たちに対して戦時下にあって、本省訓令に背いて手書きのビザを発給し続けたリトアニア駐在外交官・杉原千畝の、かつての行為を称えてつけられた通りだ。

「ニッポンのシンドラー」――そのために栄達の道を絶たれ、外務省を辞めざるをえなかった夫の遺品を抱いて、杉原未亡人はいま、アメリカを旅行している。

その行為によって、ガス室の灰燼《かいじん》となることを逃れた人々の招待を受け、歓迎の旅を続けている。

「ホロコースト（ユダヤ人大虐殺）は作り話だった」。

日本の最も伝統ある最大出版社のひとつ文芸春秋社の月刊誌『マルコポーロ』二月号に、大々的に掲載された、署名入りの記事だ。

「ナチス・ガス室は存在しなかった。それはポーランドの共産主義政権かソ連の措置であり、ヒトラーやナチ指導者が、ユダヤ人の〝絶滅〟を計画したことなど一度としてなかった」――記事は、何はばかることなく、そう断言する。

すでに報道されているように、同社は先ごろ、イスラエル政府やユダヤ人団体の抗議を受け、記事を誤りと認め、同誌廃刊措置をとった。

一月上旬に発行されてから、すでに二〇日余りたってのことだ。当然すぎる措置ではある。だが、問題はこれで終わってはいまい。

第一の問題は、文春側の措置が、私たちの政府や日本側から出た抗議によってとられたのではなくて、国外からの抗議、それも広告引き揚げという〝金銭的圧力〟を受けてはじめてとられた行為でしかなかったことだ。

もちろん、社内の批判が措置の引き金になったわけでもない。しかも、同社社長によれば「たまたま事故につながった」だけであって、海外で活躍する「日本人からの苦情」を受け、改めて「カルチャー・ショックを受けている」とのことだ。

いったい私たちはこうした弁明と、責任の取り方のどこに、ジャーナリズムの精神のありようを見いだすことができるのか。それが隠された第二の問題である。

これまでの同社発行雑誌がとってきた、反共タカ派改憲路線をここで問うまい。そして同社が、かつての大東亜戦争で、戦時協力の先頭に立っていたことも、ここで問うまい。当時、ごくわずかな、気骨あるジャーナリストたちを除いて、日本の新聞雑誌は、ことごとく聖戦遂行の国策に便乗していったのだから。

わが国のメディアは大方、この〝文春ホロコースト〟事件を「売らんかな」経営至上主義の帰結ととらえているようだ。問題はしかし、もっと根深いところにあるように見える。

国際感覚を欠落させた言論が、大手を振って大新聞・大雑誌を飾りつづける。それは、つまるところ批判精神の欠落を意味しているのではないのか。

時流に迎合することなく、時代を批判する——。だが遺憾なことに、この国にはもはやそうした生き生きとした批判も言説も、失われ始めているのではあるまいか。

そのことを、たとえば日本在住の稀有《けう》なジャーナリスト・ウォルフレンが『人間を幸福にしない日本というシステム』という快著の中で指摘しているというのに、日本の知識人はそれを「古めかしい問題意識」だといって切り捨てる（『朝日新聞』読書欄、一月二九日、桜井哲夫氏）。

ジャーナリズムと知の衰退が、いま同時進行している。その中で、政治も外交も迷走している。
ニッポンのシンドラー杉原のことを、改めて遠く想《おも》い出すゆえんである。

▼『朝日新聞』一九九五年七月六日

13 政治にスリリングな夏を！

いま政治を語ることは、実にうっとうしい。まるでじめじめした晴れ間のない梅雨のようだ。

いや梅雨空ならまだいい。どんなに遅くとも、あと二〇日も待てば、冷夏であれ、太陽がカッと照りつける夏がやってくる。

しかし、六日公示され、二三日投開票の参議院選挙で、私たちが、青空の見える、生き生きした政治の夏を迎えるのを期待することは、あまりにむずかしい。

日本社会党は大幅に負け込むだろう。八九年、反消費税と土井ブームの追い風に乗った前々回の四六議席はおろか、三年前の二二議席すら手にできず、一〇議席台に落ち込むだろう。それも、連立政権の一翼を担い、首相を自党から出しているにもかかわらずである。

そしてそのあとに来る、新選挙制度下での衆議院選挙で、同党は、現有議席をさらに割り込み、下手すれば五〇議席以下の第三極ならぬ一小政党へと転落しよう。過去半世紀、国民の三分の一近くの輿望《よぼう》を担いつづけた〝光輝ある対抗政党〟もしくはその潜在性の終焉を、それは意味しよう。

人間や国家と同じように、政党にも消長はつきもので、むしろ〝政治市場〟原理にかなっているという反論も可能だろう。だが、社会党の衰退に関するかぎり、それは単に対抗政党の終焉にとどまらず、

〝政治の終焉〟をもたらしかねないことを、二重に意味する。

第一に、ポスト五五年体制が、自民、新進という二つの保守党を軸にするため〝国のかたち〟について、もうひとつの豊かな道を、国民が選択肢として手にできにくいこと。それゆえ第二に、多くの国民が棄権に回り、政治が遠のいてしまう恐れがあることだ。

「対抗軸論争は意味がない。たとえば消費税率を五%にするか七%にするかといった政策論で争われなくてはならない」――。民間政治臨調に依拠し、小選挙区比例代表並立制を唱導した政治学者たちのこうした立場に立つなら、それはそれで意味があろう。政治は、対立し合う国のかたちの競争の中でなく、政治家の離合集散、権謀術数の中にこそ本質があると矮小《わいしょう》化されるのだろうから。

しかし〝政治〟の本義は元来、国民に生き生きした選択肢を示し、保守と変革との間で競争原理を稼働させることにこそある。対抗政党が全議席の一〇分の一ほどしかない小政党になり、保守二党の間に陥没するとき、政治は本来の役割を終えざるをえまい。

その意味で、晴れ間のない梅雨空のうっとうしさは、二年前の夏、政権参画と引き換えに、選挙公約に違反して社会党が並立制に同調した時に由来する。身から出たさび、もしくは自ら〝毒を飲んだ〟当然の帰結だ。いったい〝死して生きる道〟はあるのか。

二年前の夏、私はカナダで暮らしていた。着いて早々、下院議員選の予備選会場に出かけた。まるで中学か高校の生徒会選挙だ。代議士誕生にかかるカネは一万五〇〇〇ドル。そのあと隣の小選挙区で現職女性首相キム・キャンベルが落選し、進歩保守党に代わって自由《リベラル》党が政権に返り咲いた。ちなみに、私の研究室の前住人も議員に当選した。

ふつうの人が普段着で政治に参加できる――それこそがデモス（民衆）のクラチア（権力）としての民主主義の姿だ。それには政治にカネがかからなくすることである。

社会党は差し当たって、その一点に注目すべきだ。

先の〝二都反乱〟がその道筋を如実に示している。

そのために、労組への過度の依存を改め、市民各層との連携を育て上げることだ。たとえていえば、八〇〇万人の連合より一八〇〇万人の生協、もしくはその最も先導的な二四万人の生活クラブ生協など、現存市民諸団体と緊密なネットワークをつくり上げることである。阪神大震災で市民ボランティアが見せた活力に目を向け、そして連合は、路線を転換すべきだろう。


その上で、政策の理念と体系を、非軍事と開かれた民生重視を土台に、二一世紀世界にふさわしく、若者や女性、サラリーマン、中小企業を軸足につくり変えることだ。「共生」とか「コモン」「人にやさしい」とか、「創憲」などといったお題目を唱えるのでなく、あくまで生活者の日常感覚に争点を絞り込むことである。

目線はだから限りなく低く、具体的でなくてはならない。税制と景気回復策、産業政策、〝非金権〟政治再改革と行革、そして福祉、環境、軍縮との大胆な政策連鎖のシナリオを見せることだ。

なぜ一機一〇〇億円もする戦闘機F15を〝ソ連消滅〟の今日、二〇〇機近くも買い続けるのか、四機やめるだけで、現行年間総政党助成金を捻出《ねんしゅつ》してなおおつりがくる——そんな生活者の発想で、政策を逐一検討し直し、既成保守との違いを目に見えるものに変えていく。

〝変化〟へのスリリングな気持ちを、政治の舞台に取り戻すことだと言いかえてよい。その時はじめて、梅雨空にも一条の光が差し込むのではあるまいか。

14　民は愚かに保て

▼『週刊金融日』一九九五年六月二日

いつのまに私たちは、こんな政治を手にしたのだろうか。

投票しようにも、まともな候補者がいない政治。支持しようにも、私たちの考えを代弁し、実行してくれる政党がない政治。そもそも政党なるものが、おそらくは共産党を除いて、のっぺらぼうな金太郎あめのようになってしまった政治――。

マスメディアは、しきりに政党に向けて「選択肢をつくる」よう求めている。与党と野党との違いを、少なくとも明瞭化させて、国民の多様なニーズを争点へと収斂させることを求めている。

だが現実には、ウォルフレンが適確に予測し、そしていま危惧するように、「五五年体制にとって代わるのが、野党と一応いわれている党が集まってできた『巨大な自民党』のようなもので、はっきりと別の政策原理と政策目標を掲げるものは、もしかして共産党だけという事態に」なり始めているようだ。「それは、一九三〇年代の政治エリートの有力者たちが『大政翼賛会』をつくった時、胸に描いていた図式」でもある。日本政治のいわば「大政翼賛会」化だ。

「民は愚かに保て」――維新前夜、水戸藩の尊皇攘夷派の論客・会沢正志斎《あいざわせいしさい》が、攘夷運動のバイブル『新論』の中で、そう記していた。この言葉の中に、ウォルフレンは、現代日本の民主主義の欠落と「政治の喪失」を解く鍵を見出そうとする。

在日一三年、北茨城の山荘に住む、オランダ生まれの著者ウォルフレンの投げかける問いはあまりにも重い。

すでに八九年に出版、一〇カ国語以上に翻訳された著書“The Enigma of Japanese Power”（邦題・日本『権力構造の謎』）によって、既成のステレオタイプ化された日本論に、痛烈な批判の矢を放った著者は、冷戦終結後――「五五年体制」崩壊後――のいま本書『人間を幸福にしない日本というシステム』（毎日新聞社刊）の中で再び、変わることのない日本社会のあり方に、執拗な批判を加える。

古くから日本は「イエ社会」で調和《ハーモニー》を重んじ、「コンセンサス」によって成り立っている、それが日本の「ユニークさ」をつくり、「世界に冠たる」経済大国を生み出す原動力になったのだとする、故ライシャワー（元・駐日大使、ハーバード大教授）流の、既成のステレオタイプ化された日本論、つまりは「日本賛美論」の仮面を、著者は、前著と同じようにここでも一枚一枚はぎとる作業を進めていく。

おそらくそれゆえに、横文字を縦文字に直して外来思想の〝輸入商〟に堕した日本の多くの知識人たちにとって、著者の議論はまことにうっとうしいものであるにちがいない。

だからこそ、日本の伝統ある『朝日新聞』書評欄の「ベストセラー診断」の中で、ある著名な社会学者が本書を評して、「古くさい論法」による日本批判論で、何ら目新しさがないと、切り捨てざるをえなかったのだろう。

だが、政府の「管理者《アドミニストレーターズ》たちに誘い込まれて、既成秩序の宣伝活動《プロパガンダ》に」従事する、日本の〝御用学者〟たちや、「官僚制に仕える召使いのような」〝審議会知識人〟たちが提示する日本像が、いかに虚構に充ちたものであるか、いまようやくにして成熟し始めた市民たち自身が、気づき始めている。

いったい、彼ら御用学者たちや、外来学芸の輸入商たちが提示する世界像が「新しくて」、たとえば著者の提示する日本像が「古くさい」ものなのかどうか、私たちにはもはやその診断を、ニッポンの一流紙誌の「書評欄」になど、求めうべくもないのかもしれない。その皮肉な現実が、前著と同じように本書もまた、すでに二十数万の読者を魅了している、否定しようのない事実によって逆証されている。

しかも、同じ日本論でありながら、かつての日本礼賛論と違って本書が「なぜあなたがた日本のサラリーマン諸氏は、こんな貧しい市民生活と金太郎あめのような政党しか選択できないのか」と指摘し続けているにもかかわらずである。

「説明する責任《アカウンタビリティ》」——その観念と文化が、日本の公的（パブリック）な地位にある役人や、指導者に欠けている。それが、「国富めど、民貧しい」日本の政業官の一体化したエニグマ（得体の知れない化け物）の核をなしている。

それを著者は、「五五年体制」崩壊後の日本政治の中で検証し、か細いけれどもわずかな光を、「成熟した市民」ひとりひとりの意識の転換に求めようとする。

だからこそ著者は、日本と世界に関し「偽りのリアリティ」を押しつける、メディアを含む知の「衰退」に警鐘を鳴らす。そして、彼らの示す現実の「偽り」を、地球に開かれたもっと普遍的な眼で見抜くことを勧める。

それにしてもなぜこれほどまで、日本のジャーナリズムと知が「衰退」し続けているのか。

アメリカをモデルとしてきた戦後五〇年のツケなのか、それとも、対抗モデルを失った冷戦後世界の避けがたい帰結なのか。

「パンとサーカスを与えておけ。さすれば民は幸福であろう」。ローマ皇帝のこの言葉を、正志斎の言葉に重ね、サーカスをテレビやビデオにおきかえ、なぜ日本の市民は真の「幸福」を手にできないのかと憂う著者の眼は、メディア化した世紀末文化のあり方に及んでいる。

著者の小沢一郎論には賛同しがたいけれども、今日の金融システムや記者クラブ制度が、部分的にしろ戦時下に源流を持つなど、現代史の再解釈を幾重にも求める点でまた、実に刺激的な好著だ。

15 政治の貧困と第三極の道

▼『信濃毎日新聞』一九九五年九月四日

日本政治はいま奇妙な迷路に入っている。六年前、ベルリンの壁が揺らぎ、八九年東欧革命の波が「ユーラシア」大陸を襲い始めた時、変動の波が日本列島にも及んでくる予兆は、確かにあった。

同じ年七月の選挙で、社会党は参議院第一党に躍り出て、衆参与野党逆転現象をつくり出した。土井フィーバーが、国民に広汎《こうはん》な反消費税運動を巻き起こし、「連合」の政治戦略が功を奏し、保守一党支配体制を揺るがし始めていた。

その年の晩秋、旧ソ連東欧圏を旅した時、行く先々でこう問われたものだ。「一党支配体制は、日本でも終焉を見るのか」と。

共産党エリートであれ、反体制派知識人であれ、彼らは一様に、旧ソ連圏内の共産党一党支配と日本の自民党一党支配とを重ね合わせ、半世紀に及ぶ旧体制も、ユーラシアの東と西で「歴史の終焉」を見るのかと問いかけていたのである。

しかしあれから六年。私たちが手にしている現実は何であるのか。

確かに九三年七月、いわゆる「五五年体制」は崩壊した。細川八派連立内閣が成立し〝非自民〟政権が誕生した。

そしてその政権下で、すったもんだの末に〝政治改革〟法案が成立し、小選挙区比例代表並立制が採択されることになった。

当時多くの評論家や専門家たちは、その成立をもって「五五年体制」崩壊の第二の軸足ができたと評価したものである。第一の軸足は言うまでもなく、細川、羽田と続いた非自民〝旧連立〟政権の誕生をいう。

だが、選挙制度法案成立後、自社さ〝新連立〟政権成立、新進党誕生をへて一年半余、私たちが目にしているのは、政治の救いようのないほどの貧困だ。

小選挙区制を持ち上げ「五五年体制の崩壊」を高唱した論者たちの主張とは裏腹に、真のデモクラシーとは異質な政官業一体化の構造は変わることなく、ますます根を肥やし、その悪弊は目を覆うものがある。

それが単に自社さ〝新連立〟政権が、保革〝野合〟政権で、「五五年体制崩壊」の歴史を逆行させたからだというのは当たっていまい。

そもそも、政治改革を選挙制度改革に矮小化《わいしょう》し、小選挙区制を実現させ、国民から多様な選択肢を奪いとった〝永田町政治〟にこそ、悪弊の根源があるのだろうから。

確かに、旧連立に代わって登場した自社さ新連立政権は、ポスト五五年体制下での政治の選択を広げ、日本政治の迷路を脱するきっかけともなりうるはずであった。

しかしいまや、その新連立すら機能不全に陥り始めたようだ。そこに日本政治のもうひとつの迷路がある。

「このままいけば、自民、新進という二つの巨大保守が少なくとも一〇年間続くことになる。総選挙前に、第三極の旗揚げをする」。

地平線がどこまでも続く北海道・十勝の緑の沃野《よくや》を遠く眼下に見下ろしながら、社民リベラルのエース横路孝弘前知事は、私の質問に答えてそういい切った。「ブドウの房をつくる。一つ一つの組織が自立しながら、共通の理念と政策で結び合う。労組依存を脱し市民組織のネットをつくるのです」。

だがいまや、三極の旗揚げをする時期すら遅すぎるほどではないのか。いったいそんな微温で迂遠《うえん》な方法で、旗揚げできるのだろうか。いや何より、たとえば景気対策ひとつすら理念と政策が見えていないのにである。

社会党の外に旗を立てるとか立てないとかで争うことでも、また左派を切るといった傲岸《ごうがん》な〝縮み志向〟をとることでもないだろう、まずは社さ連立をつくり、既存の組織をフル稼働させることではあるまいか。その条件を欠く時、第三極は砂上の楼閣と化す恐れすらあるだろう。

とまれ二大保守が――たとえばあれほど騒がれたオウムの元凶たる宗教法人法改正ひとつできない新進党を含む保守が――日本の政権を独占し続けるかぎり、国民に真の豊かさが来る日はなお遠いと、言わねばならないだろう。

16 橋本政権の長い影

▼『信濃毎日新聞』一九九六年一月二二日

子年の首相は、長期本格政権になる――戦後保守政治を貫くジンクスだ。

一九四八年、戦後最初の連立政権崩壊後に登場した吉田茂、六〇年安保騒動後の池田勇人、七二年列島改造の田中角栄――さらに八二年から八七年まで政権を担当した〝不沈空母〟論の中曽根康弘を加えて、これら先例を前にした時、たとえ干支《えと》を信じなくても、このジンクスの隠された意味に興味を向けざるをえまい。

戦後政治のこの先例によるかぎり、橋本政権は、「選挙管理内閣」短命説をとる多くの政界通の予測に反して、久方ぶりの本格、長期保守政権の始まりとなるのではなかろうか。

迷走し続けてきた日本政治の収束の始まりととらえてもよい。

しかも、一二年サイクル論のジンクスを信じると否とにかかわらず、橋本・本格政権を予想させる十分な条件が、用意されている。

何より一二年内外の歳月は、システムの制度疲労を極大化させるに十分な長さだ。

古い制度はほころび、旧型の政治手法や理念は色あせる。さまざまな試行錯誤の末に、その虚実があらわになる。人々は、より安定した、転換する時代にふさわしい新しい型の指導者を求める。

かつての子年の首相たちがそうであったように、橋本もまた、一サイクル前の前任者——中曽根——と異なった政治理念と手法をもって、新しい時代を切り開いていかざるをえまい。

橋本はだから、対米積極外交をとりながら、たとえば、中曽根亜流の装いをもった小沢とは異なった手法と理念へと傾斜していく。

最近辞任した日本遺族会会長としての顔よりもむしろ、社労族としての顔をひとつの基軸とし、〝さきがけ〟を仲介項としながら、社会民主党（旧社会党）との連立を、保守リベラル政権の基盤とし続けるだろう。

逆に、社さとの連立を政権基盤とし続けるかぎり、橋本自民党が内包する右派民族主義の古い顔は、相対的にそがれていく。

しかも、橋本を好むと好まざるとにかかわらず、人材の払底した今日の政界で、政治家としての力量は、転換する時代を開くに十分な潜在性を持っている。だが、今日見えてこないのは、その橋本新政権が実現しようとする政策の輪郭だ。

いったいバブル崩壊後の日本経済に、どんな外科治療を施そうとしているのか。ポスト冷戦世界に、どんな軍縮外交を打ち出すのか、出さないのか。

いや、隠された最大課題は、国民の間に充満している政治や官僚への不信に、どうこたえることができるかだろう。政治不信は、小選挙区制への選挙制度改革で広がり、有権者の足は、投票所からますます遠ざかっている。官僚不信は、住専問題へのおざなりの対応で拍車をかけられている。

金権防止への実質的手立てをせず、一票の格差を放置し続け、ただ二大保守政党の誕生だけを促していく先の選挙制度改革の失敗を、私たちはもっと直視してよい。

しかも、二大保守の誕生は、つまるところ巨大保守の誕生にほかならない。その時、多様化した国民の意見や、国民の多数を占める社会的弱者の声が政治の世界で反映する道は、絶たれてしまう。

　社会党が、社会民主党へ遅過ぎる転換をし、さきがけとの連携を図り続けようとしているにもかかわらず、なおも第三極が見えてこない。

　いやそもそも、微弱な第三極しか期待できないような小選挙区制度自体を「再改定」し、政官業の癒着構造を改めることこそが、橋本と新たな連立政権に課せられた、隠された最大の政治課題なのである。過ちは改むるにしくはないのだから。

　その重い課題こそが、橋本「長期本格」政権の前途に投げかけられた長い影だといってもよい。

▼『信濃毎日新聞』一九九六年一二月九日

17　政治活性化の道

　年の瀬がつまり、一年の総決算が行われようとしているのに、その決算の術すら手にできない。新年を迎えようとしているのに、一年の計すらいまだ立てることができない。

　「二一世紀の架橋」のグランド・デザインを大胆に描いて登場したクリントン第二期政権の誕生を間近に見たあの国から帰国して、日本で感ずるこの重苦しいばかりの閉塞感は何なのだろうか。

　かつて、内外の識者たちがあれほど称賛してやまなかった官僚たちの、腐敗はもはやとどまるところを知らないかのようだ。おそらく、アメリカ流に法規に従って官僚たちの行動を精査していくなら、大蔵、通産、厚生のみならず、他の主要諸省庁の相当数の官僚たちもまた、塀《へい》の内に入らざるをえまい。

　第二次大戦前、軍人が国を誤らせ、政治家と財閥がこれに加担して、大新聞と御用学者がそれをあおったように、いままた二一世紀を前に、官僚が国を誤らせ、政治家と財界がこれに加担し、大新聞と御用学者が、右顧左眄《べん》しながら、それに旗を振り続けている。

知と実践との伝達回路が、コレステロールでつまり、機能不全に陥っている。「日本というシステム」自体が、二一世紀を前に容易に機能し難いものへと変貌している。

いったいこの閉塞状況から、私たちはいかに離脱できるのか。そして私たちは、次世代に対して、何をつくり何を残すことができるのか。

経済政策の各論についてはここでふれない、ただ、開放経済体制とネオ・ケインズ主義の道しか、長引く不況から脱却する道はないとだけは言えそうだ。

むしろ私たちがなさなければならないことは、誤ちを誤ちとして直視することだろう。その最たるものが、小選挙区制導入の誤りだ。明治、大正に二度も廃止の命運をたどった小選挙区制なのだから、平成の世に、三度目の正直があってもおかしくはない。

いま大新聞の政治部記者たちの間で、一方で選挙制度改正が議論されながら、他方で現行の小選挙区比例代表並立制下で行われた選挙のデメリット（欠点）でなくメリット（長所）をもっと評価すべきだとする議論が横行し始めている。

しかし私たちは、この選挙制度改革が「金権政治」化と「政策不在」化へいっそうの拍車をかけている現実を、直視すべきだろう。

小選挙区制は、もともとアングロ・サクソン（英米）型の選挙システムである。二つの国でそれが曲りなりにも機能しているのは、英国では政治選挙資金に関する徹底した規制が行われているためであり、米国ではそれが、住民投票制や教育委員、地方検事などの広汎な公選制を含む幾十にも及ぶ〝草の根〟直接民主主義のシステムが重ね合わされているからだ。

私たちはだから、一方で選挙制度の改正を再度国民的討議の場に引き出し続けながら、まず「金権政治」化の道を、徹底して絶つ方策を採らなければならない。

政治家が「世襲化」している国は、先進国の中では日本しかない。その「世襲化」の弊を絶ち、真に有能な人材を送り込むためにも、選挙と政治にかかるカネを、英国並みに、日本や米国の一〇〇分の一以下の水準にまで下げることだ。

よく誤って指摘されるのと違い、投票率の低下は、けっして先進国共通の現象ではない。

ベルギー九四％、オーストリア九二％、スウェーデン八八％、（旧）西独八七％、イタリア八四％、英・仏各七四％……。先進国中例外的に低投票率を記し続ける二国が日米両国なのである。そして両国が、他の西欧諸国に比べて選挙に五〇倍から一〇〇倍近いカネがかかって政治腐敗をつくり、選挙民をシラけさせている現実こそ、私たちは直視すべきだ。

その上で、「政策論議」の活性化を阻む条件を取り除かなくてはならない。冷戦構造が崩壊し、政党間の垣根が低くなった今日、議員立法を活性化させることだ。

そのために、各法案について、いわゆる党議拘束をはずし、現存政党の垣根を越えて、（たとえば五人以上の）議員の同意による立法提案の道を認めることである。

それには、（省益と既得権益にからめとられがちな）官僚たちでなく、議員自身が政策立案能力を持たなくてはならない。政策立案の源泉は、官僚や、御用学者たちの集合体たる〝審議会〟であってはだめだ。欧米流の政策立案のための〝知の戦車〟、もしくは〝知の泉〟としての本格的なシンクタンクが必要不可欠となる。

私たちはいま、ささやかながら党派を越え同憂の士集いよってその〝知の戦車〟を立ち上げたところである。「二一世紀政策構想フォーラム」とそれを名づけたゆえんである。

政治の傍観者や単なる批判者としてでもなく、また「権力のお小姓」としてでもない、新しい知の役割にひそやかな最後の可能性を、私たちはそこに見出そうとしている。

18 〝第二の敗戦〟を憂う

▼『信濃毎日新聞』一九九八年一月二六日

「国民は小選挙区制という圧力釜《がま》に入れられ、二、三年は政治改革でたいへんな思いをしますが、その後、政権交代可能な二大政党がつくり出されていくのです」。

九三年夏、カナダの地で、日本から送られてきた雑誌を読み進むうちに、私の眼《め》は、この日本で売れっ子の若い政治学者の発言のところで止まった。

研究室の窓から太平洋の彼方《かなた》を見ながら、私はため息をついたものだ。

いったいなぜ国民が、たとえ瞬時といえども圧力釜の中で苦しむべきだなどといえるのか。それも、何の保証もない、未来のご託宣の下で。

あれから四年半――国民は小選挙区制の圧力釜の熱湯の中で煮立てられ、政治家は真っ暗闇《くらやみ》の中で右往左往し続けている。

政権交代可能な二大政党制の道など、むろん見えていない。

庶民への眼差《まなざ》しを忘れた政治が、国民の政治不信を生みながら、経済破綻《はたん》を生み、政財官一体化の日本型システムを、ますます強めている。そしてそれが逆に、経済破綻をいっそう深化させている。

今日の経済不況からの脱出は、言われているよりはるかに困難だろう。それは、三重の現実と連動し合っているからだ。

第一に、アジア経済の構造的な破綻の現実、第二に〝保守一党〟体制下の政治不在の現実、そして第三に、大蔵省を頂点とする日本型官僚システムの破綻の現実である。

直面する危機は重層的で、しかも構造的だ。その構造を、つまりは「この国のかたち」を変えることなしに、危機から脱出するのは容易ではあるまい。

換言するなら私たちは、そこまで危機を深化させてしまったのである。

クレオパトラの鼻のたとえではないが、もし八九年の時点で、この手の経済危機に直面していたなら、私たちはもっと透明度の高いシナリオを書くことができたはずだ。

あのころであるなら〝五五年体制〟と揶揄《やゆ》されたけれどもなお健全な旧社会党が主軸となって野党各党が、消費税導入と政治腐敗を争点に掲げ連携して参議院を制したように、いままたもう一群の争点を掲げて、野党連携をはかり、政策の大胆な変革を可能にしているはずだ。

それら一群の条件として、庶民の眼差しに立った、一連の経済政策を大胆に提示できるだろう。

たとえば、今次の財政危機の根源をつくった、大蔵省権限の縮小――財政機能と金融部門との切り離し――。医療費増大の原因をつくる、医師高額報酬制度や薬価の見直し。あるいは庶民にさしたるメリットもない、日本経済の〝ウィンブルドン化〟を、つまりは米巨大金融資本の参入をもたらす、金融ビッグバンの一時先送り。

さらに、国民総生産の八割を生む中小企業への融資制度強化。そして何よりも、中産階級以下の層に向けた所得減税。

対抗的な、もうひとつの経済政策群には、不動産価格低落に伴う資産デフレ是正策を打ち出すことも含まれよう。

それを、冷戦終結にふさわしい軍事費削減や、米軍思いやり予算の組み替え、さらには沖縄基地縮小プログラムへとつなげることもできる。

もちろん、行財政改革は、一府一二省庁への再編といった、リストラなき巨大官庁化のシナリオでなく、政財官癒着の構造をつくる特殊法人のリストラこそが、中軸とならねばなるまい。

先の見えない政界〝再〟再編の動きの根源に、圧力釜としての小選挙区制自体があること、しかもそれが膨大なカネのかかる選挙制度にあることを、私たちは繰り返し想起しておいてよい。

新進党分裂を受けて、野党六派は民友連をつくった。そしてその中から保守三派が、民政党なるものを発足させた。

しかし、そもそもその野党・民政党と、与党・自民党との間に、どんな政策の違いがあるのか。仮に民政党が、労組に半ば依拠する民主党と合体した時、いったい二つの政党アイデンティティーはどこに定まるのか。

私たちはどうやら、かつての翼賛政治体制化への道を歩み続けているのではあるまいか。

そしてそれが、かつてこの国の無残な敗戦をもたらしたように、いままた〝第二の敗戦〟を引き出し続けているのではあるまいか。

19　民主主義の本義

▼『信濃毎日新聞』二〇〇〇年二月七日

「これはファシズムへの途《みち》ですよ。すでに国会で予算も承認され決められたものを、一部の住民が過半数で反対してひっくり返そうとしている」――。

徳島市・吉野川可動堰《ぜき》反対の住民投票が成立した直後の、中山正暉建設相のテレビでの発言要旨だ。

「住民投票で決める直接民主主義は、民主主義のはき違えだ。民主主義の誤作動だ」という氏の発言とそれは重なり合う。

そしてそれから数日後、国権の最高機関・国会で、その第一院（衆議院）の議員削減法案が、委員会でも本会議でも野党議員欠席のまま、世論に問うこともせず与党三党だけで通過する。

小選挙区議席三〇〇をそのままにし、比例代表議席二〇〇を一八〇に削減する法案が、なんの議論も交わされずに議会を通過したのである。「民主主義の誤作動」というのなら、これこそが「誤作動」ではないのか。

民意を問わず、権力によって政治を壟断《ろうだん》することがファシズムであるのなら、いったいどちらをファシズムと呼ぶべきなのか。

吉野川沿いの住民たちは、江戸時代に造られた第十堰によって百数十年にわたり河川氾濫《はんらん》から守られてきた。自然水系を巧みに生かした先人たちの知恵である。それをいま霞が関の〝お役人〟が、ハイテク電動化した可動堰に造り替えようとしている。一〇〇〇億を超すカネがかかる。環境自然破壊も危惧《ぐ》されている。

なぜそれをいま造り替えるのか。しかも可動堰建設で潤うのは、中央の大手ゼネコンで、地元業者は下請けのわずかなおこぼれしか手にできない。戦後日本の繁栄を生みながらそれを衰退に変えた〝土建国家ニッポン〟のシナリオの延長でしか、それはないだろう。

地元住民の五五％が、行政の圧力にめげず投票場に向かい、その九〇％余が反対票を投じる。民主主義の見事な結実といえまいか。

「民主主義」とは本来、デモス（民衆）のクラチア（権力）のことである。「直接民主主義」こそが、デモクラシーのあるべき姿なのである。

住民が議員（代理人）を選挙で選び、議員たちが予算を決め政治を行う――議会制による「間接民主主義」が十分機能しなくなったとき、私たちはそれを、争点に直接かかわり合う住民の投票によって是正できる。時に、選挙で選ばれた公職の議員たちをも解任できる。それが、住民投票制であり、リコール制と呼ばれるものだ。

二〇世紀初頭、工業化の波の中で「間接民主主義」が金権政治化し機能しなくなった米国の各州で、住民投票制とリコール制が次々に定められ、民主主義の本来の姿を取り戻す動きが始まったのは、歴史の当然の流れだったろう。

であるなら私たちもまた、住民の声を可能なかぎり正確に議会に反映させる住民投票制によって、行政の予算のムダ遣いを改めさせるべきだ。箱ものばかり造ってゼネコンを潤す〝土建国家〟をただすことができるのは、民主主義の機能回復によるしかあるまい。

　住民の声を可能なかぎり正確に議会に反映させる――そのためには、死票をつくる小選挙区制を縮小させ、比例代表制を拡大させていくことだ。できうるなら民主主義の先達・西欧諸国家のように、比例代表制に眼りなく近づけることである。

　しかるにいま日本がとり続けている〝選挙区制改革〟は、比例代表議席を削減し、小選挙区議席の比重をさらに増大させる〝改悪〟だ。九四年〝政治改革〟の名の下、中選挙区制に代わって導入された小選挙区制主導の選挙制度改革の延長上にある路線である。

　しかも「国のかたち」の根幹にかかわるその法案を、野党の声も聞かず、世論に耳も傾けず、与党だけで通過させる。

　その与党のもとで六百数十兆円の国債が発行され、「世界一の借金大国」と宰相がうそぶく。なんという「暗愚の宰相」を、わたしたちは戴《いただ》いているのか。「わかりやすい政治」を、なぜわたしたちは「わかりにくい政治」に変え続けるのか。

▼『信濃毎日新聞』二〇〇〇年五月一日

20 半世紀目の憲法論議

半世紀たって、人々はまたぞろ改憲論議を始めたようだ。それにしてもなぜ、またぞろなのか。

半世紀前、一九四七年五月三日に現行憲法は施行された。その後幾たびか、改定の動きが出ては消えた。そして冷戦後のいままた、その動きが本格化の兆しを見せている。

過日、慌ただしい五日間の訪韓の旅装を解く間もなく、衆議院の憲法調査会の参考人として、三時間にわたる証言の機会を与えられた。

半世紀前に何があったのか——当時の外交文書や機密議事録にふれながら、憲法制定過程について一時間陳述する。四十数人の議員たちを前にそれから二時間、質疑を交わす。その間いつしか私は、隣国とこの国との違いに想《おも》いを馳《は》せていた。

一方には、アジア経済危機から脱出し、いま安定成長路線に転換し始めた若々しい隣国がある。滞在中私は、若いエネルギーに圧倒され続けた。

人々はなおも政治に燃えている。かつての民主化運動の闘士・金大中大統領の下で、若者や女性たちが政治参画の途を開き、普通の市民が熱い論議をたたかわせている。

他方には、豊かに爛《らん》熟したかつての経済大国がある。いまだに経済危機から脱却しえず、景気低迷にあえいでいる。

人々は政治に失望している。〝暗愚の宰相〟は去ったが、二二時間の〝所在不明劇〟の後、同一政党の類似派閥から同じ類の首相が繰り出されてくる。

「かつての旧ソ連のクレムリンよりひどいのではないか」——英国の新聞が永田町の密室政治を皮肉った批判記事の一文に、市民不在のこの国の政治の現在が象徴されているだろう。

一方には、二一世紀世界の新しい波に果敢に挑む若い国がある。「世界化《セゲワ》」と第三次（情報）革命と市民社会化——の新しい波にである。

そのためにＩＴ（情報技術）革命を製造業につなげ、新エネルギー開発を進めて原発依存体制から脱却をはかる。冷戦を終わらせて膨大な軍事費を削減し、産業に向ける。その延長線上に、史上初の南北首脳会談の展望が描かれる。

何人もの旧知の学者たちが大臣や大使に就任し、新しい政策を実験し始めている。何十人もの若者たち——いま三〇歳代で八〇年代民主化運動を闘った六〇年代生まれの若者たち「三八六世代」——が議会に登場し、民衆の力を政治の場に取り入れ、経済の仕組みを変えていく。

「日本の知識人の影響力は小さくなりましたね。官僚が威張って、御用学者と二世議員ばかり」——若い政治学者がそう私に話した。

その政治の中心舞台で、いま、半世紀前の憲法制定過程の再検討なるものが行われている。

三月以来、私たち専門家の意見を四日間にわたって聞いた後、今度は米国から歴史の生き証人たちを呼んでくる予定だ。どうやら憲法が押しつけられたことを〝実証〟しようとしているらしい。

いったい、齢《よわい》九〇前後の老人たちを呼んできて、何を語らせようというのか。

「なぜあなた方は、貴重な時間を使って、半世紀前の過去を中途半端な形でほじくりかえすのか。人間の過去と同じように、歴史をどう見るかは、未来をどう切り開いていくかにかかっている。

なぜあなた方は、かつて五〇年前、先達が敗戦のがれきの中からこの国を立ち直らせるために、君主制下の旧憲法を改め、新憲法の制定に情熱を傾けた日々を想起しないのか。

憲法を変えることには反対しない。しかしそれ以前に、現行憲法が求めている民主化や地方分権化や男女共同参画社会化、官僚制度改革や環境保護に、なぜ力を入れないのか。まず取り組まなくてはならないのは、IT革命を一方で進めながら、軍縮を進め、金権政治を改めることだ」。

そう私は訴えた。

風薫る五月——。「第二の敗戦」の今日、改めて戦後の原像に立ち返り、それを脱近代に向けた新千年紀の最初の手がかりにすべきではあるまいか。私たちに残された時間はけっして多くない。

21　グローバル化と日本再生

▼『信濃毎日新聞』二〇〇一年五月一四日

いま地方を歩くと、生産者の悲鳴が聞こえてくる。スーパーで二〇〇円近いキャベツ一個の生産者価格が六円、タマネギ二個のそれが八円。輸入野菜の激増のために、国内生産者価格が暴落している。輸入野菜の激増は半端でない。九二年から七年間で、たとえばタマネギは六三七倍、トマトは一〇八七倍――。

農政不在のツケが、いま農家を襲い続けている。かつて、コメの減反を押しつけながら外国米の輸入を進め、農民たちに苦境を強いたのと同じ類《たぐい》のツケが……。

確かに、安いキャベツやトマトの小売値は、消費者にとってありがたい。しかしその陰で、国内農家が立ちゆかなくなり、農村の疲弊が続き、田園が荒れていく。しかも輸入野菜の多くは、日本の商社や大企業が中国をはじめとする途上諸国で展開する開発輸入によるものだ。加えて、安い小売値は市場を通さない大型量販店の直接流通でさらに下げられる。農村の悲鳴はその時、中小企業と地方都市の悲鳴と重なり合ってくる。

九一年以来この国は、大店法を三度にわたって改定し、ついに大型店舗出店にからむ規制をゼロにした。同盟国アメリカの度重なる要請と圧力の下である。周知のようにそれが、地方都市の郊外に大型店ラッシュを生み、中心市街地は〝シャッター街〟と化した。

産業の空洞化が同時進行する。国内産業がアジアへ流出し続ける。その原因を、プラザ合意以来の実勢価値から乖離《かいり》した円高・ドル安政策に求めることもできる。地方都市と産業の空洞化はその時、グローバル化の中で進行する国力の空洞化と重なり、その空洞化が政策の貧困と重なり合ってくるだろう。

ゼネコン向けの公共事業費が本年度予算でなおも九兆四〇〇〇億円に達しているのに、中小企業費は一九四八億円でしかない。戦後日本の繁栄が日本企業の九割を占める中小零細企業に支えられているのにである。そして、ゼネコンが巨額の財政赤字と環境破壊の源泉をつくっているというのにである。

小泉政権の登場に人々は、時代閉塞《へいそく》を打ち破る空気を感じている。利権とカネにまみれた自民党〝土建国家〟型政治への批判の風を小泉旋風の中に読み取ろうとしている。八割を超える異常な世論支持率が、その風の強さを象徴している。

だが、いまだ新政権の財政再建政策の中身は見えてこない。国債発行額を三〇兆円以内に抑える目標は示されたけれども、何を重点に歳出削減するのか、中身は何も示されていない。「増税なき財政再建」を唱《うた》うけれど、そのためにどの予算を増減させるのか、見えてこない。いったいだれのための政策なのか。

先ごろ政府は世論に押され、ネギなど三品目にセーフガードを発動した。WTO（世界貿易機関）が認める、国内産業保護の緊急輸入制限である。農村の疲弊を食い止めるための遅すぎた発動といってよい。ただ、いま私たちに求められているのは、それをだれのための政策につなげるかだ。

日本再生をアジアの中で位置づけ直し、グローバル化が求める豊かな地域社会とセーフティーネットをどうつくり上げるのか。その政策課題への解が、新政権に求められている。

22 市民型国家の実現こそ課題

▼『京都新聞』二〇〇一年五月一〇日

バブル崩壊後の「第二の敗戦」の中でこの国の政治と文化が、液状化を続けている。新政権下でもなお、経済再生の見通しは立っていない。

そしていまや政治から文化に及ぶ広汎《こうはん》な液状化の根源に、改憲論もしくは論憲論が横臥《おうが》している現実が、どうやら明らかになり始めているといえまいか。

そもそもこの「国難」にあって、国の骨格を意味する憲法をいじり回し、それを取り換えようとすること自体、私たちの「国のかたち」とその行く末を、見えなくさせている。第三次産業革命と市民社会がつくる脱近代へのグローバル化を、「国難」というコトバと置きかえてもよい。

そのグローバル化の奔流の中で私たちは、本来なすべきことをなさず、後向きになって馬を乗り換えようとしている。

半世紀前、敗戦の廃墟《はいきょ》から私たちを立ち直らせたものが、戦前日本の封建的遺制と国権のしばりから国民のエネルギーを解き放った憲法と一連の戦後改革であったにもかかわらず、今それらが指し示す市民的諸価値と理念の実現をはからずに改憲論者たちは、〃脱近代〃の羊頭を掲げて〃前近代〃の狗肉《くにく》を売ろうとしているのではあるまいか。

戦後憲法は、三つのDを基軸にする。デモクラチゼーション（民主化）とデミリタリゼーション（脱軍事化）とデコロニゼーション（脱植民地主義化）だ。

領土を拡大するのでなく囲い込み、市民的諸活力を喚起させて生産性を高め、軍事力でなく民力を強め、諸民族との相互依存によって国富を増大させる。

軍事型国家から、市民と文化と福祉に力点をおく市民型国家への転換だ。それが、無資源国家日本の戦後の繁栄を築いた根底にある。その意味で、平和と繁栄は表裏一体をなしている。

「神の国」から「民の国」への転換といってよい。軍事力に依拠して国権を強化する一九世紀型「普通の国」でなく、台頭する市民社会を強化して通商に依拠する二一世紀型国家への途に、それは通底する。

であるなら私たちがなすべきはまず、憲法をいじり回す前に、その諸価値の実現をはかることだ。冷戦と五五年体制下で挫折した市民的諸改革の実現の途といってもよい。

第一に、徹底した官僚改革。

「昔軍部、今官僚」——第二の敗戦をつくり、私たちの社会の再生を困難にさせている核に、官僚の跳梁跋扈《ちょうりょうばっこ》があることは、だれの眼《め》にも明らかだろう。

官僚が、政権党と業界と癒着し、デモス（市民）をクラチア（権力）から遠ざけ続けている。

いまなすべきことは、その官僚たちの権限を縮め、地域と市民に移譲し続けることだ。巨大省庁化を進めた先の行政改革の動きを、市民の側に引きつけて反転させることだ。

第二に、選挙をカネのかからないものにしていくこと。

いまや日本の議会は二院制でなく、世襲議員たちの「貴族院」を加えた三院制と化している。カネのかかる選挙が、志ある有為な人材を政治に送り込むことを困難にさせ、それが世襲議員を繁殖させて、政官業の「鉄の三角形」をつくり上げている。建前でなく真の民主主義のために私たちは、西欧や北欧の議会選挙並みに、一人当たり邦貨で一五〇万円から四〇〇万円しかかからない選挙システムに、少しでも近づけなければならない。一票の格差是正はいうまでもない。

第三に、米ロに次ぐ世界第三の軍事大国に変貌《へんぼう》し、なお軍拡を進める私たちの軍備を減らすことだ。

二五兆円もの次期中期防予算を組み、二隻のヘリ搭載小型〝空母〟や一〇〇〇両の戦車、一機一〇〇億円もする二〇〇機以上もの最新鋭戦闘機を持って、それをどこでどう使うというのか。

冷戦後のドイツが、軍費を半減させた例に従わなくともよい。せめて米国並みに、軍備を三割減らし、三〇〇〇億ドル近い財政赤字削減の決め手に変えて、新しい産業と雇用をつくって経済再生に成功したひそみに、私たちもまた習っておかしくない。

そのことごとくが、憲法の当否を論ずる以前の、喫緊の政策課題だ。首相公選制以前になさねばならぬ課題だ。そしてそのすべてが、グローバル化の中で、国と社会の再生をはかるためのミニマムな条件だ。

しかもその条件の実現を、半世紀前の憲法が命じている。その現実を直視できない今日の日本にこそ、「第二の敗戦」を長期化せる喜悲劇の源泉があるのかもしれない。

▼『朝日新聞』二〇〇二年二月九日

23　不毛な政争の具にするな

田中真紀子前外相の更迭劇は、円、株、国債が同時に売られる「トリプル安」を誘発した。後世の史家はこれをもって、日本というタイタニック号沈没が不可逆的になった最初の証しとしるすことになるのではあるまいか。

小泉改革が、レーガン・サッチャー革命の二周遅れの後追いであるにもかかわらず、国民がそれに夢を託すことができたのも、ひとつに〝じゃじゃ馬真紀子〟の存在があったからだろう。実際田中前外相は、外務省汚職に果敢な切り込みを見せた。そのことが、官僚腐敗に辟易《へきえき》した国民に快哉《かいさい》を叫ばせ、小泉改革に多くの期待を抱かせた。

その田中前外相の言動に、当初メディアや識者の多くが、理念も政策もないポピュリスト外交と断じ、外相即時辞任論すら展開し、暗に外務省擁護にまわっていた事実を、私たちはけっして忘れてはなるまい。

そしていま、アフガン復興会議に端をみる一連の顚末《てんまつ》は、改めて日本外交の隠された陥穽を照らし出している。

第一に、外交がNGO（非政府組織）抜きに機能しえない現実があるにもかかわらず、いまだNGOに先進国並みの十分な市民権を与えていない。その現実は、国連安保理事会が毎週土曜日、二〇のNGO代表を参画させ、紛争予防の定期会議を開いていることに象徴される。

私たちはこれを機に、NGOに対する最低限、寄付金免税を含む十全な市民権の賦与へと踏み出すべきだ。

第二に、同時テロ以後、緒方貞子前国連難民高等弁務官が強調し続けるように、途上国の政治的安定と発展に必要なのは、軍事面の安全保障より人間面の安全保障であり、その条件を政府の途上国援助（ODA）がつくるにもかかわらず、予算決定執行に十分な情報開示も議会審査もない。

そのため巨額のODA予算が〝土建国家ニッポン〟の利権の場にすら化し、外務省族議員なるものを生みだしている。しかもそれが、中央アジアの〝独裁国家〟回廊を支え始めている。

私たちは最小限、ODA予算執行の議会審査を義務づける援助基本法の制定にこそまず立ち上がるべきではあるまいか。その時私たちは七〇年代半ば、保革伯仲下の議会でその法案が僅差で否決された歴史を想起することもできる。

そして第三に、田中外交が理念なき外交と侮蔑《ぶべつ》されてきたにもかかわらず、その言説を丹念に読み解くなら、対米〝第二の敗戦〟とも〝属国外交〟（米ニューズウィーク誌）とも評される日本外交に見る自主性欠如の補塡《ほてん》を、主導理念としていた現実が浮かび上がってくるだろう。

疑いもなくその現実は、いまだ狭隘《きょうあい》な日米同盟枢軸論から脱却できない政官〝主流派〟への挑戦を意味している。

就任早々田中前外相が、「戦後外交は転換期に来ている」と語り、北京を最初の訪問地に選び、ブッシュ政権のミサイル防衛構想を批判したことにそれは象徴されよう。そこには、より自主的で多角的なアジアとの共生と協調安全保障への途《みち》を開く潜在性が、蔵されていたはずだ。

　であるならこれを機に、テロ軍事脅威論を基にした有事法制などよりも、安全保障の人間化と多角化とに向けたもっと真摯《しんし》な政策論議こそ展開されるべきではあるまいか。

　そのことが、この更迭劇を不毛な政争の具に終わらせずに、真の意味での国益と構造改革――とひいては政治改革につながる端緒を与えることになるだろう。

▼『毎日新聞』二〇〇二年五月一〇日

24　制憲時を現在に問え

半世紀前につくられたこの国の憲法が世紀転換期のいま、賞味期限が切れたと見るか、芳醇《ほうじゅん》な香りを解き放っていると見るか、ひとえに同時代史のひだにどこまで分け入ることができるかにかかっている。

　憲法の場合それは、制憲時の過去を、どこまで現在の目で読み解くことができるかにかかる。「歴史とは現在と過去との生き生きとした対話」（E・H・カー）なのだから。

　その時はじめて私たちは、変革過程に関与した同時代人の隠された動きを知ることができる。その動きこそがいま、憲法が問い返す新たな意味ではあるまいか。

　それが〝密室の七日間〟の米国製即席憲法などと自虐できない重い意味につながる。それを、土着化と国際化の動きと約言できる。

実際、米国側の制憲の動きに先立って日本側の改革者たちは、体制変革の動きを早くから見せた。ジェンダーから体制のセーフティーネット化にまで及んでいる。

まずポツダム宣言のビラを見た後四五年一〇月、婦人参政権の閣議決定にまで持ち込ませた市川房枝や、堀切善次郎（元東京市長）らの動きが、のち憲法一四条、二四条に組み込まれるジェンダーの視座を浮き上がらせる。

また高野岩三郎や森戸辰男、芦田均ら文化人連盟や憲法研究会に結集したリベラルな言論人の動きが、制憲への土着の動きを浮上させる。

米国総司令部は、四五年一二月に発表された憲法研究会草案を逐一検討し、明治民権期・植木枝盛案を英訳し、制憲工程に組み込んだ。その流れが四六年夏、衆議院憲法改正小委員会で再び強められた。

「貧乏で有為な青年たちが高等教育を受けることができるようにしなくてはならない」「失業者や疾病者が不安にさらされない社会に変えなければならない」――森戸たちは、自由競争の跋扈《ばっこ》する資本主義にセーフティーネットを張る必要を、小委員会で説き続けた。それが「健康で文化的な最低限度の生活」を国が保障する二五条の生存権規定の創設や、二六条の教育を受ける権利に受容され、敗戦後祖国の文化国家化の構想につなげられた。

憲法を貫くもうひとつの流れ――国際化のそれを私たちは、憲法前文や九条に求めることもできる。

そこに体現された国際協調主義と平和主義は、議会主義や基本的人権とあいまって、戦後日本の骨格をつくりながら、それに先立って制定された国連憲章に通底していた。

両者は共に、戦間期ケロッグ・ブリアン不戦条約に淵源《えんげん》を持ち、戦争違法化の系譜に立つ。九条と憲章二条四項と不戦条約との文言が酷似した現実が、それを象徴する。

そしてそれこそが、軍事安全保障論でなく人間安全保障論への、出発点であるはずだ。

憲法制定から六年半後、サンフランシスコ講和がつくられ、五二年四月、日米安保条約と共に発効した。その半世紀目を期して先ごろ「同時代史学会」の創立準備大会が開かれた。占領戦後史を基点としつつも一国主義の殻から出て、ジャーナリストや市民、世界にも開かれた若い学会の創設である。

「サンフランシスコ講和五〇周年を考える」を共通テーマとしたその日、戦後史の神話が幾重にもあらわにされた。今日に至る全土基地化と北方領土問題をつくり、アジアとの共生を拒んだ吉田ドクトリンと〝さわやかで薄っぺらな〟戦後民主主義の原型が浮き彫りにされた。

それが冷戦終結後、グローバル化と一極覇権主義の下で地域経済が冷え込み、戦後最大の失業者と自殺者を出し続ける「第二の敗戦」の意味を問い直させている。

しかもその「敗戦」下で世界第三の軍事大国と化し、アジアとの真の共生を拒み続ける。いったい私たちにとって戦後とは何であったのか。

その外交の現在が、戦後改革の原像を忘れて虚構の〝有事〟に奔走する冷戦後日米関係の陥穽と重なり、いま私たちにもうひとつの同時代史を求め続けている。

あとがき

「あらゆる集団の内部でオポジションを尊重する伝統を形成していく、そういうものを養っていく以外にない」『丸山真男集』第一一巻（一九九六）、二二四頁。

このところ脅しの電話がかかり続けている。それも半端でない。八〇年代〝ソ連脅威〟論華やかなりしころ、「ソ連が攻めてくることなどありえない」と論陣を張っていたころにもあったが、今回のは手が込んでいて、よほど組織化されているようだ。

きっかけは昨年二月、田中真紀子前外相を評価し鈴木宗男議員を批判した小論（本書Ⅵ23）を全国紙にのせ、講演会で同趣旨の発言をもっと直截にし始めた時にさかのぼる。発信元表示付受話器に変えてもかかってくる。葬儀屋も二度来た。七月末オックスフォードに出張中の留守宅には、銃弾入り封筒が送りつけられてきた。滞欧中脅しの波が引いたかと思いきや、秋になって今度は、日朝交渉でまたぞろだ。最近は「赤報隊」を名乗って、家族や自宅への襲撃を高言する。正直、気持ちよいものではない。幼い家族がいて、出世も控えている新聞記者なら当然筆致が鈍るだろう。

「まさか、あなたのような穏健派が……」とオックスフォードの日本政治研究の巨頭ストックウィン教授は首をかしげる。「いやそれが日本の現在なのですよ」と反論するのだが、英国の政治文化の中で生きる氏には、ピンとこないらしい。知とメディアの衰退の反映なのか、日本政治自体の急激な変質の表象なのか、それとも日本文化の骨髄に翼賛保守体質が隠されていると見るべきなのか。

最近旧知の記者から聞いた話では、私などよりはるかに穏健で著名なタレント政治評論家・森田実氏のところにはもっと激しい脅しが、メガホンつきでかけられているそうだから、解はそのいずれにもあるのだろう。

「日ソ国交回復とか二島返還論など簡単に打ち出せない」――かつて故三木武夫元首相は、氏の主宰した「軍縮研究会」の幹事役を私がしていた時そう語り、鬼籍入りした氏のブレーンで外交評論家・平沢和重氏の受難にふれた。「北方領土問題は次世代に棚上げし」国交回復を最優先すべしと主張した名論文を『フォーリン・アフェアーズ』誌に載せたあと、右翼の街宣車につきまとわれたというのである。いやその時氏がふれたかったのは、〝赤い国〟との国交正常化にかかわるもっと衝撃的な近過去だったのかもしれない。それ以前、五七年一〇月モスクワで鳩山一郎元首相が日ソ共同宣言調印後、与野党の反対が沸騰し、のち六三年七月、日ソ交渉妥結の立役者・河野一郎氏の平塚の私邸が焼打ちにあった近過去である。

それでも北国の少年時代の私の遠い記憶の中では、「日ソ交渉妥結なる」の外電を、華々しい日本外交の成果として現地から伝えるモスクワ特派員の興奮気味の声が、押し返す波のようにいまだ耳に残っている。異質なものとの共生をはかることにこそ、二一世紀外交の本領がある、それなのに私たちは、伝統の宿痾からいまだ抜け切れないでいる。近隣の〝赤い国〟と国交正常化をはかるたびに浮上する右バネの壮絶さを、どう解すべきなのか。しかも、九三年政治改革後の反対党《オポジション》なき政局の中で、いつのまにかメディアと知が、その宿痾に飲み込まれ、いくつもの異論がかき消されていく。つくり出されていくのは、安易な脅威論と日米同盟基軸論の常識であり、その当たり前の常識の中ですべてを解決しようとする〝知と政策の停止〟状況だ。その帰結こそが、グローバリズムの爪跡に切り裂かれる「第二の敗戦」後の日本の衰退ではあるまいか。その衰退をつくる政治と知の機能不全なのではあるまいか。

本書は、冷戦終結一年前、八八年五月から今日までの十有余年間書き綴けてきた新聞雑誌のコラムの集成を基軸としている。全体を五部に分け、それぞれにポストスクリプトを加えた。そして冒頭に、変動する同時代史の読み解き方を、脱グローバリズムを鍵言葉にすえて書き下ろした。戦後史に関するコラムは本書から外し、改稿して最近著『分割された領土』第七章と第一〇章に拡大収録されている。

はじめにふれているように本書は、一五年前上梓した『非極の世界像』の続編に相当する。同書が、冷戦期世界の読み解きの書であるとするなら、本書は冷戦後世界のそれだ。しかも、単に国際政治だけでなく、国際政治経済を射程に入れ、グローバル化の舞台の中で同時代史をどう読み解くのか、その読み解き方を示して、脱グローバリズムの途を明らかにしようとしている。

「真理はつねに常識の裏にある」——八九年ビル・エモット（元エコノミスト東京特派員）が、当時日本研究家たちが「アズ・ナンバーワン」の呪文《マントラ》を唱えていたころ、いち早くバブル崩壊を予測し『日はまた沈む』（草思社）を著した時語ったこの言葉が、本書を貫く第一の定理だといいかえてもよい。氏によるとそれは、オックスフォードの学生時代、物理学の教師から最初に教わった定理だという。

かつてのソ連脅威論にしろ、今日の北朝鮮の脅威論や崩壊論にしろ、まずはその常識を疑うことから始めることを、本書は勧めている。どんなデータと現実によって、常識が非常識となり、非常識が常識と化していくのか。その知の饗宴を読者は、コラムとポストスクリプトを読みながら味わうことができるはずだ。

もちろんこの十有余年、私にも予測や分析の誤りがまったくなかったわけではない。しかし、いまこれら（最小限の修辞と重複個所以外手を加えていない）コラム群を読み直して、その分析にぶれがなく、およそ予測に誤りがなかったことを、読者とともに知ることができる。

それにしてもいったい、常識を非常識に変えて、変動する同時代史を読み解くことを可能にしていくものは何であるのか。つめていうならそれは、権力の高みからでなく民草の低みから見ることである。そしてできるなら、現場を見ることなしに論じないことだ。それが、本書を貫く第二の定理といってよい。

この十有余年——それまでとは比べものにならぬほど多くの地域を訪ね歩く機会を与えられた。グローバル化が、国際政治学者にもたらした僥倖だ。かつてアメリカ外交史家として出発し、米ソ関係から戦後史に軸足を移したあと、理論と政策、アジアと経済に射程を広げ、メキシコからルアンダ、ソウルからジャカルタ、ロンドンからプラハまで、まるで世紀転換期を読み解き急ぐかのように、私は旅を続けた。その行く先々で、既存の常識を転換させるあり余るデータを手にしていたと思う。そのデータと読み解き方が、コラムとポストスクリプトの中に込められているはずだ。

それらたくさんの旅を可能にしてくれた関係諸機関に厚くお礼を申し上げたいと思う。その間執筆の機会を下さった各新聞社や雑誌『世界』、そして何より常設コラム欄「月曜討論」を提供下さった信濃毎日新聞と、以下の歴代担当デスクに謝意を捧げたい。菊地公雄、中村忠、増田正昭、伊藤隆、工藤信一の各氏。

また海外調査の折には、多くの知友のお世話になった。メキシコの田中道子教授、オックスフォードの加瀬和俊、ストックウィン、グッドマンの各教授、ソウルの文正仁教授、大沢文護（毎日新聞）、小田川興（朝日新聞）の各氏、ワシントンのセイヤー教授、サム・ウェルズ博士、高成田享（朝日新聞）、中井良則（毎日新聞）

の各氏。そして直近の共同研究をともにさせていただいた同学の士に感謝します。田岡俊次、田賀秀敏、萩原伸次郎、平川均、藤岡淳、藤本一美、山口義行、山本武彦の諸氏と、市民政策シンクタンク・二一世紀政策フォーラムを支える吉田康彦先生や中村忠彦、原寛、安井栄二の諸氏。明日の日本が元気になるよう、同フォーラムにひとりでも多く参加して下さることを祈念しつつ、www.galaxygalaxy.com/JPIndex.htm を参照下さい。

出版不況にもかかわらず、同時代と公共的なるものへの営為に共感下さる日本経済評論社の栗原哲也社長と谷口京延氏には、今回もひとかたならぬお世話になった。また院生の服部由起さんを引き継いだ宇野木直人君にも厚い謝意を呈します。

【著者略歴】

進藤榮一（しんどう・えいいち）

1939年生まれ。京都大学大学院博士課程修了。プリンストン大学，ハーバード大学研究員などを経て。

現在，筑波大学社会科学系教授。21世紀政策構想フォーラム代表理事。

主な著書 『分割された領土』岩波書店，2002年，『現代国際関係学』有斐閣，2001年，『アジア経済危機を読み解く』（編著）日本経済評論社，1999年，『戦後の原像』岩波書店，1999年，『敗戦の逆説』筑摩書房，1999年，『アメリカ　黄昏の帝国』岩波書店，1994年，『ポスト・ペレストロイカの世界像』筑摩書房，1992年，『地殻変動の世界像』時事通信社，1991年，『非極の世界像』筑摩書房，1988年，『現代の軍拡構造』岩波書店，1988年，『現代紛争の構造』岩波書店，1987年，『芦田均日記』（全七巻，下河辺元春と共編）岩波書店，1986年，『現代アメリカ外交序説』創文社，1974年，など。

脱グローバリズムの世界像——同時代史を読み解く——

Beyond Globalization: Deconstructing the Contemporary World

2003年2月20日　第1刷発行　　定価（本体1800円＋税）

著　者　進　藤　榮　一

発行者　栗　原　哲　也

発行所　株式会社　日本経済評論社

〒101-0051　東京都千代田区神田神保町3-2

電話 03-3230-1661　FAX 03-3265-2993

E-mail: nikkeihy@js7.so-net.ne.jp

URL : http://www.nikkeihyo.co.jp

文昇堂印刷・美行製本

装幀＊渡辺美知子

乱丁落丁はお取替えいたします。　Printed in Japan

ISBN4-8188-1444-X